Jurisprudência Crítica e Crítica da Jurisprudência

Trabalho e regulação no Estado constitucional

Wilson Ramos Filho
Leonardo Vieira Wandelli
Ricardo Nunes de Mendonça
Coordenadores

Tomás Nomi Silva
Organizador

Jurisprudência Crítica e Crítica da Jurisprudência

Trabalho e regulação no Estado constitucional

LTr®

LTr®
EDITORA LTDA.

Rua Jaguaribe, 571
CEP 01224-001
São Paulo, SP — Brasil
Fone: (11) 2167-1101
www.ltr.com.br

LTr 4926.6
Novembro, 2013

Dados Internacionais de Catalogação na Publicação (CIP)
(Câmara Brasileira do Livro, SP, Brasil)

Jurisprudência crítica e crítica da jurisprudência : trabalho e regulação no Estado constitucional / Wilson Ramos Filho, Leonardo Vieira Wandelli, Ricardo Nunes de Mendonça, organizadores. — São Paulo : LTr, 2013.

Vários autores.
Bibliografia.
ISBN 978-85-361-2758-3

1. Direito do trabalho — Jurisprudência — Brasil 2. Direito processual do trabalho — Jurisprudência — Brasil I. Ramos Filho, Wilson. II. Wandelli, Leonardo Vieira. III. Mendonça, Ricardo Nunes de.

13-12387 CDU-34:331(81)(094.9)
-347.9:331(81)(094.9)

Índices para catálogo sistemático:

1. Brasil : Jurisprudência : Direito do trabalho 34:331(81)(094.9)
2. Brasil : Jurisprudência : Processo do trabalho 347.9:331(81)(094.9)

Sumário

Sobre os Autores

Alberto Emiliano de Oliveira Neto: Mestre em Direito do Trabalho pela PUC-SP. Procurador do Trabalho.

Alberto Silva Santos: Doutorando em Ciências Jurídicas e Políticas pela Universidad Pablo de Olavide de Sevilla (Espanha). Mestre em Direito Econômico e Socioambiental pela PUC-PR. Mestre em Direitos Humanos, Interculturalidade e Desenvolvimento pela Universidad Pablo de Olavide de Sevilla (Espanha). Especialista em Direito Constitucional pela PUC-PR. Procurador Federal. Professor Universitário. *E-mail:* <albsantos75@gmail.com>. Lattes: <http://lattes.cnpq.br/1262962731063806>.

Ana Paula Nunes Mendonça: Mestranda em Direitos Fundamentais e Democracia pelas Faculdades Integradas do Brasil (UniBrasil). Pós-graduada em Direito do Trabalho e Previdenciário pela Escola da Magistratura do Trabalho do Paraná (Ematra-PR). Graduada em Direito pela Centro Universitário Curitiba (UniCuritiba) e em Letras pela Universidade Federal do Paraná (UFPR). Advogada do SESC-PR, com experiência profissional no contencioso e consultivo, com ênfase em Direito do Trabalho.

Christiana D'arc Damasceno Oliveira: Pós-Graduada em Direito do Trabalho e Processo do Trabalho pela PUC-MG. Especialista em Direito Processual pela PUC-MG. Master em Teoria Crítica dos Direitos Humanos pela Universidad Pablo de Olavide de Sevilha (Espanha). Juíza do Trabalho na 14ª Região. Ex-Auditora Fiscal do Trabalho. Membro do Instituto Brasileiro de Direito Social Cesarino Júnior, Seção brasileira da *Société Internationale de Droitdu Travailet de La Sécurité Sociale*. Membro do Instituto de Pesquisas e Estudos Avançados da Magistratura e do Ministério Público do Trabalho (Ipeatra). Integrante do Grupo de Pesquisa sobre Justiça e Direitos Eletrônicos (Gedel). Autora da obra *(O) Direito do Trabalho Contemporâneo:* efetividade dos direitos fundamentais e dignidade da pessoa humana no mundo do trabalho, publicada pela LTr em 2010.

Gabriela Neves Delgado: Doutora em Filosofia do Direito pela UFMG. Mestre em Direito do Trabalho pela PUC-MG. Professora Adjunta de Direito do Trabalho dos Programas de Graduação e Pós-Graduação da Faculdade de Direito da UnB. Professora Adjunta de Direito do Trabalho e Direito Processual do Trabalho dos Programas de Graduação e Pós-Graduação da Faculdade de Direito da UFMG (2006-2009). Professora de Direito do Trabalho da Faculdade de Direito da PUC-MG (2003-2006). Advogada desde 2001.

Mauricio Godinho Delgado: Doutor em Filosofia do Direito pela UFMG. Mestre em Ciência Política pela UFMG. Professor Adjunto do Mestrado/Doutorado em Direito do Trabalho da PUC-MG (disciplina virtual). Professor Colaborador da Pós-Graduação em Direito do IESB-Brasília. Magistrado do Trabalho desde 1989: inicialmente nas 1ª e 2ª Instâncias do TRT-MG e, desde novembro de 2007, no Tribunal Superior do Trabalho.

Rodrigo Trindade de Souza: Mestre em Direito pela Universidade Federal do Paraná (UFPR). Especialista em Direito Material e Processual do Trabalho pela Universidade do Brasil (UniBrasil). Professor de Direito do Trabalho da Fundação Escola da Magistratura do Trabalho do Rio Grande do Sul (Femargs). Juiz do Trabalho Substituto do TRT da 4ª Região.

Sayonara Grillo Coutinho Leonardo da Silva: Doutora em Direito e Mestra em Teoria do Estado e Direito Constitucional pela PUC-RJ. Professora Adjunta da Faculdade Nacional de Direito e do Programa de Pós-Graduação em Direito da UFRJ. Advogada e integrante do Instituto dos Advogados Brasileiros (IAB) e do Instituto Brasileiro de Direito Social Cesarino Júnior (IBDSCJ). Bolsista de Produtividade em Pesquisa do CNPq — *Nível 2*.

Ubirajara Carlos Mendes: Mestrando em Direitos Fundamentais e Democracia das Faculdades Integradas do Brasil (UniBrasil). Especialista em Direitos Humanos pela Universidad Pablo de Olavide de Sevilha (Espanha). Aperfeiçoamento em Direito das Relações Sociais pela Pontifícia Universidade Católica de São Paulo (PUC-SP). Professor da Graduação em Direito da Universidade Estadual de Ponta Grossa (UEPG). Desembargador Federal do Trabalho do TRT da 9ª Região. Integrante do Grupo de Pesquisa "Trabalho e Regulação no Estado Constitucional".

Valdete Souto Severo: Mestre em Direitos fundamentais pela PUC-RS. Juíza Substituta do Trabalho.

Apresentação

Com imenso prazer, apresentamos o livro *Jurisprudência Crítica e Crítica da Jurisprudência:* Trabalho e Regulação no Estado constitucional, que reúne pesquisas realizadas no núcleo de pesquisa do Curso de Mestrado em Direitos Fundamentais e Democracia, mantido pelas Faculdades Integradas do Brasil (Unibrasil).

O núcleo de pesquisa apresenta três linhas de investigação: JURISPRUDÊNCIA CRÍTICA e CRÍTICA DA JURISPRUDÊNCIA, coordenada pelo professor MSc. *Ricardo Nunes de Mendonça*, a linha AS LUTAS SOCIAIS E CONDIÇÕES MATERIAIS DA DEMOCRACIA, organizada pelo professor Msc. *Nasser Ahmad Allan*, e a linha denominada ESTUDOS CONTRA DISCRIMINAÇÃO E PATRIARCALISMO, coordenada pela professora Dra. *Thereza Cristina Gosdal*, das quais são membros professores, alunos, doutores, mestres, doutorandos e mestrandos que debatem seus temas previamente de maneira a produzir coletivamente o conhecimento em uma busca de harmonia entre as linhas e o Mestrado, e com a linha pedagógica que o orienta, mas não o restringe.

Neste trabalho, organizado pelo coordenador do núcleo, Dr. *Wilson Ramos Filho*, pelo Dr. *Leonardo Vieira Wandelli* e o MSc. *Ricardo Nunes de Mendonça*, temos livros relacionados à primeira linha de pesquisa (vinculada ao MSc. Ricardo Nunes de Mendonça). Além disso, são vinculados à realidade social e às práticas de cada autor como agente na mudança e configuração da sociedade contemporânea, pois presenciam e alteram diariamente o desenvolvimento do Direito do Trabalho.

Contamos nesta obra com artigos de Juízes e Desembargadores do Trabalho (*Christiana D'arc Damasceno Oliveira, Rodrigo Trindade de Souza, Valdete Souto Severo, Ubirajara Carlos Mendes* e *Sayonara Grillo Coutinho Leonardo da Silva*), de Procuradores do Trabalho (*Alberto Emiliano de Oliveira Neto* e *Alberto Silva Santos*) e Advogada (*Ana Paula Nunes Mendonça*). Quanto à formação acadêmica dos autores, temos uma doutora, um mestre-doutorando, quatro mestres e dois mestrandos, enfatizando a conexão entre pesquisa, ensino e extensão.

Manifestamos nossos agradecimentos ao acadêmico de Direito *Tomás Nomi Silva*, organizador deste volume, e ao Mestrado da Unibrasil dedicado ao tema Direitos Fundamentais e à Democracia.

A proposta dos autores que colaboram com a obra é refletir criticamente a respeito da jurisprudência trabalhista, em especial no tocante a temas candentes de Direito e Processo do Trabalho, que são habitualmente debatidos na Justiça do Trabalho brasileira.

É, como não poderia deixar de ser, um convite à reflexão.

I — Terceirização na Construção Civil

Alberto Emiliano de Oliveira Neto

1. Introdução

O Estado liberal deve ceder espaço ao Estado Social, dando prevalência à pessoa humana em detrimento do capital. Igualmente, a função social da propriedade limita a autonomia da vontade em prol da efetividade dos direitos sociais dos trabalhadores.

Não custa lembrar que a República Federativa do Brasil, formada pela união indissolúvel dos Estados e Municípios e do Distrito Federal, tem como fundamentos, dentre outros, a dignidade da pessoa humana e os valores sociais do trabalho. Igualmente, os princípios da isonomia, da função social da propriedade e da função social do contrato vinculam a atuação dos particulares (CF, arts. 1º, III e IV, e 5º, *caput*, XXIII, art. 170, III, e CC, art. 421).

A eficácia horizontal dos direitos fundamentais, portanto, é questão superada. Os direitos elencados na Constituição Federal de 1988 vinculam não apenas a atuação do Estado, mas também as relações jurídicas entre particulares.

Outrossim, em se tratando da tutela jurídica da relação de emprego, serão nulos de pleno direito os atos praticados com o objetivo de desvirtuar, impedir ou fraudar a aplicação da legislação social trabalhista, estando a autonomia da vontade das partes limitada pelas disposições de proteção ao trabalho, aos contratos coletivos e às decisões das autoridades competentes (CLT, arts. 9º e 444).

As cláusulas essenciais do contrato de trabalho, pois, são vinculativas, não sendo possível aos particulares, empregadores e trabalhadores, salvo raríssimas exceções, afastarem sua incidência às relações contratuais trabalhistas.

A esse respeito, a terceirização surge como elemento que desafia a compreensão dos operadores do direito, especificamente no Direito do Trabalho, ao passo que insere um terceiro elemento na relação jurídica materializada pela prestação de serviço.

Tal complexidade também atinge o segmento da construção civil. Com o grande número de obras em execução no presente momento, é comum apurar-se a prática da terceirização em tais empreendimentos. Grande parte das construtoras utiliza-se do contrato de empreitada em todas as fases da execução do projeto de construção civil.

Quais seriam os limites da terceirização na construção civil? O presente estudo tem por finalidade analisar a questão tendo como fundamento o entendimento da jurisprudência dos tribunais a respeito da matéria.

2. Terceirização

A respeito das mudanças ocorridas no mundo do trabalho, as empresas não mais se estruturam verticalmente, reunindo todas as atividades em um mesmo espaço. Passam a organizar-se de forma horizontal, concentrando-se em suas atividades principais e repassando a outras empresas suas atividades acessórias com o objetivo de otimizar o sitema produtivo. A esse processo foi dado o nome acumulação flexível. Essa técnica de administração é mundialmente denominada subcontratação ou externalização. No Brasil, recebeu o nome de terceirização (CARELLI, 2004:15 e 44).

Segundo o Ministro Mauricio Godinho DELGADO, terceirização é o fenômeno pelo qual se dissocia a relação econômica de trabalho da relação justrabalhista que lhe seria correspondente. Por tal fenômeno insere-se o trabalhador no processo produtivo do tomador de serviços sem que se estendam a este os laços da responsabilidade trabalhista (2002:417).

Com o passar dos anos, o legislador infraconstitucional editou instrumentos normativos destinados a regular a prática da terceirização em setores específicos. Em ordem cronológica, cita-se o Decreto n. 200/67, que trata da terceirização na administração; a Lei n. 6.019/74, que versa sobre o trabalho temporário; e a Lei n. 7.102/82, a respeito da atividade de vigilância patrimonial bancária.

A lei do trabalho temporário, no âmbito privado, representa a primeira rachadura da estrutura de trabalho subordinado que atua como fundamento do sistema de contratação consolidado pela legislação trabalhista (CARELLI, 2004:18). Realmente, a Consolidação das Leis do Trabalho — CLT —, com exceção do contrato de empreitada, não faz menção a qualquer hipótese de terceirização (CLT, art. 455). Portanto, restou ao Tribunal Superior do Trabalho — TST — a tarefa de definir parâmetros para a terceirização, considerando-se a inexistência de instrumento normativo mais abrangente.

O TST começou pela edição do Enunciado n. 256, cuja redação noticiava a adoção de entendimento restritivo a respeito da matéria, ao passo que sustentava a legalidade da terceirização tão somente nas hipóteses de trabalho temporário e de serviços de vigilância bancária:

> CONTRATO DE PRESTAÇÃO DE SERVIÇOS. LEGALIDADE (cancelada) — Res. n. 121/2003, DJ 19, 20 e 21.11.2003. Salvo os casos de trabalho temporário e de serviço de vigilância, previstos nas Leis ns. 6.019, de 3.1.1974, e 7.102, de 20.6.1983, é ilegal a contratação de trabalhadores por empresa interposta, formando-se o vínculo empregatício diretamente com o tomador dos serviços.

Com o objetivo de regular de forma mais abrangente a matéria, tratando, inclusive, da terceirização no setor público, no ano de 1994 foi editado o Enunciado n. 331, atualmente intitulado súmula. A redação da Súmula n. 331 sofreu alterações com o passar dos anos, sendo a mais recente consequência de decisão o Supremo Tribunal Federal a respeito da constitucionalidade do art. 71 da Lei n. 8.666/93:

Súmula n. 331 do TST

CONTRATO DE PRESTAÇÃO DE SERVIÇOS. LEGALIDADE (nova redação do item IV e inseridos os itens V e VI à redação) — Res. n. 174/2011, DEJT divulgado em 27, 30 e 31.5.2011

I – A contratação de trabalhadores por empresa interposta é ilegal, formando-se o vínculo diretamente com o tomador dos serviços, salvo no caso de trabalho temporário (Lei n. 6.019, de 3.1.1974).

II – A contratação irregular de trabalhador, mediante empresa interposta, não gera vínculo de emprego com os órgãos da Administração Pública direta, indireta ou fundacional (art. 37, II, da CF/1988).

III – Não forma vínculo de emprego com o tomador a contratação de serviços de vigilância (Lei n. 7.102, de 20.6.1983) e de conservação e limpeza, bem como a de serviços especializados ligados à atividade-meio do tomador, desde que inexistente a pessoalidade e a subordinação direta.

IV – O inadimplemento das obrigações trabalhistas, por parte do empregador, implica a responsabilidade subsidiária do tomador dos serviços quanto àquelas obrigações, desde que haja participado da relação processual e conste também do título executivo judicial.

V – Os entes integrantes da Administração Pública direta e indireta respondem subsidiariamente, nas mesmas condições do item IV, caso evidenciada a sua conduta culposa no cumprimento das obrigações da Lei n. 8.666, de 21.6.1993, especialmente na fiscalização do cumprimento das obrigações contratuais e legais da prestadora de serviço como empregadora. A aludida responsabilidade não decorre de mero inadimplemento das obrigações trabalhistas assumidas pela empresa regularmente contratada.

VI – A responsabilidade subsidiária do tomador de serviços abrange todas as verbas decorrentes da condenação referentes ao período da prestação laboral.

Além da responsabilização da administração pública, matéria para estudo específico, a terceirização segundo o idealizado pelo TST poderá ocorrer em situações excepcionais. O Ministro Mauricio Godinho Delgado, de forma muito didática, classifica quatro hipóteses de terceirização nos termos da Súmula n. 331 (2002:428/431)[(1)]:

1. Situações empresariais que autorizem a contratação de trabalho temporário — Lei n. 6.019/74 (Súmula n. 331, I).

2. Atividades de vigilância — Lei n. 7.102/83 (Súmula n. 331, III).

---

(1) (...) 2) TERCEIRIZAÇÃO ILÍCITA DE SERVIÇOS. ATUAÇÃO NAS ATIVIDADES-FIM DA EMPRESA. VÍNCULO EMPREGATÍCIO COM O TOMADOR DE SERVIÇOS. As situações-tipo de terceirização lícita estão, hoje, claramente assentadas no texto da Súmula n. 331/TST. Constituem quatro grupos de situações sociojurídicas delimitadas: a) situações empresariais que autorizem a contratação de trabalho temporário; b) atividades de vigilância regidas pela Lei n. 7.102/83; c) atividades de conservação e limpeza; d) serviços especializados ligados à atividade-meio do tomador, desde que, nas três últimas situações-tipo, inexista pessoalidade e subordinação direta entre trabalhador terceirizado e tomador de serviços. (...) (TST – RR n. 114700-10.2007.5.03.0139, rel. Min. Mauricio Godinho Delgado, Data de Julgamento: 29.8.2012, 3ª Turma, Data de Publicação: 31.8.2012).

3. Atividades de conservação e limpeza (Súmula n. 331, III).

4. Serviços especializados ligados à atividade-meio do tomador (Súmula n. 331, III).

Merece destaque, ainda, que, com exceção do trabalho temporário, as referidas hipóteses de terceirização serão lícitas desde que ausentes a pessoalidade e a subordinação direta, requisitos da relação de emprego (Súmula n. 331, III).

Das quatro hipóteses de terceirização elencadas, apenas uma resulta em certa insegurança jurídica, pois desprovida de legislação que regule sua incidência. Realmente, os conceitos de atividade-fim e atividade-meio não foram objeto da atuação legislativa, restando à doutrina e à jurisprudência a respectiva delimitação.

Atividades-fim podem ser conceituadas como as funções e tarefas empresariais e laborais que se ajustam ao núcleo da dinâmica empresarial do tomador dos serviços, compondo a essência dessa dinâmica e contribuindo inclusive para a definição de seu posicionamento e classificação no contexto empresarial e econômico. Trata-se, pois, de atividades nucleares e definitórias da essência da dinâmica empresarial do tomador dos serviços (DELGADO, 2002:429).

Outrossim, atividades-meio são aquelas funções e tarefas empresariais e laborais que não se ajustam ao número da dinâmica empresarial do tomador dos serviços nem compõem a essência dessa dinâmica ou contribuem para a definição de seu posicionamento no contexto empresarial e econômico mais amplo. Trata-se, portanto, de atividades periféricas à essência da dinâmica empresarial do tomador dos serviços (DELGADO, 2002:428/429).

Não obstante a imprecisão dos conceitos atividade-fim e atividade-meio, a jurisprudência os tem utilizado para definir a terceirização:

> Terceirização. Atividade preponderante. Ilicitude. Não se admite a terceirização de atividade intrinsecamente relacionada ao objeto social da empresa. (TRT-PR-00114-2010-749-09-00-4-ACO-28683-2011 – 2ª TURMA – rel. Márcio Dionísio Gapski – Publicado no DEJT em 19.7.2011)

> OPERADOR DE *TELEMARKETING* — TERCEIRIZAÇÃO ILÍCITA — FORMAÇÃO DO VÍNCULO DE EMPREGO DIRETAMENTE COM A EMPRESA TOMADORA. É ilícita a contratação de trabalhador, mediante empresa interposta, para a realização de tarefas ínsitas à atividade-fim da empresa contratante. Nessa hipótese, forma-se o vínculo de emprego diretamente com a tomadora dos serviços, ainda que se trate de empresa atuante no ramo das telecomunicações. Nem se diga que a Lei n. 9.472/97 autoriza a terceirização levada a efeito, pois esta dispõe sobre a organização dos serviços de telecomunicações e, em seu art. 60, apenas define o serviço de telecomunicações como sendo o conjunto de atividades que possibilita a sua oferta de telecomunicação, não trazendo qualquer rol taxativo da atividade-fim de empresas concessionárias deste serviço. Da mesma forma, a Lei n. 9.472/97, em especial seus arts. 60, *caput* e § 1º, 94, II, e 154, não obstam o reconhecimento da ilicitude da contratação terceirizada, quando verificada a presença de todos os requisitos essenciais para tanto. (TST – 00194-2012-140-03-00-6 RO, 1ª T., redatora Des. Convocada Erica Aparecida Pires Bessa, publicação 26.10.2012)

VÍNCULO DE EMPREGO. TERCEIRIZAÇÃO DA ATIVIDADE-FIM. A contratação de trabalhadores, por empresa intermediária, para o exercício de tarefas inseridas no contexto da atividade-fim do empreendimento econômico, caracteriza a intermediação ilegítima de mão de obra, conduzindo ao reconhecimento de vínculo de emprego diretamente com a empresa tomadora. Entendimento contido na Súmula n. 331, I, do TST. (TST – 0001586-27.2011.5.04.0333 RO, 6ª T., relª. Desª. Maria Cristina Schaan Ferreira)

3. Terceirização na contrução civil

A construção civil é um dos ramos da economia que mais cresceram nos últimos anos. A estabilidade econômica e a farta concessão de créditos resultaram em aumento significativo do número de novos empreendimentos imobiliários.

Em razão disso, o aumento do número de vagas para trabalhadores da construção civil é consequência desse processo de desenvolvimento econômico no segmento. Não obstante o aumento do número de vagas, muitas empresas do setor vêm optando pela contratação de empreiteiras em vez da contratação direta dos trabalhadores.

O contrato de empreitada é um contrato de direito civil, cujo objeto classifica-se tão somente na execução de determinada obra, como também na execução acrescida do fornecimento dos materiais respectivos (CC, arts. 610/626).

A empreitada tem raízes na antiga *locatio conductio operis* romana, tendo por objeto a obra resultante do trabalho pactuado. Na empreitada, a figura contratual constrói-se vinculada à obra resultante do trabalho (*opus*), e não segundo o mero desenvolvimento de uma atividade (DELGADO, 2002:572/573).

Não obstante tratar-se de contrato regulado pelo Direito Civil, a relação jurídica decorrente do contrato de empreitada é matéria de competência da Justiça do Trabalho. Seja nas hipóteses na pequena empreitada (CLT, 652, III), seja nas demais hipóteses, desde a ampliação da competência implementada pela Emenda Constitucional n. 45/2004:

CF – Art. 114. Compete à Justiça do Trabalho processar e julgar: (Redação dada pela Emenda Constitucional n. 45, de 2004)

I – as ações oriundas da relação de trabalho, abrangidos os entes de direito público externo e da administração pública direta e indireta da União, dos Estados, do Distrito Federal e dos Municípios; (...)

Portanto, o contrato de empreitada integra o ordenamento jurídico brasileiro, podendo ser utilizando no segmento da construção civil. Da mesma forma, consolidou-se o entendimento de que a Justiça do Trabalho teria competência material para analisar as questões decorrentes de relação contratual, ainda que inexistentes os requisitos da relação de emprego:

TRT-PR-26-04-2011 — CONTRATO DE EMPREITADA. COMPETÊNCIA DA JUSTIÇA DO TRABALHO. A Justiça do Trabalho possui competência para processar e julgar contrato de empreitada firmado por pessoa física, nos termos do art. 114, da Constituição Federal.

Com a edição da Emenda Constitucional n. 45/2004 ampliou-se a competência da Justiça do Trabalho, que passou a julgar, além dos conflitos decorrentes das relações de emprego, aqueles que envolvam outras relações de trabalho prestado por pessoa física. Os contratos de empreitada possuem natureza civil, mas envolvem a prestação de trabalho humano de uma parte em favor da outra. A prestação do trabalho, que constitui o objeto do contrato, é que define a esfera de competência do Poder Judiciário. Recurso ordinário do autor a que se dá provimento para declarar a competência material desta Justiça Especializada e determinar o retorno dos autos à Vara de origem para análise do feito. (TRT – PR-01548-2009-965-09-00-3-ACO-14444-2011 – 2ª Turma – relª. Marlene T. Fuverki Suguimatsu – Publicado no DEJT em 26.4.2011)

Resta, portanto, analisar a questão da terceirização envolvendo os contratos de empreitada. A esse respeito, o art. 455 da CLT institui hipótese de responsabilidade do empreiteiro principal em relação às obrigações contratuais trabalhistas que recaem sobre o subempreiteiro contratado:

CLT – Art. 455. Nos contratos de subempreitada responderá o subempreiteiro pelas obrigações derivadas do contrato de trabalho que celebrar, cabendo, todavia, aos empregados, o direito de reclamação contra o empreiteiro principal pelo inadimplemento daquelas obrigações por parte do primeiro.

Parágrafo único. Ao empreiteiro principal fica ressalvada, nos termos da lei civil, ação regressiva contra o subempreiteiro e a retenção de importâncias a este devidas, para a garantia das obrigações previstas neste artigo.

Estabelece-se, portanto, hipótese de responsabilidade do empreiteiro principal em relação às obrigações contratuais trabalhistas contraídas pelo subempreiteiro:

TRT — PR-17-11-2009 — CONTRATO DE SUBEMPREITADA. Art. 455 DA CONSOLIDAÇÃO DAS LEIS DO TRABALHO. RESPONSABILIDADE SOLIDÁRIA DO EMPREITEIRO PRINCIPAL. O art. 455 da Consolidação das Leis do Trabalho faculta ao empregado reclamar contra o empreiteiro principal o inadimplemento das obrigações derivadas do contrato de trabalho, cuja responsabilidade é do subempreiteiro, o que leva a concluir que ambos são solidariamente responsáveis pelos créditos devidos. Recurso ordinário conhecido e desprovido. (TRT – PR-00351-2008-026-09-00-0-ACO-39189-2009 – 3ª Turma – rel. Altino Pedrozo dos Santos – Publicado no DJPR em 17.11.2009)

EMENTA: CONTRATO DE SUBEMPREITADA. RESPONSABILIDADE SOLIDÁRIA DA EMPREITEIRA PRINCIPAL. Em se tratando de contrato de subempreitada celebrado entre empresas, o subempreiteiro (real empregador) responde pelas obrigações derivadas do contrato de trabalho que celebrar, sendo solidária (e não subsidiária) a responsabilidade da empreiteira principal pelos créditos trabalhistas. Em face da disposição literal do art. 455/CLT, resta assegurado ao obreiro até mesmo o direito de reclamar diretamente contra o empreiteiro principal, que foi o beneficiário dos serviços prestados, bastando que haja o inadimplemento das obrigações trabalhistas por parte do subempreiteiro. (TRT 3 – 01016-2010-077-03-00-9 RO – relª. Desª. Maria Laura Franco Lima de Faria – Publicação DJ em 3.6.2011)

EMENTA: RESPONSABILIDADE SOLIDÁRIA. SUBEMPREITADA. Conforme dispõe o art. 455, da CLT, é garantido ao empregado o direito de reclamar o pagamento de verbas trabalhistas diretamente do empreiteiro principal, ante o inadimplemento do subempreiteiro. Embora a responsabilidade direta pelo pagamento dos haveres trabalhistas dos empregados seja atribuída a este último, o inadimplemento enseja a responsabilidade solidária do empreiteiro principal, que responderá pelos débitos trabalhistas inadimplidos pelo subempreteiro empregador, em face da previsão contida no art. 455 da CLT. Pouco importa, para fins de responsabilização, o fato de não ter havido vínculo de emprego diretamente com o empreiteiro principal, pois a lei não impõe qualquer restrição nesse sentido, exigindo tão somente o inadimplemento do subempreiteiro. Portanto, se as empresas envolvidas ajustam que as obrigações trabalhistas são todas de responsabilidade da subempreiteira, tal disposição só tem efeito na esfera civil e comercial, sendo irrelevante para a definição da responsabilidade pelo adimplemento dos créditos de natureza alimentar dos trabalhadores que despenderam sua força de trabalho em prol da obra realizada. (TRT 3 – 00177-2010-085-03-00-0 RO – 6ª T. — rel. Des. Convocado Eduardo Aurelio P. Ferri – Publicação em 29.11.2010)

Ainda que presente a responsabilidade, solidária ou subsidiária, do empreiteiro principal, resta analisar os limites da terceirização no segmento da construção civil. Empresas que têm como atividade-fim a execução de obras poderão terceirizar tal atividade por meio do contrato de empreitada? Seria o art. 455 da CLT instrumento autorizativo da terceirização da atividade-fim na construção civil?

O art. 455 da CLT não autoriza, em absoluto, a terceirização da atividade-fim no segmento da construção civil. Trata-se tão somente de instrumento de proteção do trabalhador, que, no caso de inadimplemento de verbas trabalhistas, poderá exigi-las perante o empreiteiro principal (tomador do serviço), cuja responsabilidade será subsidiária.

Não custa lembrar que o art. 455 da CLT foi fonte de inspiração para o TST na edição da Súmula 331. Efetivamente, esse entendimento sumulado acaba por balizar a terceirização no ordenamento jurídico brasileiro até que o legislador supra as lacunas da lei a esse respeito.

A Súmula n. 331 do TST, portanto, vincula a terceirização executada na construção civil, seja para fins de responsabilidade subsidiária do tomador na hipótese de terceirização lícita (atividade-meio), seja pela sua responsabilidade direta quando da terceirização ilícita da atividade-fim.

A propósito, a Orientação Jurisprudencial n. 191 da SDI 1 do TST permite concluir pela responsabilização de construtoras e incorporadoras pelos débitos trabalhistas dos trabalhadores contratados por empreiteiras. Da leitura de sua redação, verifica-se a ausência de responsabilização apenas do dono da obra que não exerce atividade finalística da construção civil:

OJ n. 191. Diante da inexistência de previsão legal específica, o contrato de empreitada de construção civil entre o dono da obra e o empreiteiro não enseja responsabilidade solidária ou subsidiária nas obrigações trabalhistas contraídas pelo empreiteiro, salvo sendo o dono da obra uma empresa construtora ou incorporadora.

Portanto, o entendimento consolidado perante o TST apresenta hipótese de terceirização lícita na construção civil, aquela praticada pelo dono da obra, pessoa física e jurídica. Efetivamente, o dono da obra que não exerce as funções de construtor ou incorporador poderá repassar a terceiro a execução de obras da construção civil, não estando obrigado, pois, a contratar diretamente tais trabalhadores, já que tal atividade não pode ser classificada como finalística:

> RECURSO DE REVISTA. DONO DE OBRA. CONTRATAÇÃO DE OBRAS DE CONSTRUÇÃO CIVIL. AUSÊNCIA DE RESPONSABILIDADE SUBSIDIÁRIA. ORIENTAÇÃO JURISPRUDENCIAL N. 191 DA SBDI-1. O entendimento uniforme desta Corte é de que não subsiste responsabilidade para o dono da obra em relação às obrigações trabalhistas contraídas pelo empreiteiro, conforme a OJ n. 191 da SBDI-1, salvo tratando-se de empresa construtora ou incorporadora. Recursos de revista a que se dá provimento. (RR2400-71.2008.5.15.0128. Data de Julgamento: 27.6.2012. Relª. Minª. Kátia Magalhães Arruda, 6ª T., Data de Publicação: DEJT 6.7.2012)

> RECURSO DE REVISTA. RESPONSABILIDADE SUBSIDIÁRIA. DONO DA OBRA. I. O Tribunal Regional deu parcial provimento ao recurso ordinário interposto pelo Autor e reformou a sentença para manter a segunda Reclamada (COPEL) no polo passivo da ação e reconhecer sua responsabilidade subsidiária pelas verbas trabalhistas deferidas ao Reclamante. Consignou que o Autor foi contratado como pedreiro pela primeira Reclamada (MPE), para prestar serviços para a segunda Reclamada (COPEL), na construção de uma subestação de energia elétrica. Registrou que a construção civil não está dentre as finalidades da COPEL, o que evidencia que o 2ª reclamada [*sic*], efetivamente, figurou na relação na condição de dono de obra. Julgou pela legalidade do contrato de empreitada firmado entre as Reclamadas, entretanto, entendeu que a segunda Reclamada (COPEL) tem responsabilidade subsidiária pelo pagamento das parcelas trabalhistas deferidas ao Reclamante, sob o argumento de que esta se beneficiou do trabalho prestado. II. Extrai-se do acórdão recorrido que a segunda Reclamada (COPEL) atua no ramo de fornecimento de energia elétrica, e que, portanto, não guarda qualquer relação com o ramo da construção civil. Além disso, o Tribunal Regional declarou a validade do contrato de empreitada firmado entre as Reclamadas e reconheceu a condição de dona da obra da segunda Reclamada (COPEL) na construção da subestação Piraquara 69kV, no município de Quatro Barras. III. Esta Corte Superior uniformizou o entendimento de que o contrato de empreitada de construção civil não enseja responsabilidade solidária nem subsidiária do dono da obra (OJ/SBDI-1 n. 191 do TST). Desta forma, a decisão do Tribunal Regional, consistente em declarar a validade do contrato de empreitada firmado entre as partes, mas imputar à segunda Reclamada (COPEL) responsabilidade subsidiária no pagamento das verbas trabalhistas deferidas ao Reclamante contraria a OJ/SBDI-1 n. 191 do TST. IV. Recurso de revista de que se conhece, por contrariedade à OJ/SBDI-1 n. 191 do TST, e a que se dá provimento, para afastar a responsabilidade subsidiária imputada à segunda Reclamada (Copel Distribuição S.A.). (RR860400-42.2007.5.09.0028. Data de Julgamento: 14.3.2012. Rel. Min. Fernando Eizo Ono, 4ª T., Data de Publicação: DEJT 23.3.2012)

Da mesma forma, da leitura da referida orientação jurisprudencial, consta-se a intenção da Corte em impedir que o contrato de empreitada seja utilizado como instrumento de fraude aos direitos dos trabalhadores contratados por construtoras e incorporadoras. Ou seja, somente a hipótese excepcional de o dono da obra não exercer atividade finalística ligada à construção social afasta sua responsabilização pelos créditos decorrentes das relações de trabalho apuradas no canteiro de obras.

Ainda, afastada a aplicação da Orientação Jurisprudencial n. 191 da SDI 1 (empreita contratada por construtora e incorporadora), resta a aplicação da Súmula

n. 331. Especificamente, aplica-se a responsabilidade subsidiária do tomador, na hipótese de terceirização lícita, e responsabilidade direta do tomador na hipótese da terceirização ilícita.

E o que seria terceirização ilícita? Segundo a Súmula n. 331 do TST, terceirização ilícita é aquela em que há pessoalidade e subordinação, bem como a terceirização da atividade-fim:

> Súmula n. 331
>
> (...)
>
> III – Não forma vínculo de emprego com o tomador a contratação de serviços de vigilância (Lei n. 7.102, de 20.6.1983) e de conservação e limpeza, bem como a de serviços especializados ligados à atividade-meio do tomador, desde que inexistente a pessoalidade e a subordinação direta. (destacou-se)

Como visto, a especialização do serviço foi um dos elementos principais na construção da doutrina da terceirização. Ou seja, as empresas repassam a terceiros a execução de atividades periféricas, concentrando seus esforços no objeto principal da instituição (atividade-fim).

Por certo, no segmento econômico da construção civil é possível apurar a existência de serviços especializados, tais como instalações elétricas, instalações hidráulicas, gesso e pintura. Não obstante, serviços de fundação, alvenaria, reboco e carpintaria, com a devida máxima vênia, jamais poderiam ser terceirizados, pois representam atividade principal de qualquer construtora[2].

Defendendo a especialização enquanto requisito da terceirização lícita, muito oportuno o entendimento adotado na I Jornada de Direito do Trabalho promovida pela Anamatra, como o apoio do TST, em novembro de 2007:

> SÚMULA N. 10. TERCEIRIZAÇÃO. LIMITES. RESPONSABILIDADE SOLIDÁRIA. A terceirização somente será admitida na prestação de serviços especializados, de caráter transitório, desvinculados das necessidades permanentes da empresa, mantendo-se, de todo modo, a responsabilidade solidária entre as empresas.

Além da ilicitude da contratação de empreiteira para executar atividade-fim da construtora ou empreiteira principal, merece também destaque a tutela do meio ambiente do trabalho. O art. 455 da CLT não é capaz de tutelar efetivamente o trabalhador nas questões de medicina e segurança do trabalho. Na contratação de pequenas empreiteiras para a execução de partes da obra nem sempre haverá a devida fiscalização quanto ao cumprimento de normas referentes a treinamento, fornecimento de EPI, ergonomia e demais aspectos ligados à saúde do trabalhador.

Não custa lembrar que a flexibilização tem sido adotada como forma de reduzir direitos dos trabalhadores, quebrando a rigidez da legislação trabalhista para diminuir

---

(2) Em sentido contrário, SILVA, 2004:63, entendo pela licitude da terceirização dos serviços de alvenaria e carpintaria.

os custos com salários e com medidas preventivas. O crescimento das empresas prestadoras de serviço ou terceirizadas, sem comprometimento com o negócio final, contribui para a precarização dos direitos dos trabalhadores, especialmente em questões de medicina e segurança do trabalho (OLIVEIRA, 2010:139).

Quanto aos acidentes de trabalho, muito bem destaca DALLEGRAVE NETO que os dados estatísticos confirmam que nas chamadas atividades terceirizadas o número de acidentes e doenças ocupacionais é sensivelmente maior em decorrência da ausência de investimento em tecnologia e em segurança do trabalho por conta da busca do lucro (2010:253).

Conclusão

A responsabilidade do empreiteiro principal em absoluto torna lícita a terceirização da atividade-fim. Como visto, a terceirização lícita requer a contratação de empresa especializada em determinada atividade, atividade essa que não se confunde com aquela desenvolvida pela empresa contratante. Segundo o entendimento sumulado perante o TST, além das hipóteses de limpeza, conservação e vigilância patrimonial privada, somente a atividade-meio a ser executada por empresa especializada poderá ser objeto de terceirização.

Portanto, toda e qualquer atividade que integre o conceito finalístico da construtora contratante não poderá ser passível de terceirização, devendo essa contratar diretamente os trabalhadores necessários à execução de tais atividades.

Igualmente, o art. 455 da CLT, ao estipular a responsabilidade do empreiteiro principal, não representa autorização legal para a terceirização da atividade-fim no segmento econômico da construção civil. Pelo contrário, trata-se de mera proteção ao trabalhador no que tange ao inadimplemento das obrigações oriundas do contrato de trabalho nas hipóteses de terceirização lícita.

Referências bibliográficas

CARELLI, Rodrigo de Lacerda. *Formas atípicas de trabalho*. São Paulo: LTr, 2004.

DALLEGRAVE NETO, José Affonso. *Responsabilidade civil no direito do trabalho*. 4. ed. São Paulo: LTr, 2010.

DELGADO, Mauricio Godinho. *Curso de Direito do Trabalho*. São Paulo: LTr, 2002.

OLIVEIRA, Sebastião Geraldo de. *Proteção jurídica à saúde do trabalhador.* São Paulo: LTr, 2010.

SILVA, Otávio Pinto e. *Subordinação, autonomia e parassubordinação nas relações de trabalho*. São Paulo: LTr, 2004.

SÜSSEKIND, Arnaldo; MARANHÃO, Délio; VIANNA, Segadas *et. al. Instituições de Direito do Trabalho*. São Paulo: LTr, 2002.

II — Aspectos Gerais sobre as Ações Regressivas Acidentárias Propostas pelo INSS e sua Recepção pelo Poder Judiciário

Alberto Silva Santos

Introdução

Este artigo tem a intenção de apresentar ao leitor a ação regressiva movida pelo Instituto Nacional do Seguro Social — INSS — em face de empregadores visando ao ressarcimento por estes das prestações previdenciárias pagas pelo INSS em favor de trabalhadores segurados ou dependentes de segurados, cuja prestação tenha origem em acidente de trabalho ocorrido por inobservância, por parte dos empregadores de tais segurados, quanto às normas de saúde, segurança e higiene do trabalho.

Para tanto, discorremos sobre o conceito e o objeto das ações regressivas previdenciárias, bem como seus fundamentos jurídicos em nível constitucional, infraconstitucional e regulamentar, com o intuito de abordar as principais discussões acerca do tema no âmbito do Judiciário, tais como a competência para o julgamento da causa e a possibilidade do exercício do direito de regresso pelo INSS tendo em conta o Seguro sobre Acidentes de Trabalho — SAT.

Ao final, procura demonstrar o caráter positivo das ações regressivas não apenas desde a perspectiva do ressarcimento ao erário, imprescindível para a manutenção do equilíbrio financeiro e atuarial do sistema previdenciário administrado pelo Regime Geral de Previdência Social — RGPS —, mas também, sobremaneira, analisar o caráter pedagógico de referidas ações que, em conjunto com outras iniciativas tanto públicas quanto privadas, constituem-se num incremento nas ferramentas das quais o Estado pode lançar mão para incentivar os empregadores a atender corretamente às normas de saúde, segurança e higiene no trabalho.

1. O Direito de Regresso do INSS

O Instituto Nacional do Seguro Social — INSS[(1)] — é a Autarquia Federal responsável pela administração, análise, concessão e pagamento e/ou implemento das prestações previdenciárias previstas na Lei n. 8.213, de 1991, que trata do Regime Geral de Previdência Social — RGPS. Editada para atender aos comandos

(1) Atualmente regulamentado pelo Decreto n. 7.556/2011.

constitucionais que tratam da Previdência Social quanto ao tema do RGPS, a Lei n. 8.213/91 estabelece as modalidades de prestações previdenciárias a serem administradas pelo INSS, seus requisitos legais, bem como dispõe sobre os beneficiários de referidas prestações, os quais se dividem em segurados — o próprio trabalhador —, ou mesmo o segurado facultativo, bem como também são considerados beneficiários da previdência social os dependentes dos referidos segurados.

A Lei n. 8.213/91 dispõe nos seus arts. 19 a 23 sobre o conceito de acidente de trabalho e a respeito da operacionalização no âmbito previdenciário de seu reconhecimento e das prestações previdenciárias devidas na hipótese de seu advento(2).

---

(2) Art. 19. Acidente do trabalho é o que ocorre pelo exercício do trabalho a serviço da empresa ou pelo exercício do trabalho dos segurados referidos no inciso VII do art. 11 desta Lei, provocando lesão corporal ou perturbação funcional que cause a morte ou a perda ou redução, permanente ou temporária, da capacidade para o trabalho.

§ 1º A empresa é responsável pela adoção e uso das medidas coletivas e individuais de proteção e segurança da saúde do trabalhador.

§ 2º Constitui contravenção penal, punível com multa, deixar a empresa de cumprir as normas de segurança e higiene do trabalho.

§ 3º É dever da empresa prestar informações pormenorizadas sobre os riscos da operação a executar e do produto a manipular.

§ 4º O Ministério do Trabalho e da Previdência Social fiscalizará e os sindicatos e entidades representativas de classe acompanharão o fiel cumprimento do disposto nos parágrafos anteriores, conforme dispuser o Regulamento.

Art. 20. Consideram-se acidente do trabalho, nos termos do artigo anterior, as seguintes entidades mórbidas:

I – doença profissional, assim entendida a produzida ou desencadeada pelo exercício do trabalho peculiar a determinada atividade e constante da respectiva relação elaborada pelo Ministério do Trabalho e da Previdência Social;

II – doença do trabalho, assim entendida a adquirida ou desencadeada em função de condições especiais em que o trabalho é realizado e com ele se relacione diretamente, constante da relação mencionada no inciso I.

§ 1º Não são consideradas como doença do trabalho:

a) a doença degenerativa;

b) a inerente a grupo etário;

c) a que não produza incapacidade laborativa;

d) a doença endêmica adquirida por segurado habitante de região em que ela se desenvolva, salvo comprovação de que é resultante de exposição ou contato direto determinado pela natureza do trabalho.

§ 2º Em caso excepcional, constatando-se que a doença não incluída na relação prevista nos incisos I e II deste artigo resultou das condições especiais em que o trabalho é executado e com ele se relaciona diretamente, a Previdência Social deve considerá-la acidente do trabalho.

Art. 21. Equiparam-se também ao acidente do trabalho, para efeitos desta Lei:

I – o acidente ligado ao trabalho que, embora não tenha sido a causa única, haja contribuído diretamente para a morte do segurado, para redução ou perda da sua capacidade para o trabalho, ou produzido lesão que exija atenção médica para a sua recuperação;

II – o acidente sofrido pelo segurado no local e no horário do trabalho, em consequência de:

a) ato de agressão, sabotagem ou terrorismo praticado por terceiro ou companheiro de trabalho;

b) ofensa física intencional, inclusive de terceiro, por motivo de disputa relacionada ao trabalho;

c) ato de imprudência, de negligência ou de imperícia de terceiro ou de companheiro de trabalho;

Uma vez que o segurado cumpre com os requisitos previstos na legislação para a fruição de um benefício previdenciário, surge para ele o direito de postular tal prestação perante o INSS. Em alguns casos, entretanto, o benefício previdenciário

---

d) ato de pessoa privada do uso da razão;

e) desabamento, inundação, incêndio e outros casos fortuitos ou decorrentes de força maior;

III – a doença proveniente de contaminação acidental do empregado no exercício de sua atividade;

IV – o acidente sofrido pelo segurado ainda que fora do local e horário de trabalho:

a) na execução de ordem ou na realização de serviço sob a autoridade da empresa;

b) na prestação espontânea de qualquer serviço à empresa para lhe evitar prejuízo ou proporcionar proveito;

c) em viagem a serviço da empresa, inclusive para estudo quando financiada por esta dentro de seus planos para melhor capacitação da mão de obra, independentemente do meio de locomoção utilizado, inclusive veículo de propriedade do segurado;

d) no percurso da residência para o local de trabalho ou deste para aquela, qualquer que seja o meio de locomoção, inclusive veículo de propriedade do segurado.

§ 1º Nos períodos destinados a refeição ou descanso, ou por ocasião da satisfação de outras necessidades fisiológicas, no local do trabalho ou durante este, o empregado é considerado no exercício do trabalho.

§ 2º Não é considerada agravação ou complicação de acidente do trabalho a lesão que, resultante de acidente de outra origem, se associe ou se superponha às consequências do anterior.

Art. 21-A. A perícia médica do INSS considerará caracterizada a natureza acidentária da incapacidade quando constatar ocorrência de nexo técnico epidemiológico entre o trabalho e o agravo, decorrente da relação entre a atividade da empresa e a entidade mórbida motivadora da incapacidade elencada na Classificação Internacional de Doenças — CID, em conformidade com o que dispuser o regulamento. (*Vide* Medida Provisória n. 316, de 2006) (Incluído pela Lei n. 11.430, de 2006)

§ 1º A perícia médica do INSS deixará de aplicar o disposto neste artigo quando demonstrada a inexistência do nexo de que trata o *caput* deste artigo. (Incluído pela Lei n. 11.430, de 2006)

§ 2º A empresa poderá requerer a não aplicação do nexo técnico epidemiológico, de cuja decisão caberá recurso com efeito suspensivo, da empresa ou do segurado, ao Conselho de Recursos da Previdência Social. (Incluído pela Lei n. 11.430, de 2006.)

Art. 22. A empresa deverá comunicar o acidente do trabalho à Previdência Social até o 1º (primeiro) dia útil seguinte ao da ocorrência e, em caso de morte, de imediato, à autoridade competente, sob pena de multa variável entre o limite mínimo e o limite máximo do salário-de-contribuição, sucessivamente aumentada nas reincidências, aplicada e cobrada pela Previdência Social.

§ 1º Da comunicação a que se refere este artigo receberão cópia fiel o acidentado ou seus dependentes, bem como o sindicato a que corresponda a sua categoria.

§ 2º Na falta de comunicação por parte da empresa, podem formalizá-la o próprio acidentado, seus dependentes, a entidade sindical competente, o médico que o assistiu ou qualquer autoridade pública, não prevalecendo nestes casos o prazo previsto neste artigo.

§ 3º A comunicação a que se refere o § 2º não exime a empresa de responsabilidade pela falta do cumprimento do disposto neste artigo.

§ 4º Os sindicatos e entidades representativas de classe poderão acompanhar a cobrança, pela Previdência Social, das multas previstas neste artigo.

§ 5º A multa de que trata este artigo não se aplica na hipótese do *caput* do art. 21-A. (Incluído pela Lei n. 11.430, de 2006.)

Art. 23. Considera-se como dia do acidente, no caso de doença profissional ou do trabalho, a data do início da incapacidade laborativa para o exercício da atividade habitual, ou o dia da segregação compulsória, ou o dia em que for realizado o diagnóstico, valendo para este efeito o que ocorrer primeiro.

(BRASIL, 1991)

não será postulado pelo próprio segurado, mas, sim, por seus dependentes legais, como no caso da pensão por morte, em que o segurado falecido é qualificado como instituidor da pensão por morte em favor de seus dependentes. Neste caso, tal pensão será paga pela Previdência Social por meio do INSS.

A Previdência Social tem que dar conta das contingências que o trabalhador poderá experimentar no curso de sua vida laboral e contributiva, atendendo eventos como afastamento do trabalho por motivo de enfermidade, quando poderá ser pago pela previdência em favor do trabalhador segurado um benefício de auxílio-doença até que este venha a recuperar sua capacidade laborativa, bem como nos casos de idade avançada, quando se cogita da concessão de aposentadoria por idade em favor do mesmo.

Ocorre que as condições para o implemento das prestações previdenciárias ou são planejadas, como no caso das aposentadorias por idade e por tempo de contribuição, ou são tais condições, a princípio, inesperadas, como nos casos de enfermidade ou mesmo óbito.

Em situações ordinárias, o segurado planeja seu benefício durante sua vida laboral, o que se observa nos casos de aposentadorias por idade e aposentadorias por tempo de contribuição. Contudo, há riscos ordinários decorrentes do simples fato de viver que podem fazer o trabalhador necessitar de períodos de afastamento de suas atividades laborativas. O Seguro Social, então, entra em cena provendo a manutenção desse trabalhador por meio da concessão de benefícios previdenciários para que possa se recuperar para voltar ao exercício de suas atividades, ou mesmo em casos de óbito, quando o Seguro Social provê a manutenção de seus dependentes. Embora situações como afastamento por doenças, acidentes ou mesmo óbito não tenham, a princípio, como ser previstas para o caso individual de cada trabalhador, a Previdência Social compreende os riscos do advento de tais eventos, adequando seu equilíbrio financeiro e atuarial para que o erário dê conta de promover o implemento e a manutenção das prestações previdenciárias na forma da legislação respectiva, quer seja daquelas previamente programadas pelo segurado, como as aposentadorias por idade e tempo de contribuição, quer seja nos casos das aposentadorias por invalidez, auxílio-doença, pensões, morte etc., nos quais não há como prever se serão ou não implementados os eventos, considerando-se que sequer podem ocorrer durante a vida do segurado.

Portanto, é evidente que o equilíbrio financeiro e atuarial da Previdência Social resta assegurado para os casos em que não se verifica o intuito deliberado do segurado em atribuir à Previdência Social a concessão extraordinária de uma prestação previdenciária, como referido. A concessão ordinária dos benefícios previdenciários resta prevista na legislação, quer seja quando o segurado planeja sua aposentadoria por idade ou por tempo de contribuição e já o faz vislumbrando contribuir durante sua vida laborativa para atender no futuro aos requisitos legais para tanto, ou quando por algum fator imprevisto — por exemplo, vítima de enfermidades, causadas por agentes químicos, físicos ou biológicos. Ainda assim, tais prestações entram no cômputo do cálculo financeiro e atuarial previdenciário, já que se presume que tais acontecimentos poderão, mais cedo ou mais tarde, vir a acontecer, ainda que a atuação do segurado e/ou de seu empregador seja a mais diligente possível. Em outras palavras, os afastamentos por conta de acidentes, enfermidades ou óbitos poderão se dar à revelia da vontade direta ou indireta do próprio segurado e de seu empregador, não obstante todas as providências e diligências terem sido tomadas para evitá-los; tais diligências, contudo, têm o potencial de diminuir significativamente a ocorrência das contingências que implicam a concessão daquelas já citadas prestações previdenciárias.

O tema das ações regressivas promovidas pelo INSS em face dos empregadores surge quando o pagamento de uma prestação previdenciária se torna devido por conta de uma conduta ilícita daqueles que têm o dever de agir de acordo com a legislação e não o fazem, gerando ou mesmo aumentando deliberadamente os riscos no exercício da atividade laborativa, culminando com a ocorrência do acidente de trabalho — fato gerador da prestação previdenciária acidentária. Nessas situações, em vez de pagar um benefício previdenciário dentro daquelas situações ordinárias previstas pelo legislador, o INSS acaba por ter que arcar com o ônus do pagamento de prestações previdenciárias oriundas de fatos geradores extraordinários, uma vez que estes têm origem em atos ilícitos que se deram por conta da inobservância pelo empregador das normas de saúde e segurança do trabalho, ensejando situações que escapam à previsibilidade ordinária para a qual fora, primeiro, desenhada toda a lógica de custeio, concessão e manutenção dos benefícios da previdência social. Dessa forma, abala não só seu equilíbrio financeiro e atuarial, mas faz que a Previdência arque com uma prestação previdenciária, a qual não deveria existir, caso tivessem sido tomadas as previdências legais para o afastamento/neutralização/prevenção dos riscos que implicaram a ocorrência do acidente de trabalho que culminou com a concessão do benefício ao obreiro ou aos seus dependentes. Daí falar-se na necessidade de se recompor referido equilíbrio financeiro e atuarial por meio do exercício da via de regresso em face daquele que fora responsável pela ocorrência do fato gerador do benefício.

Os fundamentos legais da ação regressiva (acidentária) previdenciária

A pretensão indenizatória por conta dos prejuízos experimentados em decorrência de ato ilícitos emerge para qualquer pessoa, física ou jurídica, conforme verifica-se na regra geral do art. 927 do Código Civil:

> Art. 927. Aquele que, por ato ilícito (arts. 186 e 187), causar dano a outrem, fica obrigado a repará-lo.
>
> Parágrafo único. Haverá obrigação de reparar o dano, independentemente de culpa, nos casos especificados em lei, ou quando a atividade normalmente desenvolvida pelo autor do dano implicar, por sua natureza, risco para os direitos de outrem. (BRASIL, 2002)

O próprio art. 927 do Código Civil brasileiro já faz menção aos arts. 186 e 187 do mesmo diploma legal com relação à definição de ato ilícito:

> Art. 186. Aquele que, por ação ou omissão voluntária, negligência ou imprudência, violar direito e causar dano a outrem, ainda que exclusivamente moral, comete ato ilícito.
>
> Art. 187. Também comete ato ilícito o titular de um direito que, ao exercê-lo, excede manifestamente os limites impostos pelo seu fim econômico ou social, pela boa-fé ou pelos bons costumes.
>
> (BRASIL, 2002)

De se ver que a leitura conjunta dos dispositivos do Código Civil brasileiro citados supra (arts. 927, 186 e 187) deixa claro que a prática de ato ilícito atrai para aquele que experimenta os prejuízos decorrentes de tal prática, na qualidade de vítima, o direito ao exercício da pretensão indenizatória em face do causador do dano ou violador do direito.

Quando se fala em danos decorrentes dos acidentes de trabalho, desde a perspectiva da responsabilidade civil, há que se levar em conta o sistema de proteção do trabalhador desenhado no ordenamento jurídico pátrio, o qual se vale desde a observância de normas constitucionais, leis ordinárias e da legislação como um todo, em especial dos normativos expedidos pelo Ministério do Trabalho em Emprego Brasileiro (MTE).

A Constituição Federal Brasileira de 1988 (CF/88) dispôs expressamente em seu texto que é direito dos trabalhadores, tanto urbanos quanto rurais, a redução dos riscos inerentes ao desempenho das atividades laborativas, deixando clara a possibilidade e o dever do Estado consistente na edição de normas infraconstitucionais que se prestem a reduzir tais riscos:

> Art. 7º São direitos dos trabalhadores urbanos e rurais, além de outros que visem à melhoria de sua condição social:
>
> (...)
>
> XXII – redução dos riscos inerentes ao trabalho, por meio de normas de saúde, higiene e segurança; (...)
>
> (BRASIL, 1988)

No mesmo sentido, com lastro na Constituição Federal, a Consolidação das Leis do Trabalho (CLT) também traz comando normativo no sentido de determinar aos empregadores o dever da observância das normas de saúde, segurança e higiene do trabalho, senão veja o seu art. 157:

> Art. 157. Cabe às empresas:
>
> I — cumprir e fazer cumprir as normas de segurança e medicina do trabalho;
>
> II — instruir os empregados, através de ordens de serviço, quanto às precauções a tomar no sentido de evitar acidentes do trabalho ou doenças ocupacionais;

III — adotar as medidas que lhe sejam determinadas pelo órgão regional competente;

IV — facilitar o exercício da fiscalização pela autoridade competente.(...)

(...)

(BRASIL, 1943)

Da leitura do dispositivo da Consolidação das Leis do Trabalho (CLT) citado retro, verifica-se que o dever dos empregadores não se insere apenas na seara do cumprimento das Normas Regulamentadoras (NRs) do MTE, mas vai além ao dispor sobre a obrigação dos empregadores em promover a instrução de seus empregados, quer seja normatizandos, treinandos e capacitandos.

De outro lado, da combinação do inc. XXII do art. 7º da CF/88 e do art. 157 da CLT fica clara a legitimidade do Ministério do Trabalho para editar normas de saúde, medicina, higiene e segurança do trabalho, bem como exigir seu cumprimento, dispondo a própria CLT, bem como a CF/88, sobre a obrigatoriedade de sua observância pelos empregadores. Assim, não há como cogitar da inexigibilidade do cumprimento das NRs do MTE ao equivocado argumento de que, como seriam normas expedidas pela autoridade administrativa do Poder Executivo, estas não teriam a força cogente das Leis em sentido "estrito". Pelo contrário, como atos administrativos que são, as NRs gozam dos atributos que lhes são inerentes, tais como presunção de legitimidade, imperatividade e executoriedade, sendo que o art. 200 da CLT referenda o exercício de dita atividade regulamentar realizada pelo MTE.[3]

---

(3) Art. 200.Cabe ao Ministério do Trabalho estabelecer disposições complementares às normas de que trata este Capítulo, tendo em vista as peculiaridades de cada atividade ou setor de trabalho, especialmente sobre: (Redação dada pela Lei n. 6.514, de 22.12.1977)

I - medidas de prevenção de acidentes e os equipamentos de proteção individual em obras de construção, demolição ou reparos; (Incluído pela Lei n. 6.514, de 22.12.1977)

II - depósitos, armazenagem e manuseio de combustíveis, inflamáveis e explosivos, bem como trânsito e permanência nas áreas respectivas; (Incluído pela Lei n. 6.514, de 22.12.1977)

III - trabalho em escavações, túneis, galerias, minas e pedreiras, sobretudo quanto à prevenção de explosões, incêndios, desmoronamentos e soterramentos, eliminação de poeiras, gases, etc. e facilidades de rápida saída dos empregados; (Incluído pela Lei n. 6.514, de 22.12.1977)

IV - proteção contra incêndio em geral e as medidas preventivas adequadas, com exigências ao especial revestimento de portas e paredes, construção de paredes contra-fogo, diques e outros anteparos, assim como garantia geral de fácil circulação, corredores de acesso e saídas amplas e protegidas, com suficiente sinalização; (Incluído pela Lei n. 6.514, de 22.12.1977)

V - proteção contra insolação, calor, frio, umidade e ventos, sobretudo no trabalho a céu aberto, com provisão, quanto a este, de água potável, alojamento profilaxia de endemias; (Incluído pela Lei n. 6.514, de 22.12.1977)

VI - proteção do trabalhador exposto a substâncias químicas nocivas, radiações ionizantes e não ionizantes, ruídos, vibrações e trepidações ou pressões anormais ao ambiente de trabalho, com especificação das medidas cabíveis para eliminação ou atenuação desses efeitos limites máximos quanto ao tempo de exposição, à intensidade da ação ou de seus efeitos sobre o organismo do trabalhador, exames médicos obrigatórios, limites de idade controle permanente dos locais de trabalho e das demais exigências que se façam necessárias; (Incluído pela Lei n. 6.514, de 22.12.1977)

A obrigatoriedade da observância das normas de segurança do trabalho expedias pelo MTE também encontra albergue na doutrina, conforme já constatou José Affonso Dallegrave Neto:

> As Normas Regulamentadoras (NRs) do Ministério do Trabalho e Emprego (MET) que dispõem sobre medidas complementares no campo da prevenção de doenças e acidentes do trabalho cumprem expressa delegação normativa estampada em lei federal (art. 200, I, da CLT), além de efetivarem direito fundamental previsto no art. 7º, XXII, da Constituição Federal.
>
> Logo, as NRs contêm densidade legal e vinculante para todas "as empresas privadas e públicas e pelos órgãos públicos de administração direta e indireta, bem como pelos órgãos dos poderes legislativo e judiciário, que possuam empregados regidos pela Consolidação das Leis do Trabalho CLT" (NR 01.1). (Dallegrave Neto, 2012). (Dallegrave Neto, José Afonso. *In:* <http://portal2.trtrio.gov.br:7777/pls/portal/docs/PAGE/GRPPORTALTRT/PAGINAPRINCIPAL/JURISPRUDENCIA_NOVA/REVISTAS%20TRT-RJ/48/16_REVTRT48_JOSE%20AFFONSO.PDF>. Acesso em: 30.11.2012.)

Por fim, a legitimidade do MTE ao editar normas que tratam da segurança e saúde do trabalho encontra guarida nos tribunais, cabendo fazer menção às Súmulas n. 194 e 460 do Supremo Tribunal Federal:

> Súmula n. 194. É competente o Ministro do Trabalho para a especificação das atividades insalubres.
>
> Súmula n. 460. Para efeito do adicional de insalubridade, a perícia judicial, em reclamação trabalhista, não dispensa o enquadramento da atividade entre as insalubres, que é ato da competência do Ministro do Trabalho e previdência social.
>
> (BRASIL, STF)

Dessa feita, a violação quer seja à Constituição Federal, à Lei ou às NRs do MTE ensejarão o ato ilícito apto a legitimar o exercício da pretensão indenizatória pela vítima em Juízo.

VII – higiene nos locais de trabalho, com discriminação das exigências, instalações sanitárias, com separação de sexos, chuveiros, lavatórios, vestiários e armários individuais, refeitórios ou condições de conforto por ocasião das refeições, fornecimento de água potável, condições de limpeza dos locais de trabalho e modo de sua execução, tratamento de resíduos industriais;(Incluído pela Lei n. 6.514, de 22.12.1977)

VIII – emprego das cores nos locais de trabalho, inclusive nas sinalizações de perigo. (Incluído pela Lei n. 6.514, de 22.12.1977)

Parágrafo único — Tratando-se de radiações ionizantes e explosivos, as normas a que se referem este artigo serão expedidas de acordo com as resoluções a respeito adotadas pelo órgão técnico. (Incluído pela Lei n. 6.514, de 22.12.1977)

(BRASIL, 1943)

No caso em específico, tratando-se de acidente de trabalho, a pretensão indenizatória surge para o INSS no momento em que se verifica que este tenha arcado com alguma prestação previdenciária em face do segurado, vítima do acidente de trabalho, ou dos dependentes do obreiro segurado que por ventura tenha falecido vítima de acidente de trabalho.

A legitimidade para o exercício de tal pretensão pelo INSS restará assentada na verificação pela Autarquia da responsabilidade do empregador pela ocorrência do acidente de trabalho que vitimou o trabalhador segurado. Tal responsabilidade restará evidente quando comprovado que o acidente resultou do descumprimento das normas de saúde, medicina segurança e/ou higiene do trabalho pelo empregador.

Qualquer argumento com relação à impossibilidade do exercício da pretensão indenizatória pelo INSS em face do empregador no sentido de que as normas constantes do Código Civil não se aplicariam ao ente público tem-se por equivocado, bastando, para demonstrar tal equívoco, aduzir que a própria Lei n. 8.213/91, que trata das prestações previdenciárias, também chamada de Lei de Benefícios Previdenciários (LB), dispõe expressamente sobre o direito de regresso do INSS em seus arts. 120 e 121:

> Art. 120. Nos casos de negligência quanto às normas padrão de segurança e higiene do trabalho indicados para a proteção individual e coletiva, a Previdência Social proporá ação regressiva contra os responsáveis.
>
> Art. 121. O pagamento, pela Previdência Social, das prestações por acidente do trabalho não exclui a responsabilidade civil da empresa ou de outrem.
>
> (BRASIL, 1991)

O art. 120 da Lei n. 8.213/91 confere total legitimidade ativa ao INSS para propor a ação regressiva na hipótese de verificação da situação ali descrita, eliminando qualquer discussão acerca da inviabilidade jurídica do exercício desta via pela Autarquia Federal ao buscar o ressarcimento ao erário. O texto da lei é claro e não cabe maiores delongas quanto a ele, sendo que o Poder Judiciário tem acolhido o ajuizamento das ações regressivas previdenciárias (acidentárias), afastando até mesmo alegações promovidas pelas partes rés quanto à (in)compatibilidade de referido dispositivo legal com a Constituição Federal, conforme será tratado adiante quando da análise da compatibilidade da ação regressiva previdenciária com o Seguro de Acidentes de Trabalho (SAT).

Com os arts. 120 e 121 quis o legislador, no marco do Regime Jurídico de Direito Público, autorizar expressamente a pretensão indenizatória do INSS no âmbito da legislação previdenciária, tendo assim procedido ao dispor expressamente acerca do direito de regresso do INSS quando este se vê obrigado a pagar benefício previdenciário decorrente de acidente de trabalho quando tal contingência se deu por culpa do empregador.

Análise da competência para a propositura da ação regressiva previdenciária acidentária

No tópico anterior, fora demonstrado que o Instituto Nacional do Seguro Social — INSS — é a parte legitimada para a propositura da ação regressiva prevista no art. 120 da Lei n. 8.213/91.

O INSS é uma autarquia federal, pessoa jurídica de direito público, de modo que revela-se aparentemente simples a fixação da competência para a propositura e julgamento da ação regressiva, dada a previsão expressa na contida no *caput* do art. 109 da Constituição Federal quanto à competência da Justiça Federal para julgar as causas de interesse da União:

> Art. 109. Aos juízes federais compete processar e julgar:
>
> I – as causas em que a União, entidade autárquica ou empresa pública federal forem interessadas na condição de autoras, rés, assistentes ou oponentes, exceto as de falência, as de acidentes de trabalho e as sujeitas à Justiça Eleitoral e à Justiça do Trabalho;
>
> (BRASIL, 1988)

Contudo, da leitura do art. 109 da CF/88 surgiram questionamentos quanto à matéria veiculada nas ações regressivas, já que se tratava da análise da responsabilidade do empregador pela ocorrência de acidente de trabalho e, ainda, de sua repercussão na esfera previdenciária.

Levantou-se argumentos quanto à competência da Justiça Estadual para o julgamento de referidas ações, o que não prosperou dado que a essa compete apenas apreciar os processos judiciais nos quais os segurado buscam em face do INSS a concessão de prestações previdenciárias decorrentes de acidentes de trabalho.

No mesmo sentido, também não caberia entender que a Justiça do Trabalho seria o foro competente para a apreciação da ação regressiva, muito embora julgue temas afetos aos acidentes de trabalho quando trata dos pedidos dos empregados consistentes em indenizações por conta da alegação de terem sido vítimas de ditas fatalidades, por exemplo. A questão envolvendo o direito de regresso do INSS se dá exclusivamente entre a Autarquia Federal e o(s) empregador(es) e eventuais corresponsáveis solidários e/ou subsidiários.

A despeito dos mais variados argumentos, fato é que a jurisprudência fixou a competência no âmbito da Justiça Comum Federal, considerando tratar-se de questão envolvendo a Autarquia Federal e o empregador, bem como benefício previdenciário e a análise de seu fato gerador das responsabilidades que ensejaram a ocorrência do fato:

> ADMINISTRATIVO. ACIDENTE DO TRABALHO. MORTE. SEGURADO. NEGLIGÊNCIA. NORMAS DE SEGURANÇA. AÇÃO REGRESSIVA DO INSS. 1.*Tratando-se de ação regressiva movida pelo INSS para haver reparação danos sofridos com o pagamento de pensões aos obreiros sinistrados, inquestionável a competência da Justiça Federal para promover o*

seu processamento e julgamento. 2. Demonstrada a negligência da empregadora quanto à adoção, uso e fiscalização das medidas de segurança do trabalhador, tem o INSS direito à ação regressiva prevista no art. 120 da Lei n. 8.213/91. 3. É dever da empresa fiscalizar o cumprimento das determinações e procedimentos de segurança, não lhe sendo dado eximir-se da responsabilidade pelas consequências quando tais normas não são cumpridas, ou o são de forma inadequada, afirmando de modo simplista que cumpriu com seu dever apenas estabelecendo referidas normas. 4. "O fato das empresas contribuírem para o custeio do regime geral de previdência social, mediante o recolhimento de tributos e contribuições sociais, dentre estas aquela destinada ao seguro de acidente do trabalho — SAT, não exclui a responsabilidade nos casos de acidente de trabalho decorrentes de culpa sua, por inobservância das normas de segurança e higiene do trabalho." (TRF4 – 3ª Turma – AC n. 200072020006877/SC, rel. Francisco Donizete Gomes, j. em 24.9.02, DJU de 13.11.02, p. 973)

(Brasil. Tribunal Regional Federal da Quarta Região. Ac200472070067053, Roger Raupp Rios, TRF4 –3ª Turma, DE 16.12.2009) (Grifos e destaques nossos)

O Superior Tribunal de Justiça, ao reconhecer a competência da Justiça Comum Federal para o julgamento da ação regressiva, afasta, ainda que indiretamente, argumentos que trariam o tema para a seara exclusivamente trabalhista ou previdenciária ao promover a redistribuição de autos de ações regressivas das turmas de direito previdenciário para as turmas de direito administrativo:

PROCESSUAL CIVIL. AÇÃO REGRESSIVA. ACIDENTE DE TRABALHO. COMPETÊNCIA DA PRIMEIRA SEÇÃO. 1. A discussão dos autos cinge-se a competência para julgamento de recurso especial interposto no âmbito de ação regressiva de ressarcimento de danos causados por acidente de trabalho ajuizada pelo INSS. 2. *Não se cuidando de discussão sobre benefícios previdenciários, é da Primeira Seção a competência para examinar feito em que se discute direito público em geral.* Neste caso, reconheceu a Terceira Seção: "A controvérsia dos autos, a despeito de figurar no polo ativo o Instituto Nacional do Seguro Social e tratar de acidente de trabalho, o que se discute especificamente é a responsabilização civil da recorrida e a possibilidade da autarquia rever os valores pagos. Não se discute, pois, a concessão ou revisão de qualquer benefício previdenciário." 3. Agravo regimental não provido.

(Brasil. Superior Tribunal de Justiça. Agresp200600446918, Castro Meira – Segunda Turma, DJe 2.6.2010) (Grifos e destaques nossos)

Ainda, o Egrégio Tribunal Regional da Quarta Região entendeu que, por se tratar de ação que não envolveria a concessão de benefício previdenciário, mas, sim, de tema afeto a responsabilidade civil, não se aplicaria o rito sumário previsto na Lei n. 8.213/91 para o processamento das ações judiciais nas quais se discutem benefícios previdenciários decorrentes de acidentes de trabalho. (Brasil. Tribunal Regional Federal da Quarta Região. AG 200604000020128, Vânia Hack de Almeida, TRF4 –Terceira Turma, DJ 18.10.2006, p. 427)

O Seguro de Acidentes de Trabalho (SAT) e o direito de regresso do INSS

Um dos temas mais importantes tratados quando das discussões jurídicas que envolvem as ações regressivas é o debate entre a legitimidade/constitucionalidade do art. 120 da Lei n. 8.213/91 e sua compatibilidade com as disposições legais que instituíram o Seguro de Acidentes de Trabalho — SAT.

A Lei n. 8.212/91, que trata atualmente do custeio da Previdência Social, trouxe no inc. II de seu art. 22 a disciplina que institui o SAT, cuja responsabilidade pelo recolhimento é da empregadora:

> Art. 22. *A contribuição a cargo da empresa, destinada à Seguridade Social*, além do disposto no art. 23, é de: (Vide Lei n. 9.317, de 1996)
>
> (...)
>
> II – para o financiamento do benefício previsto nos arts. 57 e 58 da Lei n. 8.213, de 24 de julho de 1991, e daqueles concedidos em razão do grau de incidência de incapacidade laborativa decorrente dos riscos ambientais do trabalho, sobre o total das remunerações pagas ou creditadas, no decorrer do mês, aos segurados empregados e trabalhadores avulsos: (Redação dada pela Lei n. 9.732, de 11.12.98)
>
> a) 1% (um por cento) para as empresas em cuja atividade preponderante o risco de acidentes do trabalho seja considerado leve;
>
> b) 2% (dois por cento) para as empresas em cuja atividade preponderante esse risco seja considerado médio;
>
> c) 3% (três por cento) para as empresas em cuja atividade preponderante esse risco seja considerado grave.
>
> (...)
>
> (BRASIL, 1991)

Como se vê, o SAT foi instituído como contribuição de natureza tributária com alíquotas variáveis a serem aplicadas de acordo com o risco de acidentes de trabalho que representa a atividade preponderante da empresa.

O SAT não é um seguro de natureza privada. Desde a edição da Lei n. 5.316/67 (art. 1º), verifica-se a publicização do SAT, o que fora mantido em legislações posteriores (n. 6.367/76, n. 7.787/89 e n. 8.212/91); portanto, não se mostra pertinente comparar o SAT com um seguro privado para fins de que as empregadoras o invoquem no intuito de se eximir da responsabilização oriunda de eventual condenação no bojo da ação regressiva acidentária.

O SAT, com sua natureza tributária, é contribuição obrigatória a qual se revela imprescindível para assegurar o equilíbrio financeiro e atuarial do sistema de previdência social na medida em que contempla alíquotas diferenciadas que preveem o pagamento de forma progressiva de acordo com a atividade preponderante da empresa tributada, dando também efetividade aos princípios da igualdade e isonomia, ao criar situações diferenciadas para empresas que exploram atividades econômicas diferenciadas.

Basta a leitura da norma contida no inc. II do art. 22 da Lei n. 8.212/91 para entender que o SAT trata, em primeiro lugar, das aposentadorias especiais, assim entendidas como aquelas nas quais o tempo de contribuição do obreiro para implementar seu direito à aposentação é reduzido, dada a realização de trabalhos sujeitos a condições e atividades especiais que prejudiquem a saúde ou a integridade física, os quais, uma vez devidamente comprovados na forma da legislação, reduzirão o tempo previsto para a aposentação do obreiro para quinze, vinte ou vinte e cinco anos, ao contrário dos tradicionais trinta e cinco anos de tempo de contribuição para o homem ou trinta anos de tempo de contribuição para a mulher.

Nesse sentido, em havendo um período de contribuição menor para a aquisição do direito à aposentação pelo trabalhador que exerce atividades especiais, ao tempo em que se está de um lado prestigiando o próprio direito do trabalhador segurado em compensar eventual prejuízo a sua saúde, cria-se um déficit no equilíbrio financeiro e atuarial do sistema, pois o tempo de contribuição a menor de um lado representa menos ingressos aos sistemas previdenciários e, de outro, maior saída desse sistema, já que tende a pagar por mais tempo o benefício de aposentadoria ao segurado que logra êxito em ter deferida sua aposentadoria especial.

Para reequilibrar a conta e dar efetividade ao equilíbrio financeiro e atuarial do Regime Geral de Previdência Social (RGPS), vem o SAT e insititui as contribuições com alíquotas progressivas de acordo com os riscos inerentes à atividade preponderante das empregadoras.

Contudo, o próprio inc. II do art. 22 da Lei n. 8.212/91 dispõe que o SAT também irá se prestar ao financiamento dos benefícios por incapacidade laborativa decorrentes dos riscos ambientais do trabalho.

Ora, quando o dispositivo legal menciona "riscos ambientais do trabalho", quer fazer referência aos riscos ordinários, inerentes à natureza da própria atividade laborativa do obreiro no âmbito do desempenho de seu labor em favor do empregador. Trata-se de referir aos riscos os quais existirão, independentemente de toda e qualquer medida adotada de acordo com o "estado da arte" no intuito de se tentar afastar, evitar, neutralizar ou ao menos minimizar as chances da eventual ocorrência de acidentes de trabalho durante o desempenho das atividades obreiras.

O risco sobre o qual incide o SAT é ordinário, no qual o empregador não se exime da responsabilidade de tentar neutralizar toda e qualquer ingerência que possa ser lesiva à saúde e/ou à integridade do empregado no curso do desempenho de suas atividades laborais. Contudo, se concebe o SAT dado que em que pese o empregador confirmar lograr atender a todas as providências legais e regulamentares, dadas as peculiaridades das atividades laborais desenvolvidas, ainda assim haverá a possibilidade da ocorrência de acidentes de trabalho e, consequentemente, do custeio de alguma prestação previdenciária pelo RGPS decorrente de tal acidente laboral. Daí falar-se no SAT, pois muitas atividades envolverão pequenos, médios ou altos graus de risco em seu exercício, com potencial de gerarem acidentes de trabalho durante sua realização, não obstante serem observadas todas as medidas previstas nas normas de saúde segurança do trabalho para tentar evitá-los.

Ao se conceber o SAT para os assim chamados riscos ordinários, o acidente é pensado como a exceção e, do mesmo modo, a concessão do benefício previdenciário decorrente de tal acidente assim o é. Desta feita, desenha-se uma forma de contribuição previdenciária com o fito de manter equilibrada a balança financeira e atuarial da previdência social.

Pensar que o SAT cobriria toda e qualquer modalidade de acidente de trabalho seria desvirtuar seu desenho institucional e gerar desequilíbrio para o sistema previdenciário, pois estaria a se conceber a exceção da exceção como a regra. Isso porque, quando se evita o cumprimento das normas de segurança do trabalho, incrementa-se sobremaneira os riscos decorrentes da atividade laborativa, deixando tal risco de ser ordinário para passar a ser extraordinário, tornando praticamente certa a ocorrência do acidente de trabalho e, de consequência, o implemento da prestação previdenciária ao obreiro acidentado ou aos seus dependentes.

O fato de o empregador contribuir para o SAT não lhe outorga um "cheque em branco" para que possa deliberadamente se afastar da observância das normas de segurança, saúde, higiene e medicina do trabalho com a tranquilidade de se ver totalmente coberto pelo Seguro Social na hipótese de seu empregado vir a experimentar algum acidente laboral por conta do descompromisso do empregador para com a segurança do trabalho.

Não haveria como sequer imaginar alíquotas viáveis para o SAT na hipótese de pretender que este se prestasse também a cobrir as situações nas quais deliberadamente o empregador se afasta do compromisso de observar as normas de segurança no trabalho. Pelo contrário, cogitar que o SAT se prestaria a eximir toda e qualquer sorte de responsabilidade do empregador pelos acidentes de trabalho seria transformar em "letra morta" a norma constitucional contida no inc. XXII do art. 7º da Constituição Federal, bem como as dos arts. 156 e 200 da CLT e, por conseguinte, todas as normas regulamentadoras expedidas pelo MTE, pois que empregador se daria ao trabalho de investir em segurança laboral, diminuindo sua margem de lucros, uma vez que não sofreria qualquer espécie de reprimenda por isso ou, ainda que sofrendo alguma reprimenda, esta não seria de monta significativa que tornasse inviável o afastamento dos investimentos em saúde e segurança do trabalho. No sistema capitalista, lamentavelmente, o centro das preocupações é o capital, o lucro, e não o ser humano, de modo que entre o lucro e o empregado prevalece aquele em detrimento deste. Daí a necessidade de intervenção estatal para fazer valer direitos do empregado em face do empregador por meio de uma série de ações, dentre elas, aquelas que se prestem a assegurar o adequado ambiente de trabalho livre de riscos ou, pelo menos, a adoção de medidas visando a neutralizá-los ou diminuí-los significativamente. Mas, se o Estado não dispuser de ferramentas de controle, fiscalização, monitoramento e responsabilização e cobrança, todo o mecanismo de proteção do trabalhador resta banalizado, perde a força cogente, transformando-se em mera orientação cuja adoção ou não vai ficar a critério da "boa vontade" do empregador, caso haja, dado que tal "boa vontade" irá custar dinheiro que implicará a redução de seu margem de lucro; ou, de outro lado, uma vez que determinada empresa resolvesse adotar boas práticas em matéria de segurança do trabalho sem diminuir sua margem de lucros, não teria condições de concorrer em pé de igualdade no mercado com aquelas que, na equivocada ideia de estarem respaldadas pelo SAT, não se preocupariam com investimentos em segurança no trabalho. Assim, uma vez que prescindem de tais investimentos, poderiam oferecer seus bens e serviços em valores menores ao mercado, implicando, desta feita, concorrência desleal e gritante afronta à livre-iniciativa, o que revelaria flagrante incompatibilidade com a Constituição Federal, tanto no tema da obrigação de promoção da segurança do trabalho como quando trata dos direitos sociais dos trabalhadores e, também, quando realiza a própria vida e sobrevivência das empresas ao tratar da ordem econômica. Portanto, ao afastar a obrigatoriedade da adoção de medidas de segurança do trabalho com a banalização da responsabilização dos empregadores nesta seara, abre-se caminho para a prática do chamado "*dumping* social"(4).

---

(4) "(...) Tendo por base as considerações iniciais expostas na Sentença e reproduzidas no item 1 e o conteúdo constante dos presentes autos, coaduna-se com o entendimento do juízo de origem acerca da conduta das reclamadas no que se refere ao agir de forma *reiterada* e *sistemática* na precarização e violação de direitos, principalmente os trabalhistas.

Destaca-se, em relação a essa questão, o enunciado aprovado na *1ª Jornada de Direito Material e Processual*, em 2007, realizada no *Tribunal Superior do Trabalho*, com a seguinte redação:

"4. '*DUMPING* SOCIAL'. DANO À SOCIEDADE. INDENIZAÇÃO SUPLEMENTAR. As agressões reincidentes e inescusáveis aos direitos trabalhistas geram um dano à sociedade, pois como tal prática desconsidera-se, propositalmente, a estrutura do Estado social e do próprio modelo capitalista com a obtenção de vantagem indevida perante a concorrência. A prática, portanto, reflete o conhecido "dumping social", motivando a necessária reação do Judiciário trabalhista para corrigi-la. O dano à sociedade configura ato ilícito, por exercício abusivo do direito, já que extrapola limites econômicos e sociais, nos exatos termos dos arts. 186, 187 e 927 do Código Civil. Encontra-se no art. 404, parágrafo único do Código Civil, o fundamento de ordem positiva para impingir ao agressor contumaz uma indenização suplementar, como, aliás, já previam os arts. 652, *"d"*, e 832, § 1º, da CLT."

Como bem exposto pelo juízo a quo, o entendimento inovador acima mencionado *é plenamente aplicável e socialmente justificável para a situação que estabeleu na presente demanda*. Como já referido na sentença, "a atividade jurisdicional não pode ser conivente com tamanho abuso praticado por aqueles que exploram atividades econômicas que visam essencialmente o lucro em detrimento de relações sociais (...)".

Lembra-se, para tanto, os fundamentos constantes do processo n. 0058800-58.2009.5.04.0005, da lavra da Juíza Valdete Souto Severo, nos seguintes termos: "(...) considerando o número expressivo de processos relatando realidade de contumaz e reiterada inobservância dos mais elementares direitos humanos (nem sequer refiro os trabalhistas, mas apenas aqueles decorrentes do necessário respeito à integridade moral dos trabalhadores), entendo esteja a reclamada a praticar o que a jurisprudência trabalhista vem denominando "dumping social". (...) Ao desrespeitar o mínimo de direitos trabalhistas que a Constituição Federal garante ao trabalhador brasileiro, a empresa não apenas atinge a esfera patrimonial e pessoal desse ser humano, mas também compromete a própria ordem social. Atua em condições de desigualdade com as demais empresas do mesmo ramo, já que explora mão de obra sem arcar com o ônus daí decorrente, praticando concorrência desleal.

Em um país fundado sob a lógica capitalista, em que as pessoas sobrevivem daquilo que recebem pelo seu trabalho, atitudes como aquela adotada pela reclamada se afiguram ofensivas à ordem axiológica estabelecida. Isso porque retiram do trabalhador, cuja mão de obra reverte em proveito do empreendimento, a segurança capaz de lhe permitir uma interação social minimamente programada. (...) Ou seja, ao colocar o lucro do empreendimento acima da condição humana daqueles cuja força de trabalho

A prática do "*dumping* social" é condenável desde várias perspectivas, dado que afeta vários segmentos, seja primeiramente ao trabalhador que vê o risco de se acidentar agravado significativamente, ou com a ordem econômica ao promover a concorrência desleal, ou para com a ofensa à integridade do equilíbrio financeiro e atuarial da Previdência Social com o incremento deliberado dos acidentes de trabalho por conta da não observância das normas de segurança e saúde no trabalho. Isso implica o aumento da conta de pagamentos de prestações previdenciárias acidentárias, tais como auxílios-doença, aposentadorias por invalidez ou pensões por morte, por exemplo, cabendo destacar que em se tratando de ações regressivas propostas pelo INSS em face dos empregadores faltantes com o compromisso de observância das normas de segurança do trabalho, já houve iniciativa do INSS e da Procuradoria Geral Federal em abordar o tema do "*dumping* social":

> Segundo a petição inicial, o frigorífico pratica o chamado "*dumping* social", pois reduz seus encargos financeiros ao não seguir as normas de proteção da saúde e segurança dos trabalhadores, sendo que o histórico de afastamentos ocupacionais da empresa justifica a medida, pois é expressivo e destoante da média dos demais setores produtivos. Como exemplo, há mais de uma centena de benefícios acidentários foram concedidos a empregados de apenas uma das funções do frigorífico: a de abatedor.
>
> Para provar a tipicidade dos acidentes e doenças ocupacionais dos trabalhadores do frigorífico, são apresentadas as Comunicações de Acidentes do Trabalho (CATs) emitidas pela empresa e a avaliação médico-pericial a que foram submetidos os segurados no requerimento

---

justifica e permite seu desenvolvimento como empresa. Na 1a Jornada de Direito Material e Processual na Justiça do Trabalho, realizada pelo TST, em 23.11.2007, da qual participaram operadores de todas as áreas do direito do trabalho, foi aprovado Enunciado dispondo: "*DUMPING* SOCIAL". DANO À SOCIEDADE. INDENIZAÇÃO SUPLEMENTAR. (...)

O professor Eugênio Facchini Neto, ao tratar da função social da responsabilidade civil, refere que "se o Direito, muitas vezes, sente-se incapaz para evitar e neutralizar os riscos, se os danos são inevitáveis, frutos inseparáveis da convivência social e do desenvolvimento tecnológico, ao menos o Direito deve buscar formas de fornecer segurança jurídica, no sentido de que todo o dano injusto (entendendo-se por dano injusto todo aquele para o qual a vítima não deu causa) deve ser, na maior medida possível, reparado". O autor conclui o texto declarando: a ideia de função social, no âmbito do direito privado, está ligada ao valor da solidariedade. A própria solidariedade, na verdade, nada mais é do que uma consequência jurídica da inerente socialidade da espécie humana. Se a pessoa humana não consegue sobreviver senão em sociedade, se dependemos diuturnamente de outras pessoas, não só para vivermos com qualidade de vida, mas até mesmo para sobrevivermos, então resta claro que o que quer que façamos tem repercussão na vida de outrem. O Direito deve levar isso em consideração". Esse é o fundamento axiológico da noção de reparação do dano social, que atinge não apenas a esfera individual, mas também essa sociedade, que pretendemos seja justa e solidária. (FACCHINI NETO, Eugênio. A função social do direito privado. Revista da Ajuris: doutrina e jurisprudência. Porto Alegre, v. 34, n.105, p. 153-188, mar. 2007)." Portanto, entende-se que, no caso, as reclamadas cometeram o denominado dumping social.

Dessa forma, afigura-se razoável, diante da situação posta no processo, manter a Sentença que condenou as reclamadas, solidariamente, ao pagamento de indenização a título de dumping social. Entende-se razoável, também, diante das circunstâncias, manter o valor da condenação que foi arbitrado em *R$ 100.000,00*.

Registre que a condenação solidária das reclamadas se justifica como forma de se coibir a conduta reiterada e sistemática de contratação de mão de obra irregular e precária, bem como para se coibir o agir do qual resulte em outras violações como as constatadas nos presentes autos e já referidas. (...)"

(BRASIL. TRIBUNAL SUPERIOR DO TRABALHO. TST-RR-11900-32.2009.5.04.0291)

dos benefícios previdenciários, além de Relatório de Inspeção em Saúde e Segurança do Trabalho do Ministério do Trabalho e Emprego e diversos autos de infrações administrativas. O MTE já fez 69 fiscalizações no estabelecimento em Montenegro (RS), sendo que os três principais problemas causados pelo ambiente de trabalho inadequado foram mononeuropatias dos membros superiores, tenossinovites, sinovites e tendinites do membro superior e lesões nos ombros. A autarquia cita também ações de ex-funcionários na Justiça do Trabalho, que foram indenizados por lesões adquiridas quando trabalhavam na empresa. Todos os eventos poderiam ter sido evitados se as normas de segurança e saúde necessárias para a proteção individual e coletiva do trabalho tivessem sido obedecidas. Além de buscar o ressarcimento dos cofres públicos, o INSS adota uma postura proativa de caráter punitivo-pedagógico, visando à observância das normas de saúde e segurança dos trabalhadores, razão pela qual também pede a prática de algumas novas posturas pela ré.

(BRASIL. ADVOCACIA-GERAL DA UNIÃO. <http://uj.novaprolink.com.br/doutrina/7596/acao_regressiva_previdenciaria_contra_as_empresas_proposta_pelo_inss_acidentes_de_trabalho_>. Acesso em: 30 nov. 2012)

De se ver que não há como pretender que o SAT se preste como excusa para afastar o direito de regresso da Autarquia em face dos empregadores que não cumprem com as normas de segurança do trabalho e geram acidentes que repercutem na esfera previdenciária com o pagamento de prestações pelo INSS aos trabalhadores acidentados. O SAT, repita-se, não é "cheque em branco" para cobrir os riscos que restam implementados e amplificados pelo próprio empregador desidioso que não observa as normas de segurança do trabalho; assim, não tem o condão de afastar a responsabilidade do empregador quando do exercício do direito de regresso pelo INSS em face daquele. A questão já fora exaustivamente examinada no âmbito dos Tribunais com o reconhecimento da possibilidade do exercício da pretensão regressiva indenizatória pela Autarquia em face dos empregadores, a despeito da contribuição ao SAT:

ADMINISTRATIVO. ACIDENTE DO TRABALHO. MORTE. SEGURADO. NEGLIGÊNCIA. NORMAS DE SEGURANÇA. AÇÃO REGRESSIVA DO INSS. 1. A ré contribuiu para o desfecho do evento que culminou com a morte de um de seus empregados, na medida em que permitiu que os trabalhos iniciassem com a Rede de Alta Tensão energizada, deixando de observar o disposto no item 10.2.8.2 da Norma Regulamentadora n. 10, relacionada à segurança em instalações e serviços em eletricidade. 2. "O fato das empresas contribuírem para o custeio do regime geral de previdência social, mediante o recolhimento de tributos e contribuições sociais, dentre estas aquela destinada ao seguro de acidente do trabalho-SAT, não exclui a responsabilidade nos casos de acidente de trabalho decorrentes de culpa sua, por inobservância das normas de segurança e higiene do trabalho."

(TRF4 – 3ª Turma – AC n. 200072020006877/SC, rel. Francisco Donizete Gomes, j. em 24.9.02, DJU de 13.11.02, p. 973). (BRASIL. TRIBUNAL REGIONAL FEDERAL DA QUARTA REGIÃO. AC 200672060037802, MARIA LÚCIA LUZ LEIRIA, TRF4 – TERCEIRA TURMA, DE 9.9.2009)

E não se diga que o art. 120 da Lei n. 8.213/91, ao dispor sobre o exercício do direito de regresso pelo INSS, seria de constitucionalidade duvidosa, conforme se pode depreender do já discutido supra, não há que se falar em *bis in idem* na convivência da ação regressiva e do SAT, ou seja, não se trata de penalizar duplamente o empregador com o pagamento do SAT e após com sua eventual condenação na ação regressiva, conforme já decidiu o Egrégio Tribunal Regional Federal da Quarta Região:

> CIVIL, CONSTITUCIONAL E PREVIDENCIÁRIO. ACIDENTE DE TRABALHO. MORTE DO EMPREGADO. AÇÃO REGRESSIVA DO INSS CONTRA O EMPREGADOR. ART. 120 DA LEI N. 8.213/91. CONSTITUCIONALIDADE. DEVER DO EMPREGADOR DE RESSARCIR OS VALORES DESPENDIDOS PELO INSS EM VIRTUDE DA CONCESSÃO DE PENSÃO POR MORTE. RESPONSABILIDADE DA EMPRESA QUANTO À OBSERVÂNCIA DAS MEDIDAS DE PROTEÇÃO À SEGURANÇA DO TRABALHADOR. NEGLIGÊNCIA DA EMPRESA. SEGURO DE ACIDENTE DO TRABALHO - SAT. NÃO EXCLUSÃO DA RESPONSABILIDADE EM CASO DE ACIDENTE DECORRENTE DE CULPA DA EMPREGADORA. CONSTITUIÇÃO DE CAPITAL. ART. 475-Q DO CPC. NÃO APLICAÇÃO AO CASO. RECURSOS DESPROVIDOS. 1. Demonstrada a negligência da empregadora quanto à adoção e fiscalização das medidas de segurança do trabalhador, tem o INSS direito à ação regressiva prevista no art. 120 da Lei n. 8.213/91. 2. *É constitucional o art. 120 da Lei n. 8.213/91. A Emenda Constitucional n. 41/2003 acrescentou o parágrafo 10o ao art. 201 da CF, dispondo que a cobertura do risco de acidente do trabalho será atendida concorrentemente pelo regime geral de previdência social e pelo setor privado. Ademais, a constitucionalidade do referido artigo restou reconhecida por este TRF, no julgamento da Arguição de Inconstitucionalidade na AC n. 1998.04.01.023654-8, decidindo a Corte Especial pela inexistência de incompatibilidade entre os arts. 120 da Lei n. 8.213/91 e 7o, XXVIII, da CF. 3. O fato de a empresa contribuir para o Seguro de Acidente do Trabalho — SAT não exclui sua responsabilidade nos casos de acidente de trabalho decorrentes de culpa sua, por inobservância das normas de segurança e higiene do trabalho. Precedentes.* 4. Hipótese em que é cabível o ressarcimento de valores despendidos com o pagamento de pensão por morte aos dependentes (genitores) do funcionário da empresa ré, falecido em acidente ocorrido nas dependências da requerida, face à queda de um portão de ferro, ocasionando-lhe traumatismo craniano. O acidente que causou a morte do empregado deveu-se também à culpa da demandada quanto à adoção e cumprimento das normas de segurança no trabalho. Embora no caso o alegado vento tenha concorrido para a queda do portão, o infortúnio deveu-se também à negligência da ré, a qual não zelou pela regularidade do portão existente em suas dependências, o qual, durante a ocorrência da ventania, acabou tombando e ocasionando o óbito do funcionário. Era dever da empresa minimizar os riscos inerentes à atividade laboral, inclusive implantando um portão resistente ao vento - evento previsível. 5. Não prospera o pedido do INSS de constituição de capital para o pagamento das parcelas vincendas. Segundo o art. 475-Q do CPC, a constituição de capital somente ocorre quando a dívida for de natureza alimentar. A aplicação do dispositivo legal para qualquer obrigação desvirtuaria a finalidade do instituto. Entendimento da doutrina e jurisprudência pátrias. 6. Apelação da ré e recurso adesivo do INSS desprovidos. (BRASIL. TRIBUNAL REGIONAL FEDERAL DA QUARTA REGIÃO. AC 200871040030559, Carlos Eduardo Thompson Flores Lenz, TRF4 – Terceira Turma, DE 2.6.2010.) (Grifos e destaques nossos)

Obviamente, a ação regressiva não será proposta para todo e qualquer acidente de trabalho que implique pagamento de prestações previdenciárias ao segurado acidentado ou aos seus dependentes — uma vez que, constatado que não há responsabilidade do empregador na ocorrência do acidente, entra o SAT para contribuir no custeio e implemento do benefício pago pela Previdência Social ao segurado obreiro. Contudo, resta afastada a alegação da existência do SAT como defesa para evitar o deferimento da pretensão regressiva do INSS nos casos em que o acidente ocorreu comprovadamente por culpa do empregador ao não diligenciar corretamente para o atendimento às normas de saúde e segurança do trabalho. Essa desídia do empregador em não cumprir com seu dever legal para com a segurança do trabalho se configura em verdadeiro ato ilícito que autoriza o exercício da pretensão visando ao ressarcimento pelos prejuízos experimentados pelas vítimas, quer seja o trabalhador acidentado ou seus dependentes por meio de ação trabalhista respectiva, quer seja a Previdência Social, por meio do exercício do seu direito de regresso, cobrando os valores que pagou, paga e pagará ao segurado e/ou aos seus dependentes decorrentes do benefício previdenciário oriundo do acidente de trabalho ao qual o empregador desidioso deu causa por conta de ter exposto o trabalhador à riscos extraordinários, não cobertos pelo SAT.

Não restam dúvidas de que a ação regressiva tem guarida no ordenamento jurídico pátrio, sendo totalmente compatível com a Constituição Federal Brasileira, e que o seu manejo pelo INSS não implica *bis in idem* em detrimento do empregador. Pelo contrário, com a propositura da ação regressiva sai ganhando toda a sociedade, na medida em que o interesse público em manter a integridade do equilíbrio financeiro e atuarial do RGPS se revela atendido e, ainda melhor, nessa toada emerge mais uma importante ferramenta estatal para incentivar a correta e reiterada observância às normas de saúde, segurança, medicina e higiene do trabalho pelos empregadores, assegurando, desta feita, um meio ambiente do trabalho mais sadio aos empregados, buscando, com a adoção de boas práticas pelos empregadores em matéria de prevenção de acidentes de trabalho, dar efetividade aos direitos humanos do trabalho e, ainda, afastando-se das práticas de "*dumping* social" que ofendem a livre concorrência e a livre-iniciativa.

Por fim, há que se ressaltar que a correta observância aos direitos sociais não se trata de recomendação aos empregadores para que se posicionem desta forma como se fosse um mero ato de liberalidade. O art. 1º da Constituição Federal Brasileira fez questão de tornar indissociável da livre-iniciativa a valorização do trabalho em seu inciso "IV", e assim também o fez quando compatibiliza em seu art. 170 a livre concorrência com a devida proteção ao trabalho e ao meio ambiente, de modo que o comando dos incisos XXII e XXVIII do art. 7º da CF/88 não pode ser visto como um ônus para o empregador, mas, sim, como uma iniciativa salutar a qual porém é cogente; sua aplicação e interpretação jamais se deve dar em ofensa aos princípios da progressividade e do não retrocesso dos direitos sociais, mas, sim, prestigiando a saúde, a segurança e a higiene no meio ambiente do trabalho.

Conclusões

O tema das ações regressivas previdenciárias em matéria de acidentes de trabalho tem suscitado uma série de discussões tanto quanto à matéria de direito quanto à matéria fática. A Jurisprudência tem sido construída em torno da matéria, sobremaneira nos últimos anos dadas as recentes iniciativas do INSS e da Procuradoria Geral Federal (PGF), órgão vinculado à Advocacia-Geral da União (AGU) no implemento das condições necessárias para a apuração da possibilidade ou não de responsabilização dos empregadores pelos acidentes de trabalho ocorridos e que ensejaram a concessão das prestações previdenciárias pelo RGPS. É evidente que para além das questões de direito que já foram superadas, como do cabimento, legitimidade e constitucionalidade da ação regressiva, resta a operação consistente na cuidadosa e responsável análise dos casos que podem ensejar a propositura das ações regressivas pelo INSS. Tal análise deve ser apurada a fim de que a propositura de referidas ações regressivas aconteçam naqueles casos em que resta comprovada a responsabilidade dos empregadores pela não observância das normas de saúde e segurança do trabalho, ou que pelo menos restem evidenciados fortes indícios de tal prática, ou seja, não se revela juridicamente possível a propositura de ação regressiva em todo e qualquer caso no qual se verifique a concessão de benefício previdenciário decorrente de acidente de trabalho. Daí por que se falar na compatibilidade de ação regressiva com o SAT.

Na análise da viabilidade da propositura da ação regressiva, o INSS há que se valer em seu Procedimento Investigatório Preliminar (PIP) de elementos que digam respeito ao acidente ocorrido que possam demonstrar a existência ou não de responsabilidade do empregador pela ocorrência do evento. Daí por que se revelam tão importantes os relatórios fiscais realizados pelos Auditores do Ministério do Trabalho e Emprego, os laudos da polícia técnica científica e demais peças constantes dos Inquéritos Policiais, denúncias e processos criminais, bem como os elementos de prova produzidos no curso das ações trabalhistas e suas respectivas sentenças e decisões, bem assim os inquéritos demais procedimentos propostos pelo Ministério Público do Trabalho — MPT, todos estes elementos, que poderão ser usados como provas emprestadas e, a depender da ocasião, constituem-se em importantes ferramentas tanto para a análise de cabimento ou não da propositura da ação regressiva quanto para subsidiar eventual formação do convencimento juízo que irá apreciar a ação regressiva caso proposta pelo INSS, através da Procuradoria Geral Federal.

A propositura das ações regressivas tem apurado várias modalidades de acidente de trabalho abrangendo desde acidentes ocorridos em atividades da construção civil[(5)], agroindústria[(6)], setor elétrico[(7)] e, até mesmo, questões envolvendo LER e Dort

(5) PF/MG e PFE/INSS: Mineradora e construtoras são condenadas solidariamente a ressarcir o INSS por despesas com pagamento de pensão por morte de trabalhador inobstante a existência de inquérito policial desfavorável à autarquia. BRASIL. ADVOCACIA-GERAL DA UNIÃO. Disponível em: <http://www.agu.gov.br/sistemas/site/TemplateImagemTexto.aspx?idConteudo=174444&id_site=838>. Acesso em: 1º.12.2012.

(6) Empresa rural que descumpriu normas de segurança terá que devolver R$ 25 mil ao INSS. BRASIL. ADVOCACIA-GERAL DA UNIÃO. Disponível em: <http://www.agu.gov.br/sistemas/site/TemplateTexto.aspx?idConteudo=151780&id_site=3>. Acesso em: 1º.12.2012.

(7) Empresa de eletrificação é condenada a indenizar o INSS por despesas com pagamento de pensão por morte de trabalhador em virtude de choque elétrico. BRASIL. ADVOCACIA-GERAL DA UNIÃO. Disponível em:

desenvolvidas no curso do desempenho de atividades laborais em ambientes corporativos como em instituições financeiras[(8)], por exemplo.

Para reduzir a litigiosidade e incentivar a conciliação, foi editado ato oficial autorizando a propositura e formalização de acordos nas ações regressivas, alternativa que já começa a ser procurada pelos empregadores réus nas ações regressivas acidentárias previdenciárias[(9)].

Importante não deixar de fazer menção aos novos rumos que tem tomado o exercício do direito de regresso pelo INSS, o qual já conta com iniciativas de avaliar a propositura de ações regressivas por conta de benefícios concedidos oriundos de acidentes de trânsito, quando proporia a ação em face do condutor e/ou proprietário do veículo, acaso verificada a responsabilidade dos mesmos pela ocorrência do acidente[(10)], bem como nos casos de benefícios concedidos pelo INSS em decorrência de casos de violência doméstica e ofensa ao disposto na Lei Maria da Penha[(11)].

<http://www.agu.gov.br/sistemas/site/TemplateImagemTexto.aspx?idConteudo=188835&id_site=832>. Acesso em: 1º.12.2012.

(8) Banco privado que não cumpriu normas de segurança terá que ressarcir INSS por benefícios concedidos a funcionário que adquiriu LER. BRASIL. ADVOCACIA-GERAL DA UNIÃO. Disponível em: <http://www.agu.gov.br/sistemas/site/TemplateImagemTexto.aspx?idConteudo=163333&id_site=3>. Acesso em: 1º.12.2012.

(9) PSF/Juiz de Fora e PFE/INSS: Procuradores Federais firmam primeiro acordo em ação regressiva acidentária na Justiça Federal de Juiz de Fora. In: BRASIL. ADVOCACIA-GERAL DA UNIÃO. Disponível em: <http://www.agu.gov.br/sistemas/site/TemplateImagemTexto.aspx?idConteudo=213300&id_site=838>. Acesso em: 1º.12.2012.

(10) A Advocacia-Geral da União (AGU) e a Previdência Social estão cobrando a restituição de mais de R$ 90 mil na primeira Ação Regressiva de Trânsito, ajuizada nesta quinta-feira (03/11), na Justiça Federal de Brasília. A partir de agora, todo infrator que causar acidente por negligência, ao cometer infração gravíssima, vai enfrentar processo judicial para ressarcir os valores pagos pelo Instituto Nacional do Seguro Social (INSS) a título de indenização e pensão para à família das vítimas.

O protocolo da primeira Ação Regressiva sobre Trânsito foi acompanhado pelo Advogado-Geral da União Substituto, Fernando Luiz Albuquerque Faria, do Ministro da Previdência Social, Garibaldi Alves Filho, do Presidente do Instituto Nacional de Seguro Social (INSS), Mauro Luciano Hauschild, e do procurador-chefe da Procuradoria Federal Especializada (PFE) junto ao INSS, Alessandro Stefanutto.

Há mais de dez anos, a Lei n. 8.213/90, que institui os planos de previdência Social, permite a cobrança regressiva em casos de negligência. O Advogado-Geral da União substituto, Fernando Luiz Albuquerque Faria explicou que é dever da AGU buscar reaver o prejuízo que o particular confere ao estado brasileiro por ato ilícito. "A ação é uma medida educativa para toda a sociedade brasileira demonstrando que somos responsáveis pelos os nossos atos, principalmente quando dirigimos de forma imprudente", informou.

De acordo com o Ministro da Previdência Social, Garibaldi Filho, a Previdência estava sendo onerada sem que houvesse um ressarcimento. "Nós acreditamos que as ações vão auxiliar na redução de acidentes de trânsito causado por motorista que dirigem embriagados", disse.

(BRASIL. ADVOCACIA-GERAL DA UNIÃO. Disponível em: <http://www.agu.gov.br/sistemas/site/TemplateImagemTextoThumb.aspx?idConteudo=170067&id_site=1116>. Acesso em: 1º.12.2012)

(11) (...) O INSS vai firmar parcerias com ministérios públicos estaduais, Delegacias especializadas em atendimento à mulher, Secretaria de Políticas para as Mulheres e Secretaria de Direitos Humanos, além de ONGs para que sejam enviados casos de vítimas de violência contra a mulher que tenham gerado pagamento de benefícios pelo INSS. "Isso mostra que o Estado não está mais inerte em relação às questões importantes a que a sociedade está exposta", alerta Mauro Hauschild, presidente do INSS.

Fica a expectativa de como tais iniciativas serão recebidas e tratadas no curso de suas passagens pelos Tribunais. O otimismo com a propositura das ações regressivas reside em aspectos que vão desde a perspectiva de ressarcimento do erário, mas, sobremaneira, por seu potencial propedêutico no intuito de desestimular a não observância das normas legais e regulamentares que tratam tanto da saúde e segurança no meio ambiente do trabalho e, ainda, ampliando o leque para os temas envolvendo os acidentes de trânsito e as relações familiares, somando como mais uma ferramenta à disposição do Estado para, em conjunto com demais políticas públicas estatais, tentar dar conta da realização do interesse público.

Uma vez reconhecida a competência da Justiça Federal para julgar e processar a ação regressiva, bem como a legitimidade das normas regulamentadoras expedidas pelo Ministério do Trabalho e emprego sobre segurança do trabalho, a admissão da compatibilidade do art. 120 da Lei n. 8.213/91 com a Constituição Federal demonstra a viabilidade do ajuizamento das ações regressivas previdenciárias acidentárias. Questões controvertidas surgiram e surgiram, cabendo acompanhar seu deslinde e a evolução do tema no âmbito do Executivo, Legislativo e Judiciário e, ainda, em especial, no mundo do trabalho.

Referências bibliográficas

COIMBRA, Feijó. *Direito Previdenciário Brasileiro*. Rio de Janeiro: Edições Trabalhistas, 2001.

DI PIETRO, Maria Sylvia. *Direito Administrativo*. São Paulo: Atlas, 2011.

JORGE, Társis Nametala. *Elementos de Direito Previdenciário:* custeio. Rio de Janeiro: Lumen Júris, 2005.

MELO, Raimundo Simão de. *Direito Ambiental do Trabalho e a Saúde do Trabalhador*. São Paulo: LTr, 2004.

TAVARES, Marcelo Leonardo. *Direito Previdenciário:* regime geral de previdência social e regras constitucionais dos regimes próprios de previdência social. 14. ed. rev. e atual. Rio de Janeiro: Impetus, 2012.

Segundo o presidente do INSS, o objetivo principal da medida não é apenas ressarcir os cofres da Previdência e sim ajudar na prevenção e também na repressão da violência contra a mulher. (...)

(...) Os primeiros casos a serem ajuizados, aconteceram no Distrito Federal. Em um deles, foi de homicídio praticado contra a ex-companheira do réu e que gerou um benefício de pensão por morte para o filho da vítima. O benefício começou a ser pago em fevereiro deste ano e tem estimativa de cessar no ano de 2.030.O outro caso é de tentativa de homicídio e que gerou a concessão de auxílio doença para a vítima. O réu, que é ex-marido já foi condenado por homicídio qualificado. Outros dois casos, um no Espírito Santo e outro no Rio Grande do Sul, já estão sendo estudados e devem ser ajuizados até o fim deste mês. Hauschild explica que a ideia das ações regressivas nos casos de violência contra a mulher veio do Instituto Maria da Penha, que mostrou a possibilidade como forma de ação afirmativa.

O pedido de ressarcimento na Justiça, chamado de ação regressiva, será feito contra os agressores. Serão acionados os homens e mulheres que agredirem mulheres seguradas que, em decorrência da agressão sofrida, requererem auxílio-doença, aposentadoria por invalidez ou que deixarem pensão para dependentes em caso de morte. (...)

(BRASIL. ADVOCACIA-GERAL DA UNIÃO. Disponível em: <http://www.agu.gov.br/sistemas/site/TemplateImagemTexto.aspx?idConteudo=203106&id_site=1116>. Acesso em: 1º.12.2012)

Textos Legais Citados

BRASIL. *CONSTITUIÇÃO DA REPÚBLICA FEDERATIVA DO BRASIL*. 5 de outubro de 1988. <http://www.planalto.gov.br/ccivil_03/constituicao/constituicao.htm>.

BRASIL. *CÓDIGO CIVIL BRASILEIRO*. Lei n. 10.406 de 10 de Janeiro de 2002. Institui o Código Civil Brasileiro. <http://www.planalto.gov.br/ccivil_03/leis/2002/L10406.htm>.

BRASIL. *CLT*. DECRETO-LEI N. 5.452 de 1º de maio de 1943. Aprova a Consolidação das Leis do Trabalho. <http://www.planalto.gov.br/ccivil_03/decreto-lei/del5452.htm>.

BRASIL. *Lei n. 8.213 de 24 de julho de 1991*. Dispõe sobre o Plano de Benefícios da Previdência Social e dá outras providências. <http://www.planalto.gov.br/ccivil_03/leis/L8213cons.htm>.

BRASIL. *Lei n. 8.212 de 24 de julho de 1991*. Dispõe sobre a organização da Seguridade Social, institui Plano de Custeio, e dá outras providências. <http://www.planalto.gov.br/ccivil_03/leis/L8212cons.htm>.

BRASIL. *SUPREMO TRIBUNAL FEDERAL*. <http://www.stf.jus.br/portal/cms/vertexto.asp?servico=jurisprudenciasumula>.

BRASIL. *TRIBUNAL REGIONAL FEDERAL DA QUARTA REGIÃO*. AC 200472070067053, ROGER RAUPP RIOS, TRF4 – TERCEIRA TURMA, DE 16.12.2009.

BRASIL. *SUPERIOR TRIBUNAL DE JUSTIÇA*. AGRESP 200600446918, CASTRO MEIRA - SEGUNDA TURMA, DJE DATA: 2.6.2010.

BRASIL. *TRIBUNAL SUPERIOR DO TRABALHO*. TST-RR-11900-32.2009.5.04.0291.

BRASIL. *TRIBUNAL REGIONAL FEDERAL DA QUARTA REGIÃO*. AC 200672060037802, MARIA LÚCIA LUZ LEIRIA, TRF4 – TERCEIRA TURMA, DE. 9.9.2009.

BRASIL. TRIBUNAL REGIONAL FEDERAL DA QUARTA REGIÃO. AC 200871040030559, CARLOS EDUARDO THOMPSON FLORES LENZ, TRF4 – TERCEIRA TURMA, DE 2.6.2010.

Páginas consultadas

BRASIL. ADVOCACIA-GERAL DA UNIÃO. <http://uj.novaprolink.com.br/doutrina/7596/acao_regressiva_previdenciaria_contra_as_empresas_proposta_pelo_inss_acidentes_de_trabalho_>. Acesso em: 30 nov. 2012.

BRASIL. ADVOCACIA-GERAL DA UNIÃO. <http://www.agu.gov.br/sistemas/site/TemplateImagemTexto.aspx?idConteudo=203106&id_site=1116>. Acesso em: 1º dez. 2012.

BRASIL. ADVOCACIA-GERAL DA UNIÃO. <http://www.agu.gov.br/sistemas/site/TemplateImagemTextoThumb.aspx?idConteudo=170067&id_site=1116>. Acesso em: 1º dez. 2012.

BRASIL. ADVOCACIA-GERAL DA UNIÃO. <http://www.agu.gov.br/sistemas/site/TemplateImagemTexto.aspx?idConteudo=203106&id_site=1116>. Acesso em: 1º dez. 2012.

DALLEGRAVE NETO, José Afonso. <http://portal2.trtrio.gov.br:7777/pls/portal/docs/PAGE/GRPPORTALTRT/PAGINAPRINCIPAL/JURISPRUDENCIA_NOVA/REVISTAS%20TRT--RJ/48/16_REVTRT48_JOSE%20AFFONSO.PDF>. Acesso em: 30 nov. 2012.

BRASIL. ADVOCACIA-GERAL DA UNIÃO. <http://www.agu.gov.br/sistemas/site/TemplateImagemTexto.aspx?idConteudo=213300&id_site=838>. Acesso em: 1º dez. 2012.

BRASIL. ADVOCACIA-GERAL DA UNIÃO. <http://www.agu.gov.br/sistemas/site/TemplateImagemTexto.aspx?idConteudo=174444&id_site=838>. Acesso em: 1º dez. 2012.

BRASIL. ADVOCACIA-GERAL DA UNIÃO. <http://www.agu.gov.br/sistemas/site/TemplateTexto.aspx?idConteudo=151780&id_site=3>. Acesso em: 1º dez. 2012.

BRASIL. ADVOCACIA-GERAL DA UNIÃO. <http://www.agu.gov.br/sistemas/site/TemplateImagemTexto.aspx?idConteudo=188835&id_site=832>. Acesso em: 1º dez. 2012.

BRASIL. ADVOCACIA-GERAL DA UNIÃO. <http://www.agu.gov.br/sistemas/site/TemplateImagemTexto.aspx?idConteudo=163333&id_site=3>. Acesso em: 1º dez. 2012.

III — Análise da Decisão do Supremo Tribunal Federal sobre a Liberdade de Exercício Profissional do Músico, a partir do Pensamento de Jorge Reis Novais e Virgilio Afonso da Silva

Ana Paula Nunes Mendonça

Introdução

Neste artigo, propõe-se analisar e compreender qual o conceito, a configuração e a extensão do suporte fático do direito de liberdade de ação profissional, abrangido pelo direito social ao trabalho, consoante o entendimento dado pelo Supremo Tribunal Federal no Recurso Extraordinário n. 414.426, que entendeu que o direito constitucional de liberdade de ação profissional protege o exercício profissional de músico, independentemente de registro na Ordem dos Músicos do Brasil.

Assim, o ensaio conterá também considerações sobre o posicionamento daquela Corte em relação a possíveis intervenções e restrições ao âmbito de proteção da liberdade de exercício profissional, verificando se a exigência de registros profissionais é constitucional ou se afrontaria o direito social ao trabalho nesse aspecto de proteção de liberdade individual.

De início, vale consignar que o Supremo Tribunal Federal fora instigado a se manifestar sobre esse tema em sede de Recurso Extraordinário interposto pela Ordem dos Músicos do Brasil contra acórdão proferido pelo Tribunal Regional Federal da 4ª Região, que havia decidido que o músico não precisaria de registro ou licença para livremente expressar seu ofício e sua arte, não podendo ser impedido por interesses da Ordem dos Músicos do Brasil.

Em linhas gerais, os argumentos da Ordem dos Músicos do Brasil para defender a necessidade de registro e de pagamento de anuidade, condicionando e restringindo a liberdade de ação profissional, são de que esse direito não pode ser considerado um direito absoluto, como acontece com qualquer outro direito individual, encontrando a liberdade do exercício do trabalho limitações nas leis infraconstitucionais que regulamentam as profissões, no presente caso, na Lei n. 3.857/60, que dispõe sobre o ofício dos músicos.

O Supremo Tribunal Federal, por unanimidade de votos, em sessão plenária, negou provimento ao recurso, ementando a decisão nos seguintes termos:

Nem todos os ofícios ou profissões podem ser condicionados ao cumprimento de condições legais para o seu exercício. A regra é a liberdade. Apenas quando houver potencial lesivo na atividade é que pode ser exigida inscrição em conselho de fiscalização profissional. A atividade de músico prescinde de controle. Constitui, ademais, manifestação artística protegida pela garantia de liberdade de expressão.

No presente estudo, objetiva-se analisar tal julgado, partindo do conceito de direito social ao trabalho como direito fundamental consoante teoria manifesta por Jorge Reis Novais, demonstrando que a liberdade de ação profissional também o integra. Pretende-se observar se tal direito de liberdade constitui-se segundo os parâmetros de conteúdo essencial, de restrições e de eficácia dos direitos fundamentais expostos pelo jurista Virgílio Afonso da Silva,verificando se no caso concreto o STF analisou o direito de liberdade de exercício profissional sob os enfoques do(a): a) suporte fático amplo ou restrito; b) teoria interna ou externa de limitação ou restrição de direitos fundamentais; c) limites imanentes, direito *prima facie* e sopesamento; e d) regra da proporcionalidade.

Para tanto, na primeira parte, o ensaio conterá considerações distintivas e aproximativas entre o direito social ao trabalho e o direito de liberdade de exercício profissional, defendendo-se que eles integram o feixe de posições jurídicas subjetivas do direito do trabalho. Na segunda parte, a pesquisa abarcará os principais conceitos da teoria jurídica dos direitos sociais enquanto direitos fundamentais do jurista Jorge Reis Novais e da teoria de conteúdo essencial e de restrições dos direitos fundamentais apontados pelo jurista Virgílio Afonso da Silva. Com esse aporte teórico, no terceiro item analisar-se-á a decisão do STF sobre o suporte fático do direito de liberdade de exercício profissional dos músicos.

1. Do direito social ao trabalho e do direito de liberdade de exercício profissional

Como o objeto de análise do presente artigo é o entendimento do STF consignado no Recurso Extraordinário n. 414.426 sobre a liberdade de exercício profissional pelos músicos e como aqui se pretende tratar desse direito de liberdade em conjunto como direito social ao trabalho (o que não fora explicitado no julgamento em comento), cumpre-se sucintamente conceituar e distinguir o direito social ao trabalho e o direito de liberdade de exercício do trabalho, para defender que, ainda que os conceitos não possam ser confundidos, o direito fundamental ao trabalho, em sua amplitude, inclui um feixe de obrigações características de direitos sociais e de direitos de liberdade.

De início, vale lembrar que no nosso ordenamento jurídico a Constituição Federal define os valores sociais do trabalho e da livre-iniciativa como fundamentos da República Federativa do Brasil (art. 1º, IV), assegurada a liberdade de exercício de qualquer trabalho (art. 5º, XIII). É a Constituição também que define que a ordem econômica deverá ser organizada consoante aos ditames da justiça social, conciliando a liberdade de iniciativa com a valorização do trabalho humano (art. 170), para que todos possam subsistir com dignidade (art. 1º, III).

Tem-se, portanto, um Estado que permite a liberdade para que se empreenda e se aufira lucro no Brasil, desde que observe, entre outros, os valores do trabalho humano, cujas regras estão dispostas na Constituição, especialmente no art. 7º, e nas leis infraconstitucionais, mormente na CLT. Esse contexto normativo é que possibilita se falar em direito social ao trabalho, como conjunto de normas a reger as relações sociais do trabalho, incluindo as condições materiais de trabalho, a possibilidade e a liberdade de escolha de trabalho, o conteúdo do contrato de trabalho, entre outros. Enfim, o direito social ao trabalho é amplo e inclui tanto os direitos de liberdade como outras condições materiais.

Destaque-se que o Estado garante a liberdade de ação profissional como direito fundamental de liberdade de dimensão negativa, cabendo-lhe proteger contra ameaças infundadas e sendo-lhe reservado estabelecer condicionantes ou restrições a esse direito de liberdade tão somente quando se justificar a tutela de interesses sociais.

Parece, portanto, que o direito do trabalho abarca uma complexidade de posições jurídicas subjetivas, tanto nos aspectos de direito social quanto de direitos de liberdade, possuindo dimensões positivas e negativas. Como bem pontua Leonardo Vieira Wandelli:

> Trata-se, então, de compreender que, em torno de "um" direito ao trabalho, enfeixa-se um complexo de posições jurídicas subjetivas tanto de caráter prestacional (prestações fáticas e normativas), quanto de caráter defensivo, como direitos de proteção, assim como emanam, desse mesmo direito, obrigações ao Estado e aos particulares de respeitar, proteger e satisfazer, que configuram a sua dimensão objetiva[1].

Especificamente sobre o direito de liberdade de exercício profissional, compreende-se que, ao regulamentar uma profissão e exercer a competência fixada na parte final do art. 5º, XIII, da CF, que dispõe que "é livre o exercício de qualquer trabalho, ofício ou profissão, atendidas as qualificações profissionais que a lei estabelecer", o legislador tem o dever de respeitar outros direitos fundamentais, já que a garantia de liberdade não pode se restringir apenas para tutelar os interesses individuais de determinada categoria de trabalhador, mas também para resguardar os interesses da sociedade, garantindo que determinadas profissões somente sejam praticadas por pessoas comprovadamente aptas.

Nesse sentido, Leonardo Vieira Wandelli afirma:

> Trata-se de uma reserva de lei qualificada, pois a limitação deve observar a relação de pertinência entre o requisito legal e a finalidade a que se

---

(1) WANDELLI, Leonardo. *O direito ao trabalho como direito humano e fundamental:* elementos para sua fundamentação e concretização. São Paulo: LTr, 2013. p. 335.

pretende atingir com a sua introdução. Bem assim, a própria limitação está limitada por outros direitos de índole constitucional[(2)].

Historicamente, essas normas estatais reguladoras do exercício profissional se restringiam

> A exigir qualificações técnicas apenas às profissões liberais, como as de médico, advogado ou engenheiro. Com o avanço da especialização e do ensino técnico no Brasil, passou-se a exigir qualificação técnica também para determinadas profissões às quais o diploma de curso superior não era exigível[(3)].

Nesse mesmo sentido, Miguel Reale observou que

> À medida que progridem os processos de formação profissional específica, pressupondo técnicas cada vez mais apuradas de ensino, e quanto mais se impõe a salvaguarda dos interesses coletivos, o desempenho de certas profissões deixa de ser matéria de estrita ação privada para passar à esfera do controle estatal[(4)].

Se assim o é, se a regulamentação de uma profissão é a exceção da liberdade do exercício de qualquer trabalho, ofício ou profissão e se a regulamentação se restringe às atividades em que a sociedade necessita de proteção, como são as profissões relacionadas à vida, à saúde, ao bem-estar, à segurança e à liberdade, a lei de competência privativa da União que regulamenta uma profissão há de satisfazer os requisitos de exigência de conhecimentos técnicos e de risco social.

O jurista Celso Ribeiro Bastos disserta sobre os dois requisitos de legitimidade de restrição do direito de liberdade de ação profissional, acima citados, nos seguintes termos:

> *Um, consiste no fato de a atividade em pauta implicar em conhecimentos técnicos e científicos avançados.*
>
> É lógico que toda profissão implica algum grau de conhecimento. Mas muitas delas, muito provavelmente a maioria, contentam-se com um aprendizado mediante algo parecido com um estágio profissional. A iniciação destas profissões pode-se dar pela assunção de atividades junto às pessoas que as exercem, as quais, de maneira informal, vão transmitindo os novos conhecimentos.

---

(2) *Ibidem*, p. 349-350.

(3) MAURIQUE, Jorge Antônio. Conselhos: controle profissional, processo administrativo e judicial. *In:* FREITAS, Vladimir Passos de (Coord.). *Conselhos de fiscalização profissional:* doutrina e Jurisprudência. São Paulo: Revista dos Tribunais, 2001. p. 196.

(4) REALE, Miguel. O Código de Ética Médica, São Paulo, *Revista dos Tribunais*, v. 503, ano 66, p. 47, set. 1977.

Outras, contudo, demandam conhecimento anterior de caráter formal em instituições reconhecidas. As dimensões extremamente agigantadas dos conhecimentos aprofundados para o exercício de certos ministérios, assim como o embasamento teórico que eles pressupõem, obrigam na verdade a este aprendizado formal.

Outro requisito a ser atendido para regulamentação é que a profissão a ser regulamentada possa trazer um sério dano social.

É óbvio que determinadas atividades ligadas à medicina, à engenharia, nas suas diversas modalidades, ao direito, poderão ser geradoras de grandes malefícios, quer quanto aos danos materiais, quer quanto à liberdade e quer ainda quanto à saúde do ente humano. Nestes casos, a exigência de cumprimentos de cursos específicos se impõe como uma garantia oferecida à sociedade. Em outros casos, a própria pessoa interessada pode perfeitamente acautelar-se contra o profissional desqualificado, obtendo informações sobre o mesmo.

Assim, mais uma vez, esclarece-se que o intuito dessa parte introdutória deste artigo é brevemente conceituar, distinguir e aproximar os conceitos de direito social ao trabalho e direito de liberdade de ação profissional, para compreender as razões pelas quais se fará referência no item seguinte à exposição da teoria jurídica dos direitos sociais enquanto direitos fundamentais, e, por conseguinte, da teoria das restrições de direitos fundamentais.

Vencidos esses pontos iniciais, para que não pairem confusões sobre a análise da decisão judicial do Supremo Tribunal Federal em tela, é possível concluir que o mérito da decisão perpassa as questões do direito social ao trabalho digno, ainda que esteja ligada especificamente ao seu aspecto de livre exercício de qualquer trabalho.

2. Da teoria jurídica dos direitos sociais enquanto direitos fundamentais de Jorge Reis Novais e da teoria das restrições de Virgílio Afonso da Silva

A análise jurisprudencial da decisão do Supremo Tribunal Federal no Recurso Extraordinário n. 414.426, que reconhece o direito ao trabalho e a liberdade de exercício profissional de músico independentemente de registro na Ordem dos Músicos do Brasil, demanda o entendimento prévio da aplicação da dogmática jusfundamental ao direito social ao trabalho (incluindo o direito de liberdade de ação profissional) e da sujeição à teoria do conteúdo essencial, das restrições e da eficácia.

Para tanto, socorrer-se-á aos conceitos da teoria jurídica dos direitos sociais enquanto direitos fundamentais defendidos pelo jurista Jorge Reis Novais(5) e também

(5) NOVAIS, Jorge Reis. *Direitos sociais:* teoria jurídica dos direitos sociais enquanto direitos fundamentais. Coimbra: Coimbra, 2010.

aos conceitos defendidos pelo jurista Virgílio Afonso da Silva em relação ao conteúdo essencial, às restrições e à eficácia dos direitos fundamentais(6).

Em primeiro lugar, será feita a exposição da teoria jurídica dos direitos sociais enquanto direitos fundamentais, lembrando que, mesmo após a consagração histórica dos direito sociais nas Constituições, enfrenta-se o problema da relevância jurídica dos direitos sociais como garantias constitucionais, com a possibilidade de sua plena realização prática(7). O debate doutrinário e jurisprudencial gira em torno do reconhecimento da justiciabilidade e do alcance jurídico dos direitos sociais, mais especificamente se há ou não diferença de relevância jurídico-constitucional entre os direitos sociais e os direitos de liberdade.

Neste artigo, tem-se como premissa a tese defendida por Jorge Reis Novais de que não há um regime dos direitos sociais e um regime de direitos de liberdade. Há um regime de direitos fundamentais, que inclui tanto os direitos sociais quanto os de liberdade. Há uma dogmática geral e unitária dos direitos fundamentais que impõe ao Estado os deveres de respeitar, de proteger e de realizar tais garantias constitucionais.

É certo que essa tripartição dos deveres de proteção, respeito e promoção imputa ao Estado atuar tanto na dimensão positiva dos direitos sociais, de promoção e de fornecimento de uma prestação pelo Estado, quanto na dimensão negativa dos direitos sociais, de não atentar ou suprimir uma prestação que o particular já tenha alcançado.

Nesse sentido, especificamente em relação ao dever de proteção, Jorge Reis Novais evidencia que a dogmática una dos direitos fundamentais impõe ao Estado que o dever de proteção seja um direito social ou de liberdade, tendo o Estado

> exactamente o mesmo dever de proteção do direito à saúde (direito social) ou do direito à integridade física (direito de liberdade), do direito à inviolabilidade de domicílio (direito de liberdade) ou do direito à habitação (direito social), da liberdade de aprender e ensinar (direito de liberdade) ou do direito ao ensino (direito social)(8).

Além de proteger a realização dos direitos sociais diante de uma ameaça, também tem o Estado o dever estatal de prestação fática material de direitos sociais para possibilitar o acesso individual a bens custosos essenciais a uma vida com dignidade

---

(6) SILVA, Virgílio Afonso da. *Direitos fundamentais:* conteúdo essencial, restrições e eficácia. São Paulo: Malheiros, 2006.

(7) O jurista Luciano Augusto de Toledo Coelho, ciente dessa questão, alerta que "a noção de trabalho digno como direito fundamental, portanto, passa por uma elevação da categoria dos Direitos Sociais e pela busca de sua efetividade, busca que não passa sem críticas ante os paradoxos envolvidos". (COELHO, Luciano Augusto de Toledo. *Responsabilidade civil pré-contratual em direito do trabalho*. São Paulo: LTr, 2008. p. 39)

(8) NOVAIS, Jorge Reis. *Direitos sociais:* teoria jurídica dos direitos sociais enquanto direitos fundamentais. Coimbra: Coimbra, 2010. p. 55.

a quem não dispõe de recursos financeiros para tê-los. São os custos dos direitos sociais das prestações fáticas que implicam discussões delongadas que perpassam as ideias de escassez de recursos estatais e de legalidade das opções legislativas e executivas para a realização de determinado direito social em detrimento de outro, o que não será objeto de análise neste artigo.

Além do dever da prestação fática material, o Estado também se incumbe do dever de prestação do direito social pela prestação normativa, editando leis contra um particular, quando, por exemplo, estipula um salário mínimo a ser custeado pelos empregadores.

Em contrapartida a essa ideia, a natureza jusfundamental dos direitos sociais, com reconhecimento formal nas Constituições, encontra bastante reserva dogmática de teorias que pretendem afastar a equiparação do regime dos direitos sociais ao regime dos direitos de liberdade, pelas seguintes razões sistematizadas:

> a) o facto de os direitos sociais valerem sob reserva do financeiramente possível; b) o facto de os direitos sociais apresentarem uma estrutura de direitos positivos; e c) a indeterminabilidade do conteúdo constitucional dos direitos sociais.[9]

Sem tecer maiores comentários sobre tais objeções dogmáticas ao reconhecimento dos direitos sociais como direitos fundamentais, retoma-se a premissa de que os direitos sociais são direitos fundamentais como o são os direitos de liberdade para seguir adiante nos modelos de alcance jurídico dos direitos sociais na dimensão subjetiva positiva e negativa.

Jorge Reis Novais, na dimensão positiva, tece considerações sobre os modelos em torno de um mínimo social[10] (mínimo social como mínimo existencial ou como garantia do conteúdo essencial dos direitos sociais) e também sobre os modelos fundados no juízo de razoabilidade e ponderação que buscam garantir além do mínimo existencial (modelo do Tribunal Constitucional sul-africano[11] e da

---

(9) *Ibidem*, p. 87.

(10) Jorge Reis Novais critica as teorias que versam sobre o mínimo existencial por diversos argumentos ideológicos, entendendo que "Na realidade, mais que resolução do problema, o modelo funciona como compromisso ou pausa no desacordo, já que tudo acaba por ser remetido para os planos nunca perfeitamente esclarecidos do que se entende por mínimo social e, sobretudo, de como deve o poder judiciário, no respeito pela separação dos poderes, chegar à respectiva fixação num processo de competição/controle relativamente às escolhas alternativas de responsabilidade do poder político". Para aplicação desse modelo, segundo o autor, é necessário um apuramento de mínimo razoável, após avaliações políticas e financeiras, e também da relevância e urgência da realização do direito social.

(11) Jorge Reis Novais explica que "Em termos de sentido geral orientador, o princípio da razoabilidade, tal como interpretado pelo Tribunal Constitucional, não significa uma exigência de escolha da melhor, da mais barata ou da medida óptima para realizar um dado objectivo social; ao contrário, a base de partida constitucional é a de que, na observância da exigência da razoabilidade é sempre legítimo fazer diferentes opções políticas num leque alargado de possíveis escolhas não inconstitucionais".

teoria dos direitos fundamentais como princípios[12]). Por seu turno, em relação à dimensão subjetiva negativa dos direitos sociais, o jurista referencia o modelo da proibição do retrocesso[13].

Após expor sua visão crítica para afastar a aplicação de cada um desses modelos, Jorge Reis Novais defende a aplicação da teoria das restrições a direitos fundamentais, ao se posicionar no seguinte sentido:

> Para quê complicar, para quê recorrer a fórmulas duvidosas, porquê não reconhecer a evidência de que a afectação negativa ou desvantajosa dos direitos sociais produzida por acções do poder público é uma restrição a direitos fundamentais e deve ser, pura e simplesmente, tratada como tal?

Seguindo essa diretriz do pensamento de Jorge Reis Novais de que o melhor método de jusfundamentabilidade dos direitos sociais é a aplicação da teoria das restrições, importa expor sucintamente as lições do jurista Virgílio Afonso da Silva em relação ao suporte fático e às restrições a direitos fundamentais.

De início, tem-se que recordar que, para Virgílio Afonso da Silva, a forma de aplicação dos direitos fundamentais depende da extensão e configuração do suporte fático, incluindo inclusive as possibilidades de colisões e de restrições de direitos fundamentais[14].

Defende o autor que seu modelo de suporte fático é composto pela soma de dois elementos — a) âmbito de proteção (o que é protegido) e b) intervenção estatal (contra o quê?) — e, ainda, pela ausência de fundamentação constitucional para a intervenção. Entende que se trata de elementos de suporte fático adequados tanto no

---

(12) Para Jorge Reis Novais, é insustentável a aplicação da teoria dos direitos fundamentais como princípios, nos termos defendido por Alexy, enquanto direitos *prima facie* sujeitos à ponderação. Para ele, a análise de ponderação demandaria a análise de um contexto multifacetado: "Diferentemente do que ocorre nos direitos de liberdade, não se trata apenas de sopesar, nos dois pratos da balança, os pesos do direito fundamental restringido, num lado, e dos bens que justificam a respectiva restrição, no outro; no caso dos direitos sociais, ao peso material dos bens que se opõem à realização do direito social deveria ser acrescido o peso da escassez de recursos financeiros para realizar o direito social e o peso da dificuldade formal da reserva da competência orçamental do legislador. Seria todo esse conjunto multifacetado e heterogêneo a ser contrabalançado com o direito social".

(13) Entende que a análise da relevância dos direitos sociais em torno do princípio da proibição do retrocesso é insustentável porque: a) há épocas de escassez moderada de recursos que atrai a observância da reserva do possível; b) um aparente retrocesso em determinado direito social pode se justificar pela necessidade de promoção de outro direito social; c) o conceito de retrocesso não é absoluto; e d) os demais direitos fundamentais (os direitos de liberdade) não têm essa proibição.

(14) SILVA, Virgílio Afonso da. *Direitos fundamentais:* conteúdo essencial, restrições e eficácia. São Paulo: Malheiros, 2006. p. 68: "A forma de aplicação dos direitos fundamentais — subsunção, sopesamento, concretização ou outras — depende da extensão do suporte fático; as exigências de fundamentação nos casos de restrição a direitos fundamentais dependem da configuração do suporte fático; a própria possibilidade de restrição a direitos fundamentais pode depender do que se entende por suporte fático; a existência de colisões entre direitos fundamentais, às vezes tida como pacífica em muitos trabalhos e decisões judiciais, depende também de uma precisa determinação do conceito de suporte fático".

trato das chamadas liberdades públicas quanto no trato dos direitos sociais, consistindo a diferença nos conceitos de proteção, intervenção estatal e fundamentação constitucional.

Apresentadas tais premissas, o autor debruça-se sobre a amplitude do suporte fático dos direitos fundamentais, apresentando os argumentos das teorias que pressupõem suporte fático amplo e, em contrapartida, as razões das teorias que defendem suporte fático restrito para as normas de direito fundamental.

Explica o autor que as teorias vinculadas ao suporte fático restrito baseiam-se na exclusão *a priori* de alguma ação, estado ou posição jurídica do âmbito de proteção de alguns direitos, sem a necessidade de fundamentação constitucional, bastando juízos de conveniência e oportunidade. Nas palavras do autor,

> a característica principal (...) é a não garantia a algumas ações, estados ou posições jurídicas que poderiam ser, em abstrato, subsumidas no âmbito de proteção dessas normas(15).

Assim, os defensores da teoria do suporte fático restrito trabalham com o dever de fundamentar o que está e o que não está no âmbito de proteção dos direitos fundamentais e qual é a extensão de intervenção estatal.

Explica o autor que as teses das teorias vinculadas ao suporte fático amplo não se concentram em definir o que está e o que não está no âmbito de proteção dos direitos fundamentais e qual é a extensão de intervenção estatal, mas, sim, em definir qual é a fundamentação possível no âmbito da fundamentação constitucional das intervenções. Para a pergunta "o que é protegido pelos direitos fundamentais?", o jurista esclarece que os defensores do suporte fático amplo respondem que

> toda ação, estado ou posição jurídica que tenha alguma característica que, isoladamente considerada, faça parte do "âmbito temático" de um determinado direito fundamental deve ser considerada como abrangida por seu âmbito de proteção, independentemente da consideração de outras variáveis(16).

Isso não equivale a dizer que se está diante de direitos absolutos, porque tais direitos fundamentais podem sofrer restrições.

Defende a importância de um modelo de definição de suporte fático amplo que crie exigências argumentativas e de fundamentação para os aplicadores do direito, por crer que, assim, há a possibilidade mais segura de diálogo que garanta uma maior proteção dos direitos fundamentais. Em oposição, entende que a redução *a priori* do âmbito de proteção de direitos fundamentais pode significar uma garantia menos eficaz dos direitos fundamentais que podem ser restringidos com menos fundamentação constitucional.

---

(15) *Ibidem*, p. 80.

(16) *Ibidem*, p. 110.

Partindo da premissa de que as teorias do suporte fático amplo, ao imporem uma exigência argumentativa para restringir direitos fundamentais, constituem garantias mais eficazes de tais direitos, o autor alerta para o problema decorrente dessa expansão: a colisão entre direitos e a necessária restrição deles, o que se apresenta sob duas perspectivas: a) teoria interna; e b) teoria externa.

A ideia central da chamada teoria interna consiste na definição dos limites de cada direito como algo interno ao próprio direito (limites imanentes), cuja fixação é um processo interno, não definida nem influenciada por aspectos externos, não havendo que falar em colisões com outros direitos. Assim,

> os direitos fundamentais, nessa perspectiva, não são absolutos, pois têm seus limites definidos, implícita ou explicitamente, pela própria Constituição[17].

Em contrapartida à teoria interna, a ideia central da chamada teoria externa não pressupõe a existência de apenas um objeto (o direito e seus limites imanentes), porque divide o objeto em dois: a) o direito em si; e b) as restrições de tal direito. Partindo dessa premissa, tal teoria adiciona as ideias de que os princípios fundamentais possuem uma extensão *prima facie*, o que não lhes garante uma existência de direitos absolutos, mas cujas restrições somente se dão no caso concreto, chegando-se à ideia de sopesamento como forma de solução das colisões entre direitos fundamentais. Em outro nível, chega-se à regra da proporcionalidade, com suas três sub-regras: adequação, necessidade e proporcionalidade em sentido estrito[18]. Para a teoria externa, há clara distinção entre direito *prima facie* e direito definitivo, cuja definição deste somente se dá a partir de condições fáticas e jurídicas existentes.

Especificamente em relação aos procedimentos de sopesamento como forma de solução de conflitos entre direitos fundamentais, o autor destaca a importância da argumentação, de regras de valoração, de modo que seja possível

> sustentar que uma medida estatal que restrinja direito fundamental seja constitucionalmente justificável se, além de adequada para fomentar o objetivo que persegue, não houver medida alternativa que seja tão eficiente quanto e que restrinja menos o direito atingido[19].

Expostos sinteticamente os principais conceitos definidos pelos autores em relação ao direito ao trabalho e à liberdade de exercício do trabalho como direito social e fundamental, e, portanto, sujeito ao regime de restrições, como todos os

(17) *Ibidem*, p. 131.

(18) *Ibidem*, p. 138: "Isso porque é somente a partir do paradigma da teoria externa — segundo o qual as restrições, qualquer que seja sua natureza, não tem qualquer influência no conteúdo do direito, podendo apenas, no caso concreto, restringir seu exercício — que se pode sustentar que, em uma colisão entre princípios, o princípio que tem de ceder em favor de outro não tem afetadas sua validade e, sobretudo, sua extensão *prima facie*".

(19) *Ibidem*, p. 174.

direitos fundamentais, tem-se o aporte teórico necessário para melhor analisar e compreender qual fora o método argumentativo utilizado pelo Supremo Tribunal Federal ao reconhecer o direito ao trabalho e à liberdade de exercício profissional de músico, independentemente de registro na Ordem dos Músicos do Brasil.

3. Da decisão do supremo tribunal federal sobre a liberdade de exercício profissional

A "matéria-objeto" do presente artigo foi analisada no Recurso Extraordinário n. 414.426 pelo Plenário do Supremo Tribunal Federal, tendo sido relatado pela Ministra Ellen Gracie e cujo voto foi seguido integralmente pelos demais ministros presentes. A decisão unânime, no mérito, foi no sentido de julgar improcedente o Recurso Extraordinário interposto pela Ordem dos Músicos do Brasil que pretendia ver reconhecido como constitucional o disposto na Lei n. 3.857/60, que obrigaria o músico ao registro e ao pagamento de contribuições para exercício da profissão.

Em razões de mérito(20), a Ministra Relatora Ellen Gracie proferiu seu primeiro voto sobre a matéria em 2005, quando o Ministro Gilmar Mendes pediu vista para posteriormente levar a matéria para discussão em Plenário. Naquele momento, iniciou seu voto delimitando o objeto de análise ao direito de liberdade de exercício profissional, esclarecendo a existência de tal garantia fundamental nas antecedentes Constituições de 1946, 1967 e 1969. Ressaltou que tanto a atual Constituição quanto as anteriores não garantiam a liberdade de ação profissional de forma absoluta, podendo lei infraconstitucional restringir o direito.

Entretanto, ressalvou que tais restrições sempre devem ser feitas com o fito de atender a um interesse público, e não aos interesses de grupos profissionais, como reserva de mercado. Citou lições do jurista Sampaio Dória para consignar que "a defesa social decide" quais limitações ao exercício profissional são legítimas.

Dando continuidade ao seu voto, a Ministra Relatora trouxe a lume precedente do Supremo Tribunal Federal (Representação n. 930-DF) que declarou inconstitucional a lei que proibia o exercício dos profissionais não inscritos no Conselho Federal de Corretores de Imóveis, destacando o excerto dessa decisão, em que o Ministro relator Rodrigues Alckim fez referências históricas e sociológicas para afastar a atuação não legítima de conselhos de classe, o que fez nos seguintes termos:

> Assim, a exigência de registro num Conselho ou Ordem Profissional é absolutamente inconstitucional, porque não há qualquer função pública legítima, de fiscalização, dessa profissão, que possa ser atribuído a esse Conselho. Ele *permaneceria, assim, como uma superada corporação de ofício, sem desempenhar qualquer função de interesse público que pudesse justificar-lhe a criação, a pretender monopolizar o exercício de uma atividade vulgar.*
>
> (...)

---

(20) Voto disponível em: <http://redir.stf.jus.br/paginadorpub/paginador.jsp?docTP=AC&docID=628395>. Acesso em: 13 mar. 2012.

> (...) admitido que o Estado, sob a inspiração do interesse público, regularmente e fiscalize o exercício de determinadas profissões; cumpre jamais perder de vista que *essa regulamentação somente poderá legitimar-se, num regime democrático, quando vise, realmente, a satisfazer ao bem público.* (grifos nossos)

No segundo voto, quando os autos do Recurso Extraordinário foram levados a julgamento em Plenário, a Ministra relatora acresceu que o direito à liberdade de exercício profissional possui uma dimensão positiva e outra negativa. A primeira dimensão permite a escolha da atividade profissional, o que, segundo seu entendimento, constitui "instrumento para desenvolvimento" da personalidade humana, porque é pelo trabalho que "o homem conforma a sua identidade, gera riqueza, assegura a sua subsistência". Já a segunda dimensão proíbe restrições que não decorram de lei e que sejam indispensáveis ao desempenho profissional.

Para fundamentar as legítimas restrições, bem como afastar as inconstitucionais condicionantes ao direito de liberdade de exercício profissional, a relatora valeu-se do texto de Pontes de Miranda para esclarecer que tal garantia significou, a princípio, "exclusão do privilégio das corporações de ofício", e que hodiernamente a liberdade é valor fundamental, imperando o dever da mínima intervenção, que somente se justificaria para salvaguarda de interesses coletivos. Nesse sentido, pronunciou-se:

> *Isso porque o valor fundamental é a liberdade.* Toda e qualquer restrição deve ocorrer, necessariamente, de uma imposição necessária à proteção do interesse coletivo. Trata-se, no ponto, do *imperativo da mínima intervenção.*
>
> (...)
>
> Esse expediente se impõe em qualquer Estado de Direito Democrático, servindo a razoabilidade e a proporcionalidade como critérios para a análise da validade de eventuais restrições aos direitos fundamentais. (grifos nossos)

No caso em tela, de trabalho com música, a Ministra Relatora concluiu que inexiste qualquer risco de dano social, pelo que entende que a liberdade de exercício profissional deve prevalecer. Ademais, vincula a liberdade do labor do músico à liberdade de expressão artística.

Para acrescer, fez menção ao recente julgado do Supremo Tribunal Federal sobre a liberdade do exercício profissional amplamente conferido aos jornalistas (RE n. 511.961), no qual seu Relator, Ministro Gilmar Mendes, pondera que:

> *A Constituição de 1988, ao assegurar a liberdade profissional (art. 5o, XIII), segue um modelo de reserva legal* (...) paira uma imanente questão constitucional quanto à razoabilidade e proporcionalidade das leis restritivas, especificamente, das leis que disciplinam as qualificações profissionais como condicionantes do livre exercício das profissões. (grifos nossos)

Em seu voto, o Ministro Celso de Mello destaca a excepcionalidade da regulamentação de uma profissão, arguindo que o ato de regulamentar uma profissão significa restrição de direitos, o que somente se legitima se a atividade importar situação de risco para coletividade. Nas suas palavras:

(...) *ofícios e profissões*, não obstante o seu relevo, cuja prática se mostrasse *despojada de qualquer potencialidade lesiva aos valores e bens jurídicos* que venho de mencionar, *não se revelavam suscetíveis de disciplinação normativa*, pois inexistente, em tal hipótese, qualquer motivo — ditado por razão fundada no interesse coletivo — apto a justificar a intervenção regulamentadora do Estado.

Por fim, insta transcrever outro excerto do discurso do Ministro Celso de Mello em que destaca a necessária limitação do Poder Legislativo ao regulamentar uma profissão:

Impende advertir, neste ponto, que o Poder Público, especialmente em sede de legislação restritiva de direitos e liberdades, não pode agir imoderadamente, pois a atividade estatal acha-se essencialmente condicionada pelo *princípio da razoabilidade*.

(...)

Esse entendimento é prestigiado pela jurisprudência do Supremo Tribunal Federal, que, por mais de uma vez, já advertiu que o Legislativo não pode atuar de maneira imoderada, nem formular regras legais cujo conteúdo revele deliberação absolutamente divorciada dos padrões de razoabilidade. (grifos nossos)

Expostos esses posicionamentos e confrontando-os com as lições do jurista Virgílio Afonso da Silva, é possível concluir que a concepção dos Ministros sobre a liberdade de exercício profissional é de suporte fático amplo para tal direito fundamental, apoiada na teoria externa dos direitos fundamentais, já que a regra é a liberdade, admitindo-se a restrição ao direito fundamental mediante ampla argumentação e fundamentação das necessidades sociais.

Conclusões

Diante de todo o exposto, foram vistas no primeiro item, as considerações distintivas e aproximativas entre o direito social ao trabalho e o direito de liberdade de exercício profissional, defendendo-se que ambos integram o feixe de posições jurídicas subjetivas do direito ao trabalho.

Na segunda parte, foram expostos os principais conceitos da teoria jurídica dos direitos sociais enquanto direitos fundamentais de Jorge Reis Novais e da teoria de conteúdo essencial e de restrições dos direitos fundamentais de Virgílio Afonso da Silva, que podem ser sintetizados da seguinte forma:

a) a tese defendida por Jorge Reis Novais é a de que não há um regime dos direitos sociais e um regime de direitos de liberdade. Há um regime de direitos fundamentais, que inclui tanto os direitos sociais quanto os de liberdade. Há uma dogmática geral e unitária dos direitos fundamentais que impõe ao Estado os deveres de respeitar, de proteger e de realizar tais garantias constitucionais;

b) é certo que essa tripartição dos deveres de proteção, respeito e promoção imputa ao Estado atuar tanto na dimensão positiva dos direitos sociais, de promoção e fornecimento de uma prestação pelo Estado, quanto na dimensão negativa dos direitos sociais, de não atentar ou suprimir uma prestação que o particular já tenha alcançado;

c) o melhor método de jusfundamentabilidade dos direitos sociais é a aplicação da teoria das restrições;

d) em relação à amplitude do suporte fático dos direitos fundamentais, há teorias que pressupõem suporte fático amplo e, em contrapartida, teorias que defendem suporte fático restrito para as normas de direito fundamental;

e) as teorias vinculadas ao suporte fático restrito baseiam-se na exclusão *a priori* de alguma ação, estado ou posição jurídica do âmbito de proteção de alguns direitos, sem a necessidade de fundamentação constitucional, bastando juízos de conveniência e oportunidade;

f) as teses das teorias vinculadas ao suporte fático amplo não se concentram em definir o que está e o que não está no âmbito de proteção dos direitos fundamentais e qual é a extensão de intervenção estatal, mas, sim, em definir qual é a fundamentação possível no âmbito da fundamentação constitucional das intervenções. Defendem que está abrangido pelo âmbito de proteção do direito fundamental toda ação, estado ou posição jurídica que tenha alguma característica que, isoladamente considerada, faça parte do "âmbito temático";

g) entende o autor que é mais importante a adoção de um modelo de definição de suporte fático amplo que crie exigências argumentativas e de fundamentação para os aplicadores do direito, por crer que, assim, há a possibilidade mais segura de diálogo que garanta uma maior proteção dos direitos fundamentais;

h) a ideia central da chamada teoria interna consiste na definição dos limites de cada direito como algo interno ao próprio direito (limites imanentes), cuja fixação é um processo interno, não definida nem influenciada por aspectos externos, não havendo que falar em colisões com outros direitos;

i) partindo da premissa de que as teorias do suporte fático amplo, ao impor uma exigência argumentativa para restringir direitos fundamentais, constituem garantias mais eficazes de tais direitos, o autor alerta para o problema decorrente dessa expansão: a colisão entre direitos e a necessária restrição deles, o que se apresenta sob duas perspectivas: i) teoria interna e ii) teoria externa;

j) a ideia central da chamada teoria externa não pressupõe a existência de apenas um objeto (o direito e seus limites imanentes), porque divide o objeto em dois: i) o direito em si; e ii) as restrições de tal direito. Partindo dessa premissa, tal teoria adiciona as ideias de que os princípios fundamentais possuem uma extensão *prima facie*, o que não lhes garante uma existência de direitos absolutos, mas cujas restrições somente se dão no caso concreto, mediante procedimentos de sopesamento.

Tais elementos serviram de subsídio para a análise da decisão do STF sobre o suporte fático do direito de liberdade de exercício profissional, o que se fez analiticamente no terceiro item, em que se concluiu que os Ministros adotaram a concepção de suporte fático amplo para os direitos fundamentais de liberdade deação profissional, apoiada na teoria externa dos direitos fundamentais, visto que os Ministros deixaram claro no julgado que:

a) o livre exercício de um labor está legitimado pelo suporte fático amplo dos direito de liberdade de ação profissional;

b) não há uma exclusão *a priori* do âmbito de proteção do direito de livre exercício profissional;

c) é possível haver restrições ao direito de liberdade de exercício profissional, em situações extraordinárias em que a execução da atividade demande elevado conhecimento científico e represente riscos à vida, à saúde, à segurança e ao patrimônio da sociedade;

d) eventuais restrições no direito de expressão e de reunião carecem de vasta fundamentação.

Referências bibliográficas

BRASIL. *Constituição da República Federativa do Brasil de 1988*. Disponível em: <http://www.planalto.gov.br/ccivil_03/Constituicao/Constituiçao.htm>.

COELHO, Luciano Augusto de Toledo. *Responsabilidade civil pré-contratual em direito do trabalho*. São Paulo: LTr, 2008.

MAURIQUE, Jorge Antônio. Conselhos: controle profissional, processo administrativo e judicial. *In:* FREITAS, Vladimir Passos de (Coord.). *Conselhos de fiscalização profissional:* doutrina e Jurisprudência. São Paulo: Revista dos Tribunais, 2001.

NOVAIS, Jorge Reis. *Direitos sociais:* teoria jurídica dos direitos sociais enquanto direitos fundamentais. Coimbra: Coimbra, 2010.

REALE, Miguel. O Código de Ética Médica, *Revista dos Tribunais*, São Paulo, v. 503, ano 66, p. 47, set. 1977.

SILVA, Virgílio Afonso da. *Direitos fundamentais:* conteúdo essencial, restrições e eficácia. São Paulo: Malheiros, 2006.

WANDELLI, Leonardo. *O direito ao trabalho como direito humano e fundamental:* elementos para sua fundamentação e concretização. São Paulo: LTr, 2013.

Site consultado:

<www.stf.jus.br>.

IV — Ação Autônoma Posterior Destinada à Responsabilização Subsidiária do Tomador de Serviços Ente Público: Controvérsias, Questões Relevantes e Tutela de Direitos

Christiana D'arc Damasceno Oliveira

Introdução

Em contexto de práticas deletérias de contratação cada vez mais disseminadas, que se irradiam sobretudo no âmbito da Administração Pública Direta e Indireta, não raro se aponta o fenômeno da terceirização como quadrante irreversível.

Referido tema é multifacetado e comporta a análise de aspectos jurídicos, sociológicos e econômicos, que ultrapassam os propósitos deste artigo, embora já se tenha tido a oportunidade de abordar a matéria com mais vagar em outra seara[1].

Neste breve estudo, e à vista dos importantes reflexos que a temática tem acarretado em crescente na jurisprudência e no plano concreto da vida das pessoas, será analisada a possibilidade de o trabalhador pleitear em juízo, em ação trabalhista autônoma posterior dirigida unicamente contra o tomador de serviços integrante da Administração Pública Direta e Indireta, a respectiva responsabilidade subsidiária por obrigações advindas do descumprimento de direitos fundamentais nas relações de trabalho, já vindicados em ação originária apenas contra a empresa prestadora.

Em casos tais, tendo o trabalhador, a princípio, proposto demanda somente contra sua ex-empregadora, percebe ele — após — que a medida não foi bastante para conferir lastro à concreção, no campo fático, de seus direitos assegurados em sentença transitada em julgado, seja diante da comum situação de a empresa restar em local incerto e não sabido, seja à falta de localização de patrimônio do empreendimento ou de seus sócios.

Na hipótese, de modo usual, a "opção" pelo ajuizamento da ação primitiva exclusivamente contra a empresa prestadora (aqui denominada n. 1), sem a inclusão no polo passivo à época também do integrante da Administração Pública Direta e

(1) OLIVEIRA, Christiana D'arc Damasceno. *(O) direito do trabalho contemporâneo:* efetividade dos direitos fundamentais e dignidade da pessoa humana no mundo do trabalho. São Paulo: LTr, 2010. p. 27-42 e 169-170.

Indireta, deriva do receio do obreiro em ser discriminado por ocasião de futuras colocações junto ao mesmo ente público, ou ainda da circunstância de já ter tal trabalhador (e reclamante) sido admitido ("aproveitado") pela empresa prestadora n. 2 — a qual veio a substituir ou mesmo suceder a anterior prestadora de serviços perante o sinalado tomador de serviços.

Vê-se o obreiro, assim, envolvido em um dilema: de um lado, cauteloso quanto à eventual retaliação — expressa ou indireta — por parte do tomador de serviços; de outro, premido pelo desrespeito por parte de sua ex-empregadora (empresa prestadora n. 1) no que atine a direitos basilares de natureza alimentar. Ao fim, decide não incluir o tomador de serviços no polo passivo da ação originária.

Tempos depois, impelido por circunstâncias diversas, esse mesmo obreiro ajuíza ação autônoma apenas em face do ente público, objetivando sua responsabilização subsidiária pelas obrigações trabalhistas não adimplidas pela prestadora e que já tinham sido objeto da primeira ação, com sentença condenatória transitada em julgado, deparando-se comumente com óbices de natureza processual, panorama que deságua na situação objeto deste artigo.

No que diz respeito à matéria, em reiterados julgados recentes, o Tribunal Superior do Trabalho tem-se posicionado no sentido de não ser possível o ajuizamento de ação autônoma posterior para responsabilização subsidiária do tomador de serviços integrante da Administração Pública.

No tocante, aduz-se que, por não ter efetivado o autor a inclusão do ente público no polo passivo da ação originária movida contra a empresa prestadora, afluiria a necessidade de extinção da ação autônoma posterior sem resolução do mérito, seja diante da coisa julgada material, ou seja à vista da não observância de litisconsórcio necessário passivo, perante ausência de interesse processual ou de impossibilidade jurídica do pedido, ou ante o vilipêndio aos princípios do devido processo legal, do contraditório e da ampla defesa em prol do tomador de serviços.

Na esfera doutrinária, o panorama ainda não apresenta análise detalhada.

Logo, equivalendo as lides que aludem à terceirização à expressiva parcela dos milhares de feitos submetidos anualmente à apreciação da Justiça do Trabalho — máxime envolvendo entes públicos como tomadores de serviço —, tem-se que, a par da importância teórica, o tema relativo à possibilidade ou não de ajuizamento de ação autônoma em face do tomador de serviços integrante da Administração Pública Direta e Indireta, no sentido de debater sua responsabilidade subsidiária pelo descumprimento de direitos fundamentais trabalhistas reconhecidos em ação originária movida unicamente contra a empresa prestadora, apresenta importantes contornos de natureza prática e social.

O prisma de análise a ser adotado pelos atuantes na esfera jurídica, no particular, será determinante para o direcionamento dos feitos: quanto ao advogado, ao explicar ao potencial cliente os riscos e possibilidades de êxito da demanda; no que se refere ao procurador do trabalho, ao instruir procedimentos administrativos e optar pelo instrumento processual coletivo apto a sanear pendências em hipóteses tais; em se tratando do magistrado trabalhista, inclusive ao decidir o norte a ser conferido às respectivas instruções, acaso entenda que se trata de hipótese de extinção do feito sem resolução do mérito, além de decidir o lastro jurídico para suas sentenças etc.

Como já dito, o enfoque central deste artigo, longe de analisar os cenários tanto subjacente como propulsor do instituto da terceirização, será voltado para o trato jurisprudencial conferido à possibilidade ou não de ajuizamento de ação autônoma em face do tomador de serviços ente público, pleiteando sua responsabilidade subsidiária pelo descumprimento de direitos fundamentais trabalhistas reconhecidos em face da empresa prestadora, no âmbito de primeira ação movida apenas contra esta.

Serão salientados elementos processuais e constitucionais afetos à matéria, tendo em conta as significativas repercussões envolvidas de cunho teórico, prático e social.

Por fim, e à luz dos desafios e possibilidades que se antepõem ao exegeta em tempos de mudança ou adaptação, será aferido o papel da hermenêutica concretizadora dos direitos fundamentais e seu liame com o tema ora abordado.

1. Responsabilidade subsidiária do tomador de serviços em matéria de terceirização trabalhista, no âmbito da Administração Pública Direta e Indireta: critérios para incidência, posicionamento atual do Supremo Tribunal Federal e Súmula n. 331 do Tribunal Superior do Trabalho

A terceirização consiste em fenômeno que, em linhas gerais, pode ser enfocado sob duas classificações: *interna* (quando empregados de uma empresa, mantendo formalmente o vínculo de emprego com esta, desenvolvem suas atividades integrados a outra tomadora de serviços, em regra inclusive no espaço físico da própria tomadora, a qual mantém a dinâmica produtiva de suas próprias atividades ou bens por meio de empregados terceirizados — é a denominada *terceirização de serviços*), e *externa* (quando a empresa tomadora se desvencilha não só da contratação formal de empregados para o desenvolvimento de suas atividades, como também "exporta/descentraliza" parte ou praticamente toda a dinâmica produtiva para outra empresa "parceira", a qual assume a produção das atividades ou bens em seu próprio espaço, com seu maquinário e com seus próprios empregados ou prestadores de serviço, sendo, ao final, os produtos repassados já prontos para a empresa tomadora, aí denominada *terceirização de atividades*).

O Tribunal Superior do Trabalho, por meio da Súmula n. 331, entende ser admissível a terceirização interna (de serviços) nas atividades de vigilância, limpeza e conservação, além de serviços especializados ligados à atividade-meio do tomador (portanto, não vinculados à atividade-fim), desde que não exista pessoalidade ou subordinação direta. Se o tomador de serviços pertencer à iniciativa privada, sua responsabilidade subsidiária pelos créditos trabalhistas será automática, desde que observados os requisitos anteriormente indicados.

Por outro lado, acaso se trate o tomador de serviços de ente integrante da Administração Pública Direta e Indireta, hipótese a que se vincula o cerne deste artigo, além dos requisitos já reportados, haverá aspectos adicionais exigíveis para a configuração da responsabilidade subsidiária.

Diante do claro posicionamento do Supremo Tribunal Federal no âmbito do julgamento da Ação Direta de Constitucionalidade n. 16/DF, em que se reconheceu a constitucionalidade do art. 71, § 1º, da Lei n. 8.666/93, com a redação atribuída pelo art. 4º da Lei n. 9.032/95 (STF. Tribunal Pleno. Rel. Min. Cezar Peluso, J. em 24.11.2010, DJ de 9.9.2011), findou por ser atribuída nova redação à Súmula n. 331 do TST a partir de maio de 2011 (foram introduzidos os incs. V e VI, e modificado o teor do inc. IV).

Desde então, no âmbito da Administração Pública Direta e Indireta, a responsabilidade subsidiária do tomador de serviços apenas incidirá se, de forma cumulada aos requisitos anteriormente identificados (terceirização admissível apenas em atividades de vigilância, limpeza e conservação, além de serviços especializados ligados à atividade-meio do tomador, desde que não exista pessoalidade ou subordinação direta), ainda ficar demonstrada no caso concreto a conduta culposa do tomador de serviços no cumprimento das obrigações da Lei n. 8.666, de 21 de junho de 1993, sobretudo quanto à fiscalização do cumprimento das obrigações contratuais e legais da prestadora de serviço como empregadora (*culpa in vigilando*).

Portanto, diferentemente do que se sucede no âmbito da iniciativa privada, a responsabilidade subsidiária dos entes públicos não decorrerá de mero inadimplemento das obrigações trabalhistas assumidas pela empresa regularmente contratada[2].

(2) Súmula n. 331 do TST. CONTRATO DE PRESTAÇÃO DE SERVIÇOS. LEGALIDADE (nova redação do item IV e inseridos os itens V e VI à redação) — Res. n. 174/2011, DEJT divulgado em 27, 30 e 31.5.2011.

I – A contratação de trabalhadores por empresa interposta é ilegal, formando-se o vínculo diretamente com o tomador dos serviços, salvo no caso de trabalho temporário (Lei n. 6.019, de 3.1.1974).

II – A contratação irregular de trabalhador, mediante empresa interposta, não gera vínculo de emprego com os órgãos da Administração Pública direta, indireta ou fundacional (art. 37, II, da CF/1988).

III – Não forma vínculo de emprego com o tomador a contratação de serviços de vigilância (Lei n. 7.102, de 20.6.1983) e de conservação e limpeza, bem como a de serviços especializados ligados à atividade-meio do tomador, desde que inexistente a pessoalidade e a subordinação direta.

IV – O inadimplemento das obrigações trabalhistas, por parte do empregador, implica a responsabilidade subsidiária do tomador dos serviços quanto àquelas obrigações, desde que haja participado da relação processual e conste também do título executivo judicial.

V – Os entes integrantes da Administração Pública direta e indireta respondem subsidiariamente, nas mesmas condições do item IV, caso evidenciada a sua conduta culposa no cumprimento das obrigações da Lei n. 8.666, de 21.6.1993, especialmente na fiscalização do cumprimento das obrigações contratuais e legais da prestadora de serviço como empregadora. A aludida responsabilidade não decorre de mero inadimplemento das obrigações trabalhistas assumidas pela empresa regularmente contratada.

Por oportuno, cabe salientar que será do tomador de serviços ente público o ônus probatório de demonstrar sua diligência na fiscalização do contrato firmado entre ele e a empresa interposta acerca da observância de deveres legais e contratuais da prestadora perante seus empregados, empreendendo verificação prévia e periódica da idoneidade e suficiência econômica da empresa, conforme lhe impõem inclusive os arts. 54, § 1º, 55, inc. XIII, 58, inc. III, 66, 67, *caput* e seu § 1º, 77 e 78, da Lei n. 8.666/93 (e na esfera da Administração Pública federal, a Instrução Normativa n. 2/2008 do Ministério do Planejamento, Orçamento e Gestão, MPOG, alterada pela Instrução Normativa n. 03/2009), sob pena de responsabilização subsidiária por sua omissão, a teor dos arts. 186 e 927, *caput*, do Código Civil, c/c o art. 8º da CLT.

Raciocínio diverso equivaleria à imputação ao trabalhador do ônus de prova de fato negativo, o que seria incompatível com o ordenamento jurídico por infringir os art. 818 da CLT e 333, II, do CPC, além de vulnerar o princípio da aptidão para a produção da prova.

2. Ação autônoma posterior destinada à responsabilização subsidiária do tomador de serviços ente público

São usuais na esfera laboral ações em que o trabalhador, sob a assertiva de terem sido aviltados direitos afetos ao pacto de emprego, ajuíza ação em que, de pronto, inclui no polo passivo tanto sua ex-empregadora (empresa interposta) como o tomador de serviços (comumente, ente público), postulando que seja averiguada a pertinência dos pedidos, com condenação dos destinatários da atividade laborativa à quitação das verbas correspondentes, observados os limites e as naturezas das respectivas responsabilidades.

De modo paralelo, contudo, tem-se identificado com incidência progressiva a existência de casos concretos em que, por distintas circunstâncias, tendo o trabalhador ajuizado ação originária apenas contra a empresa prestadora, na qual obteve sentença condenatória transitada em julgado, propõe ação autônoma posterior unicamente em desfavor do tomador de serviços ente público, requerendo a responsabilização subsidiária deste quanto às verbas deferidas na primeira ação.

Consistirá no âmago deste tópico o exame do tratamento que vem sendo conferido, na seara jurisprudencial, à segunda hipótese anteriormente indicada.

2.1. *Argumentos contrários: jurisprudência prevalecente e controvérsias*

Mais recentemente, sobretudo no âmbito do Tribunal Superior do Trabalho, tem emergido posicionamento de tendência no sentido da impossibilidade de propositura de ação autônoma posterior para responsabilização subsidiária do tomador

---

VI – A responsabilidade subsidiária do tomador de serviços abrange todas as verbas decorrentes da condenação referentes ao período da prestação laboral.

de serviços integrante da Administração Pública, quando o trabalhador ajuizou a ação originária exclusivamente contra a empresa prestadora, nela obtendo sentença condenatória transitada em julgado.

Nesse aspecto, os seguintes julgados:

Responsabilidade subsidiária. Ajuizamento de ação autônoma apenas contra o tomador de serviços. Impossibilidade. Existência de sentença condenatória definitiva prolatada em ação em que figurou como parte somente o prestador de serviços. (...) 2 – **AÇÃO AUTÔNOMA VISANDO RECONHECIMENTO DE RESPONSABILIDADE SUBSIDIÁRIA DO TOMADOR DE SERVIÇOS APÓS O TRÂNSITO EM JULGADO DA RECLAMAÇÃO TRABALHISTA AJUIZADA APENAS CONTRA A EMPRESA PRESTADORA.** Aplicação do entendimento atual desta SBDI-1 firmado no sentido da impossibilidade de ajuizamento de ação autônoma contra o tomador de serviços, na qual se pretende responsabilizá-lo subsidiariamente pelos débitos trabalhistas reconhecidos em ação anterior transitada em julgado proposta apenas em face da empresa prestadora. Precedente. Ressalva de entendimento da relatora. Recurso de embargos conhecido e provido. (TST. SBDI-1. E-RR 24800-78.2006.5.09.0011. Relª. Minª. Delaíde Miranda Arantes. J. em: 17.5.2012. DEJT: 25.5.2012)

RECURSO DE REVISTA. RESPONSABILIDADE SUBSIDIÁRIA. RECLAMAÇÃO AUTÔNOMA APENAS CONTRA O TOMADOR DE SERVIÇOS. **TRÂNSITO EM JULGADO DA DECISÃO NA RECLAMAÇÃO ANTERIOR. IMPOSSIBILIDADE.** Ao extinguir o processo sem resolução do mérito, o Tribunal Regional deslindou a controvérsia em plena sintonia com a jurisprudência desta Corte Superior, no sentido de que, uma vez transitada em julgado decisão proferida em reclamação anteriormente proposta apenas quanto à empresa prestadora dos serviços, atenta contra o direito à ampla defesa e ao contraditório do tomador dos serviços, bem como contra a coisa julgada, o ajuizamento de reclamação autônoma com o fim de obter a condenação subsidiária, razão pela qual a pretensão recursal do reclamante encontra óbice na Súmula n. 333 do TST e no art. 896, § 4ª, da CLT. Recurso de revista de que não se conhece. (TST. 1ª Turma. RR 7000-37.2006.5.09.0011. Rel. Min. Walmir Oliveira da Costa. J. em 29.2.2012. DEJT: 2.3.2012) (grifou-se)

RECURSO DE REVISTA. RESPONSABILIDADE SUBSIDIÁRIA DA TOMADORA DE SERVIÇOS EM RELAÇÃO ÀS VERBAS DEFERIDAS EM RECLAMAÇÃO TRABALHISTA ANTERIOR. **AJUIZAMENTO DE RECLAMAÇÃO TRABALHISTA PRÓPRIA. IMPOSSIBILIDADE.** SÚMULA N. 331, IV, DO TST. O item IV da Súmula/TST n. 331, em sua parte final, traz ressalva expressa de que a tomadora de serviços somente poderá ser responsabilizada subsidiariamente se houver — participado da relação processual —, donde se extrai a necessidade de sua citação como litisconsorte na reclamação trabalhista principal, em que se buscou a responsabilização da prestadora de serviços, sendo inadmissível sua condenação mediante processo autônomo posterior, já que neste momento a discussão se resumiria a questões jurídicas, retirando da parte o direito à ampla defesa e ao contraditório em relação aos aspectos fáticos que levaram ao reconhecimento do débito em relação às verbas trabalhistas deferidas na primeira reclamação. Recurso de revista não conhecido. (TST. 2ª Turma. RR – 726100-68.2005.5.09.0011. Rel. Min. Renato de Lacerda Paiva. J. em 22.6.2011. DEJT: 1º.07.2011) (grifou-se)

EMBARGOS SUJEITOS À SISTEMÁTICA DA LEI N. 11.496/2007. CARÊNCIA DE AÇÃO. IMPOSSIBILIDADE JURÍDICA DO PEDIDO. RECLAMAÇÃO TRABALHISTA AUTÔNOMA AJUIZADA EM DESFAVOR DO TOMADOR DOS SERVIÇOS TERCEIRIZADOS. RESPONSABILIDADE SUBSIDIÁRIA. IMPOSSIBILIDADE. EXISTÊNCIA DE

DECISÃO TRANSITADA EM JULGADO EM QUE FIGUROU NO POLO PASSIVO DA AÇÃO APENAS A EMPRESA PRESTADORA DOS SERVIÇOS. Há carência do direito de ação, por impossibilidade jurídica do pedido, quando o empregado ajuíza reclamação trabalhista autônoma em desfavor do tomador dos serviços terceirizados, pleiteando sua responsabilização subsidiária quanto à satisfação dos direitos trabalhistas reconhecidos em ação anterior, já cobertos pelo manto da coisa julgada material, em que figurou no polo passivo apenas a empresa prestadora dos serviços, real empregadora. A responsabilização do tomador dos serviços está condicionada à sua integração no polo passivo da reclamação trabalhista cujo título executivo judicial venha a assegurar ao obreiro a percepção de direitos trabalhistas não satisfeitos a tempo e modo pela empresa prestadora dos serviços, real empregadora. Seria impróprio reabrir a discussão em torno dos direitos trabalhistas pleiteados na primeira reclamação trabalhista, a fim de possibilitar, nesta segunda ação, que a empresa tomadora exercesse o direito constitucional a ampla defesa e contraditório, demonstrando o cumprimento das obrigações trabalhistas devidas pela real empregadora, pois, como se disse, tal controvérsia já fora dirimida pelo título executivo judicial transitado em julgado. A credibilidade da Justiça e dos provimentos jurisdicionais dela emanados não convive com decisões contraditórias a respeito da mesma relação jurídica, o que seria natural caso fosse admitida a pretensão em análise e possibilitado o ajuizamento de ação autônoma em desfavor do tomador dos serviços tratando da mesma matéria objeto de título executivo judicial devidamente aperfeiçoado. Embargos conhecidos e desprovidos. (TST. E-RR-23100-67.2006.5.09.0011. Rel. Min. Luiz Philippe Vieira de Mello Filho. DEJT: 13.11.2009) (grifou-se)

RECURSO DE REVISTA — RESPONSABILIDADE SUBSIDIÁRIA — LITISCONSÓRCIO FACULTATIVO SIMPLES — REVELIA — EFEITOS — (...) 2. O litisconsórcio formado a partir da reclamação ajuizada em face do empregador principal e do tomador de serviço em relação ao qual se pretende a responsabilidade subsidiária é do tipo necessário, pois a condenação do tomador é o exemplo de relação jurídica em que há responsabilidade sem obrigação, porque esta (obrigação) quem tem é o empregador principal. Assim não é possível imaginar a possibilidade de ajuizamento de duas ações independentes de modo a classificar o presente litisconsórcio como facultativo. Só é possível uma única ação contra o obrigado principal e contra aquele que se quer declarar corresponsável pela obrigação principal, mas não co-obrigado onde haverá o litisconsórcio passivo. E se só é possível uma única ação em face de duas reclamadas conquanto não se pode desconsiderar seja tipicamente um litisconsórcio necessário também não se trata de litisconsórcio facultativo visto que havendo interesse na condenação subsidiária haverá a necessidade do litisconsórcio. Trata-se, portanto, de um litisconsórcio necessário impróprio, fundamento pelo qual também resta inafastável a incidência do art. 320, inc. I, do CPC. 3. Recurso de Revista conhecido e provido. (TST. 5ª Turma. RR 493420. Rel. Min. João Batista Brito Pereira. DJU 8.8.2003) (grifou-se)

A análise da jurisprudência do Tribunal Superior do Trabalho que tem sido fixada acerca do tema, nos dias atuais, destarte, revela quatro argumentos principais em sentido negativo à possibilidade de ajuizamento da ação autônoma ora enfocada:

1. Existência de coisa julgada.

2. Litisconsórcio necessário passivo.

3. Ausência de interesse processual e impossibilidade jurídica do pedido.

4. Ofensa aos princípios do devido processo legal, do contraditório e da ampla defesa.

Apesar de haver julgados anteriores emanados do próprio TST, em que era admitida a propositura de ação autônoma posterior postulando a responsabilidade subsidiária do tomador de serviços ente público, os sucessivos julgados atuais de lavra do Tribunal Superior do Trabalho acerca da questão denotam que propende a se solidificar a jurisprudência de modo contrário à medida, o que tem ocasionado, em cadência, extinção sem resolução do mérito das lides.

Nos tópicos seguintes, ao passo em que serão apresentados elementos para reflexão, analisar-se-á os principais argumentos em sentido contrário à viabilidade de ajuizamento de ação autônoma posterior pelo trabalhador apenas contra o tomador de serviços ente público, para fins de responsabilização subsidiária deste quanto a verbas reconhecidas em sentença condenatória transitada em julgado em ação primitiva movida apenas em face da empresa prestadora.

2.1.1. Coisa julgada

O instituto da coisa julgada goza de fundamento constitucional (art. 5º, XXXVI, da Constituição Federal), e consiste na qualidade que torna imutável e indiscutível a sentença de mérito transitada em julgado(3).

No campo do processo de caráter individual, pressupõe a coisa julgada a tríplice identidade acerca dos elementos constitutivos da ação (partes, causa de pedir e pedido) entre uma demanda em curso e ação outra anterior em que já houve sentença transitada em julgado, na forma dos arts. 267, V, e 301, § 3º, parte final, do CPC.

Em consequência, para configuração da coisa julgada, é necessário que na demanda posterior se repitam as mesmas partes, mesma causa de pedir e mesmo pedido, da ação primitiva que já foi decidida por sentença da qual não caiba recurso.

Destina-se a coisa julgada ao resguardo da segurança jurídica, evitando-se decisões conflitantes. Caracteriza-se como um dos pressupostos processuais de validade objetivos extrínsecos negativos — assim entendidos aqueles que não podem estar presentes a fim de se permitir que o processo seja válido, *e.g.*, perempção e litispendência.

---

(3) Sobre a matéria, bem explicitam LUIZ GUILHERME MARINONI e DANIEL MITIDIERO:

"A eficácia da sentença não se confunde com a sua autoridade. A eficácia da sentença é a sua aptidão para produção de efeitos. A autoridade da sentença é a sua imutabilidade e indiscutibilidade — é a coisa julgada. A coisa julgada não é uma eficácia da sentença, mas simplesmente uma qualidade que se agrega ao efeito declaratório da sentença de mérito transitada em julgado. É a indiscutibilidade que se agrega àquilo que ficou decidido no dispositivo da sentença de mérito de que não caiba mais recurso (...). Embora seja corrente a alusão na doutrina à coisa julgada material e à coisa julgada formal, inclusive com apoio no direito positivo (art. 467, CPC), rigorosamente só pode ser denominada de coisa julgada a qualidade que torna imutável e indiscutível a sentença de mérito transitada em julgado. A coisa julgada dita formal, na realidade, não passa de uma preclusão temporal, não constitui outra coisa senão a última preclusão temporal do processo — daí porque, por vezes, denominada de preclusão máxima." MARINONI, Luiz Guilherme, MITIDIERO, Daniel. *Código de Processo Civil comentado artigo por artigo*. São Paulo: Revista dos Tribunais, 2008. p. 446.

A coisa julgada acarreta a extinção do processo sem resolução do mérito, circunstância passível de reconhecimento até mesmo de ofício pelo magistrado (art. 301, § 4º, do CPC). Por tratar-se de pressuposto processual (ao lado das hipóteses elencadas no art. 267, IV, V e VII, do CPC), e conforme a doutrina especializada, deve sua incidência ser examinada no feito antes da análise das condições da ação (art. 267, VI, CPC), assim também do mérito da causa (art. 269, incs. I a IV, do CPC).

Especificamente quanto à ação autônoma movida pelo trabalhador apenas contra o tomador de serviços ente público, objetivando o reconhecimento da responsabilidade subsidiária deste em relação a obrigações pecuniárias ou conversíveis em pecúnia objeto de sentença condenatória proferida na ação primitiva ajuizada somente contra a empresa prestadora, evidencia-se a não caracterização da referida tríplice identidade acerca dos elementos constitutivos das ações.

De efeito, inexiste identidade entre as partes das duas demandas: na ação originária, figuraram nos polos ativo e passivo da ação, respectivamente, trabalhador/reclamante e empresa prestadora/reclamada; já na ação autônoma posterior, diferentemente, constam como partes trabalhador/reclamante e tomador de serviços ente público/reclamado.

Além disso, há dissonâncias quanto à causa de pedir e ao pedido nas hipóteses.

Embora ambas as ações tenham em conta o inadimplemento de obrigações laborais em detrimento do trabalhador (causa de pedir remota), vale notar que, na ação autônoma posterior, a causa de pedir próxima atrela-se à sentença condenatória existente contra a empresa prestadora, sendo que o pedido vincula-se ao aspecto de verificação e pretendido reconhecimento da responsabilidade subsidiária do tomador de serviços ente público, com necessidade de análise de sua conduta de fiscalização ou não do contrato de prestação de serviços firmado entre ele e a empresa interposta (ex-empregadora do trabalhador), na esteira do entendimento explicitado pelo STF na ADC n. 16/DF, a que se ajustou a nova redação da Súmula n. 331 do TST.

Não bastasse, perceba-se que, por não ter o tomador de serviços ente público sido parte na primeira ação, não se estendem a ele os limites subjetivos da coisa julgada da ação originária, porquanto "a sentença faz coisa julgada às partes entre as quais é dada, não beneficiando, nem prejudicando terceiros (...)" (art. 472 do CPC).

Poderá o tomador de serviços, assim, observado os princípios do devido processo legal, do contraditório e da ampla defesa, voltar-se contra a causa de pedir e o pedido da ação autônoma posterior que lhe é movida, sendo que, na hipótese de sua condenação, estariam atendidas as garantias processuais em sua integralidade.

Ademais, embora não se possa infringir ao ente público, sem ter participado da primeira relação processual, a automática extensão dos efeitos subjetivos da coisa julgada edificada na ação originária, é certo que não há determinação legal no sentido de que a participação do tomador de serviços na relação jurídica deverá ocorrer no mesmo processo em que figurou a empresa interposta (tampouco contemplaram essa exigência os incs. IV e V da Súmula n. 331 do TST).

O que se deve ter em mente é a necessidade de prestígio aos princípios do devido processo legal, do contraditório e da ampla defesa, como requisito indispensável para que o tomador de serviços seja responsabilizado subsidiariamente por obrigações trabalhistas inadimplidas pela empresa prestadora, aspecto plenamente atendido no bojo de ação autônoma posterior proposta apenas contra o ente público, em cujo âmbito será produzida coisa julgada própria, com limites subjetivos aptos a afetá-lo.

No tocante, já se posicionou o TST preteritamente:

RECURSO DE REVISTA. RESPONSABILIDADE SUBSIDIÁRIA. PROCESSO AUTÔNOMO CONTRA O TOMADOR DOS SERVIÇOS. VIABILIDADE. A lei e a Súmula n. 331/TST não exigem que figurem no polo passivo tomador e fornecedor dos serviços em um mesmo processo ou em um mesmo título executivo. A redação do item IV do verbete prevê apenas que, em prestígio ao devido processo legal, sejam observadas as regras processuais relativas à extensão subjetiva da coisa julgada, de modo a privilegiar os princípios do contraditório e da ampla defesa. Recurso de revista conhecido e provido. (TST. 3ª Turma. RR 24800-78.2006.5.09.0011. Relª. Minª. Rosa Maria Weber Candiota da Rosa. J. em 24.9.2008. DEJT de 21.11.2008)

RECURSO DE REVISTA COISA JULGADA — CARÊNCIA DE AÇÃO RESPONSABILIDADE SUBSIDIÁRIA — TOMADORA DO SERVIÇO — A coisa julgada é figura processual que tem por escopo evitar a insegurança jurídica decorrente da coexistência de dois comandos judiciais formalmente contraditórios. Na hipótese vertente, o Autor, por ocasião da Reclamação Trabalhista anteriormente ajuizada, deduziu pedido de verbas devidas pela empregadora. Não pleiteou, naquela oportunidade, a responsabilização subsidiária da segunda Reclamada (Banco do Brasil S.A.), pedido deduzido apenas na presente ação. Não há, portanto, óbice a que o Autor, por meio da presente Reclamação Trabalhista, pretenda a responsabilização subsidiária da tomadora. Recurso de Revista conhecido e provido. (TST. 3ª Turma. RR 1426100-90.2006.5.09.0011. Rel. Min. Carlos Alberto Reis de Paula. J. em 22.10.2008. DEJT de 21.11.2008)

Outrossim, não decorre da natureza da relação jurídica entre a empresa interposta e o tomador de serviços a imprescindibilidade de que figurem ambos os destinatários da atividade laborativa do obreiro, de modo incindível, no polo passivo da ação.

Também não há previsão legal fixando exigência de litisconsórcio necessário passivo na citada hipótese.

Tampouco proíbe o ordenamento jurídico que o trabalhador, tendo ajuizado ação originária apenas contra sua ex-empregadora, acione autonomamente o tomador de serviços ente público, em fase posterior, vindicando a responsabilidade subsidiária deste, pois que não advirão daí decisões contraditórias.

Aliás, rememore-se que se a relação jurídica entre a empresa prestadora e o tomador de serviços ente público poderia acarretar, no máximo, no âmbito da ação originária, a formação de litisconsórcio facultativo; é factível, portanto, o entendimento voltado à interpretação teleológica do art. 48 do CPC, c/c o art. 769 da CLT, a fim de permitir ao tomador de serviços que, em sede de ação autônoma posterior contra ele proposta, apresente as "defesas que tiver contra todos os pedidos formulados, ainda que julgados procedentes naquela outra ação" e exija "a realização, quanto aos mesmos, da correspondente instrução processual, em nada lhe afetando aquela porventura ocorrida no feito anterior"(4).

Em termos práticos, poderá o tomador de serviços, em seara defensiva e no curso da instrução da ação autônoma posterior, insurgir-se não apenas quanto à efetiva ocorrência de sua responsabilidade subsidiária, mas também no que toca ao alcance de tal responsabilidade, municiando-se mesmo de eventuais documentos e elementos outros que obteve no exercício da fiscalização do contrato firmado com a prestadora.

Assim, no âmbito da ação autônoma posterior em que figura unicamente o ente público como reclamado — em que se pretende sua responsabilidade subsidiária pelas obrigações pecuniárias ou conversíveis em pecúnia objeto de sentença condenatória proferida na ação primitiva —, poderá o tomador de serviços demonstrar, por exemplo, que existiu o pagamento de 13º salário de determinado ano ao trabalhador, embora não tenha a empresa prestadora provado a circunstância na primeira ação — seja por ter sido revel, seja por negligência probante.

A comprovação pelo tomador de serviços de ocorrência do mencionado pagamento ao trabalhador não implicará ofensa à coisa julgada existente na ação originária, muito menos em duas coisas julgadas conflitantes.

É que, por restringir-se a responsabilização subsidiária do ente público ao pedido em si da demanda autônoma posterior, a demonstração de que quitada verba apenas reduzirá o alcance de tal responsabilidade, permanecendo hígido o pedido de responsabilidade subsidiária acerca do restante da lide, ao tempo que se frisa que não fazem coisa julgada "os motivos, ainda que importantes para determinar o alcance da parte dispositiva da sentença", tampouco "a verdade dos fatos, estabelecida como fundamento da sentença" (art. 469, I e II, do CPC).

Já quanto à ação originária, por sua vez, persistirão indenes os limites objetivos e subjetivos da coisa julgada já edificada naquele âmbito, tendo em conta as partes entre as quais a lide se estabeleceu e o provimento jurisdicional dado (trabalhador e empresa prestadora) — arts. 468 e 472 do CPC —, salvo ajuizamento de ação rescisória quanto à matéria indicada, cuja condenação na primeira demanda pode ter decorrido de erro de fato (art. 485, IX, §§ 1º e 2º, do CPC).

---

(4) Trecho de ressalva de entendimento do Ministro do TST José Roberto Pimenta, ao examinar, no âmbito da SBDI-1, o RR-535700-97.2005.5.09.0011 (2ª Turma, DEJT 4.2.2011).

CPC. Art. 48. Salvo disposição em contrário, os litisconsortes serão considerados, em suas relações com a parte adversa, como litigantes distintos; os atos e as omissões de um não prejudicarão nem beneficiarão os outros.

Relembre-se, enfim, que não será automática a responsabilidade subsidiária do tomador de serviços integrante da Administração Direta e Indireta, devendo aquela ser reconhecida apenas após a análise das circunstâncias envolventes do caso concreto, sobretudo a conduta do ente público, facultada a possibilidade de produção de todos os meios de prova na ação autônoma posterior, com assecuramento dos princípios do devido processo legal, do contraditório e da ampla defesa.

Por consectário, não se mostra apropriada a extinção sem resolução do mérito de ação autônoma posterior direcionada unicamente contra o tomador de serviços, sob o fundamento de coisa julgada em relação à ação originária movida pelo trabalhador apenas contra a empresa prestadora, por não configurados os respectivos requisitos na hipótese.

2.1.2. Litisconsórcio necessário passivo

Conforme se extrai do art. 46 do Código de Processo Civil, caracteriza-se o litisconsórcio quando, no mesmo processo, figuram duas ou mais pessoas em conjunto, ativa ou passivamente, ou ainda em ambos os polos da demanda.

ALEXANDRE FREITAS CÂMARA aponta que o litisconsórcio pode ser classificado à luz dos seguintes aspectos: quanto à posição (ativo, passivo e misto); quanto ao poder aglutinador das razões que conduzem à sua formação (necessário e facultativo); quanto ao regime de tratamento dos litisconsortes (unitário e simples/comum); e quanto ao momento de sua formação (inicial/originário e ulterior/superveniente)[5].

Por deter correlação com o objeto deste tópico, insta aduzir que o litisconsórcio necessário configura-se como aquele de formação obrigatória e essencial para que o processo progrida até o provimento final de mérito.

Ocorre o litisconsórcio necessário nas hipóteses em que há determinação expressa da lei (*e.g.*, ação de usucapião, art. 942 do CPC), ou em que exista incindibilidade da relação jurídica afirmada em juízo (a exemplo de uma ação de anulação de casamento proposta pelo Ministério Público, em que ambos os cônjuges deverão necessariamente constar no polo passivo da demanda), "caso em que a eficácia da sentença dependerá da citação de todos os litisconsortes no processo" (art. 47 do CPC).

Importante identificar que, a despeito de a leitura mais açodada da parte inicial do *caput* do art. 47 do CPC apontar que o litisconsórcio necessário ocorreria apenas quando "o juiz tiver de decidir a lide de modo uniforme para todas as partes" — dando a entender que todo litisconsórcio necessário seria unitário (com decisão igual para todos) —, há, por outro lado, hipóteses de litisconsórcio necessário simples, em que essa circunstância não se verifica (trata-se daquele com formação obrigatória

(5) CÂMARA, Alexandre Freitas. *Lições de Direito Processual Civil*. v. 1. 9. ed. Rio de Janeiro: Lumen Juris, 2003. p. 165.

decorrente de previsão legal ou da natureza incindível da relação jurídica, mas que pode acarretar decisão não uniforme para as partes litisconsortes). O litisconsórcio necessário, portanto, pode ser tanto unitário como simples.

Nas hipóteses de litisconsórcio necessário (seja unitário seja simples), a ausência de um dos litisconsortes necessários deverá ser imediatamente suprida, sob pena de extinção do processo sem resolução do mérito[(6)], sendo que a sentença proferida na falta de um dos litisconsortes necessários não tem eficácia (para alguns doutrinadores, validade), sendo o vício passível de ser arguido em qualquer tempo e grau de jurisdição, e ainda no âmbito de ação rescisória (art. 485, V, do CPC) e de ação de *querela nullitatis*.

Nesse aspecto, estabelece o parágrafo único do art. 47 do CPC, no que atine ao litisconsórcio necessário passivo, que "o juiz ordenará ao autor que promova a citação de todos os litisconsortes necessários, dentro do prazo que assinar, sob pena de declarar extinto o processo".

Por pertinência temática, transcrevem-se os ensinamentos de LUIZ GUILHERME MARINONI e DANIEL MITIDIERO:

> O litisconsórcio necessário pode advir de expressa disposição de lei ou da natureza incindível da relação jurídica de direito material afirmada em juízo (a relação tem de ser una e incindível: a existência de um feixe de relações jurídicas, ainda que entrelaçadas, não dá lugar à formação de litisconsórcio necessário unitário). No primeiro, o litisconsórcio será necessário simples (o órgão jurisdicional pode decidir de maneira não uniforme para as partes consorciadas); no segundo, necessário unitário (há dever de o juiz outorgar tutela jurisdicional de maneira uniforme para todos os litisconsortes). O art. 47, CPC, insinua que todo litisconsórcio necessário é unitário, porque afirma que "há litisconsórcio necessário, quando (...) o juiz tiver de decidir a lide de modo uniforme", mas há aí evidente impropriedade: o litisconsórcio necessário pode ser simples ou unitário. Pense-se na ação popular, em que há litisconsórcio passivo necessário simples (art. 6º, Lei n. 4.717, de 1965...) A obrigatoriedade da formação de litisconsórcio diz respeito à legitimação para agir em juízo, dependendo da citação de todos os consortes para a causa e a eficácia da sentença. Estando ausente litisconsorte necessário ativo, tem o juiz

(6) Explica ALEXANDRE FREITAS CÂMARA que a ausência de um dos litisconsortes no processo acarreta a falta de legitimidade dos que estiverem presentes: "Há litisconsórcio necessário quando a presença de todos os litisconsortes é essencial para que o processo se desenvolva em direção ao provimento final de mérito. Nesta hipótese, pois, impõe-se a presença de todos os litisconsortes, e a ausência de algum deles implica ausência de legitimidade dos que estiverem presentes, devendo o feito ser extinto sem resolução de mérito. Em outros termos, nos casos de litisconsórcio necessário a parte só terá legitimidade para a causa se for plúrima, ou seja, se todos os litisconsortes estiverem presentes no processo" CÂMARA, Alexandre Freitas. *Op. cit.*, p. 165-166.

de determinar a sua citação de ofício (intervenção *iussuiudicis)*; ausente litisconsorte necessário passivo, tem de determinar ao demandante que promova a citação dos litisconsortes faltantes no processo, sob pena de extinção do processo (art. 47, parágrafo único, CPC). Sentença prolatada na ausência de um litisconsorte necessário é *inutiliterdatur* (data inutilmente, STJ, 1ª Turma, REsp 753.340/RJ, rel. Min. Luiz Fux, j. em 8.5.2007, DJ 11.6.2007, p. 269), sendo de todo inválida (STJ, 5ª Turma, REsp 793.920/GO, rel. Min. Armando Esteves Lima, j. em 16.5.2006, DJ 19.6.2006, p. 198). O vício da decisão pode ser levantado em qualquer tempo e grau de jurisdição, não lhe apanhando a preclusão (STJ, 1ª Turma, REsp 480.712/RJ, rel. Min. Teori Zavascki, Rel. para acórdão Min. Luiz Fux, j. em 12.5.2005, DJ 20.6.2005, p. 207), podendo ainda ser alegado em ação rescisória (art. 485, inciso V, CPC) e em ação de querela *nullitatisinsanabilis* (STF, Pleno, RE 97.589/SC, rel. Min. Moreira Alves, j. em 17.11.1982, DJ 3.6.1983, p. 7.883). (grifou-se)(7)

Na situação objeto deste artigo, de modo específico, tem-se que a natureza da relação jurídica entre a empresa interposta e o tomador de serviços não acarreta que, necessariamente, figurem ambos no polo passivo da ação, de modo incindível, já que, embora apresentem um plexo de relações jurídicas que interagem, seu vínculo não é uno e incindível.

Igualmente não há determinação legal para que a participação do tomador de serviços ocorra, de modo concomitante, no mesmo processo em que figurou a empresa interposta (tampouco contemplaram essa exigência os incs. IV e V da Súmula n. 331 do TST, via que, de todo modo, não seria adequada para suprir a exigência expressa do art. 47 do CPC).

Portanto, de litisconsórcio necessário passivo não se trata, seja examinando-se a ação originária, seja enfocando-se a segunda ação.

É que, se para fins de extinção sem resolução do mérito da ação autônoma posterior movida pelo trabalhador exclusivamente contra o ente público, objetivando a responsabilidade subsidiária deste, fosse adotado o raciocínio de que o tomador de serviços deveria ter constado, na qualidade de litisconsorte necessário passivo, no polo passivo da ação primitiva movida apenas contra a empresa interposta, seria imperativo reconhecer que, na realidade, a sentença proferida na ação originária é ineficaz (ou, para alguns doutrinadores, inválida).

Explica-se: estaria configurada a inobservância na primeira ação da norma expressa contida no art. 47, parágrafo único, do CPC, que determina que, em se tratando de litisconsortes necessários passivos, todos deverão integrar a ação, sob pena de imperativa declaração da extinção do processo.

(7) MARINONI, Luiz Guilherme; MITIDIERO, Daniel. *Código de Processo Civil comentado artigo por artigo*. São Paulo: Revista dos Tribunais, 2008. p. 132-133.

Daí porque, paradoxalmente ao argumento de que o tomador de serviços ente público não poderia ser responsabilizado subsidiariamente na ação autônoma posterior, em virtude da necessidade de extinção deste segundo feito sem julgamento do mérito, a sentença proferida na primeira ação é que não poderia ser aproveitada, facultando-se ao trabalhador a possibilidade de ajuizar nova demanda, inclusive fazendo constar no polo passivo a empresa interposta e o tomador de serviços.

No que atine à ação originária, a bem da verdade, seria facultativo o litisconsórcio passivo apto à formação entre a empresa prestadora e o tomador de serviços (art. 46 do CPC), e não necessário, sendo as pretensões passíveis de serem deduzidas em ações diversas em face de cada qual. É dizer: a pretensão de responsabilidade subsidiária do ente público, formulada em demanda autônoma posterior, não é impedida ou afastada pela ausência de pleito em tal sentido na ação primitiva apenas contra a empresa prestadora.

São centrais os apontamentos de ALEXANDRE FREITAS CÂMARA acerca do litisconsórcio facultativo:

> A outra espécie de litisconsórcio quanto ao poder aglutinador das razões que provocam o fenômeno é o *litisconsórcio facultativo*. Este pode ser definido como o litisconsórcio que se forma em razão da vontade de quem propõe a ação. Nesse caso não se impõe a formação do litisconsórcio, mas tão somente se permite que o mesmo exista. Assim sendo, nos casos em que pode haver litisconsórcio facultativo, a ação poderá ser proposta por vários demandantes, ou em face de diversos réus. Verifica-se, assim, que no litisconsórcio facultativo há o exercício de diversos poderes de ação, que poderiam ter sido exercitados isoladamente, cada qual levando a um provimento de mérito independente. Ao contrário do que ocorre nesta espécie, no litisconsórcio necessário há apenas um poder de ação sendo exercido, uma vez que ali a demanda só poderia ser oferecida se todos os litisconsortes estivessem presentes. Em outros termos, nos casos de litisconsórcio facultativo seria possível que, em vez de se ter um processo único com pluralidade de sujeitos em um dos lados (ou em ambos) da relação processual, se tivesse uma série de processos autônomos, cada qual com apenas um demandante e um demandado.[8] (grifou-se)

Igualmente não subsiste a assertiva de que o litisconsórcio necessário passivo seria aplicável à ação autônoma posterior movida apenas contra o ente público, pretendendo-se incluir a empresa prestadora no polo passivo da segunda ação, sob pena de extinção do segundo feito sem resolução do mérito.

É que, quanto à ação autônoma posterior, não há relação jurídica incindível entre os destinatários da atividade laborativa do trabalhador, tampouco existe exigência legal para que figurem ambos como litisconsortes necessários.

---

(8) CÂMARA, Alexandre Freitas, *op. cit.*, p. 170.

Não bastasse, o âmago da pretensão na ação autônoma posterior concerne apenas à responsabilização subsidiária do tomador de serviços ente público, não estando aí configuradas quaisquer das hipóteses de litisconsórcio facultativo com a empresa interposta, ao que se acresce que, quanto à causa de pedir remota da segunda lide (inadimplemento de obrigações laborais em detrimento do trabalhador), já haveria coisa julgada quanto à empresa interposta.

2.1.3. Interesse processual e impossibilidade jurídica do pedido

Merece ainda reflexão a assertiva jurisprudencial de que inexiste interesse processual ao trabalhador no que toca ao acionamento de ação autônoma em face do tomador de serviços ente público, para fins de responsabilidade subsidiária deste quanto às obrigações reconhecidas em sentença transitada em julgado em demanda movida originariamente apenas contra a empresa prestadora.

É que, no que toca àquele que não tomou parte na primeira demanda (tomador de serviços), não é extensível automaticamente a condenação infligida na ação originária à empresa prestadora reclamada.

Daí por que, acaso almeje o trabalhador a responsabilidade subsidiária do ente público, deverá o obreiro mover contra aquele ação própria, em que seja permitido o exercício do devido processo legal, do contraditório e da ampla defesa, e na qual a eventual pretensão resistida do tomador de serviços seja apreciada. Há, pois, interesse processual sob o aspecto necessidade.

Em acréscimo, note-se que a ação trabalhista consiste em meio adequado para veiculação da pretensão autônoma de responsabilização subsidiária do tomador de serviços, por não existir no ordenamento jurídico pátrio formato processual expresso de outra natureza para referida finalidade (a exemplo do que ocorre em outros casos com a ação de consignação em pagamento, ação de prestação de contas etc.). Logo, igualmente atendido o interesse processual sob o aspecto adequação.

Por fim, por não existir proibição no ordenamento jurídico de que o trabalhador, tendo ajuizado ação originária apenas contra sua ex-empregadora, acione autonomamente o tomador de serviços ente público, em fase posterior, vindicando a responsabilidade subsidiária deste, igualmente descabe falar em impossibilidade jurídica do pedido.

2.1.4. Ofensa aos princípios do devido processo legal, do contraditório e da ampla defesa

Assaz frequente na jurisprudência o entendimento de que — mesmo que superados os aspectos de coisa julgada, litisconsórcio necessário passivo, ausência de interesse processual e impossibilidade jurídica do pedido — ainda assim deve ser extinta sem resolução do mérito a ação autônoma posterior ajuizada pelo trabalhador apenas contra o tomador de serviços, para fins de reconhecimento de responsabilidade subsidiária, à vista da apontada violação aos princípios do devido processo legal, do contraditório e da ampla defesa em relação ao ente público, a quem não teria sido dado participar da ação trabalhista originária movida somente contra a ex-empregadora do autor.

Argui-se, nesse ponto: 1. que apenas a empresa prestadora deteria os elementos hábeis a elucidar os fatos e relação de emprego apontados pelo reclamante, arsenal de que não disporia o tomador de serviços; 2. que o ente público, ausente da lide originária, findaria prejudicado por não ter usufruído da oportunidade de apresentar defesa na primeira ação quanto às parcelas consideradas separadamente, com restrição de seu direito de defesa na ação autônoma posterior a apenas tornar controvertida a responsabilidade subsidiária; e 3. que a imputação de responsabilidade subsidiária somente poderia ser realizada no mesmo processo em que foram reconhecidas as obrigações pecuniárias ou conversíveis em pecúnia em face da empresa prestadora, conforme interpretação extraída da Súmula n. 331, IV, do TST.

No que tange ao primeiro argumento, cabe ponderar que não é a circunstância de ser movida ação autônoma posterior exclusivamente contra o ente público, para fins de responsabilidade subsidiária, que interfere nos documentos e elementos que deveriam ter sido apresentados pela devedora principal esclarecimento dos fatos e da relação de emprego indicados pelo trabalhador.

Se a empresa prestadora, quando da ação originária, fez-se presente em audiência, apresentou sua versão defensiva, bem como documentos e provas orais, estes já foram considerados pelo juízo na sentença condenatória ali proferida.

Se, por outro lado, estava a ex-empregadora em local incerto e não sabido por ocasião da ação originária, tendo sido revel, sua participação naqueles autos foi regularmente facultada, sendo que a alegada ausência ao ente público de acesso a elementos oriundos da empresa ocorreria seja no âmbito da primeira ação movida apenas contra a devedora principal, seja em eventual ação proposta pelo trabalhador em que tivesse optado por incluir tanto a ex-empregadora como o ente público como litisconsortes passivos.

No que atine ao segundo argumento, não se consolida o eventual prejuízo à formulação de defesa do tomador de serviços no bojo da ação autônoma posterior, quanto a cada uma das parcelas deferidas na ação originária.

É que na ação autônoma dirigida somente contra o ente público, com cognição ampla, será a ele viável rechaçar, primeiro, a responsabilidade subsidiária que em seu desfavor se postula: demonstrando o tomador de serviços a inexistência de qualquer relação sua com a empresa interposta; demonstrando que o trabalhador não se ativou em obra ou serviço em favor do ente público; ou comprovando o ente público que foi diligente na fiscalização do contrato firmado entre ele e a empresa interposta acerca da observância dos deveres legais e contratuais da prestadora perante seus empregados, empreendendo verificação prévia e periódica da idoneidade e suficiência econômica da empresa.

Por outra via, também poderá demonstrar o tomador de serviços que a responsabilidade subsidiária não alcança parcelas vindicadas, separadamente consideradas, em compasso com os princípios do devido processo legal, do contraditório e da ampla defesa (art. 5º, incs.LIV e LV, da Constituição Federal).

Veja-se que a razão de figurar o tomador de serviços ente público no polo passivo da ação (seja como litisconsorte em dada lide, seja em ação autônoma posterior) dá-se exatamente para aferir a viabilidade de sua responsabilização subsidiária por verbas inadimplidas, acaso tenha incorrido em culpa *in vigilando*.

Nas hipóteses em que o trabalhador ajuíza ação autônoma posterior para persecução de responsabilidade subsidiária do tomador de serviços, não objeto de primeira ação proposta apenas contra a ex-empregadora, e por ser a matéria debatida apenas no âmbito da segunda ação, mais se reforça que ofensa não há aos princípios do devido processo legal, do contraditório e da ampla defesa no particular.

O simples aspecto de o tomador de serviços não ter sido incluído no polo passivo da ação originária, na qual poderia ter sido constituído litisconsórcio passivo facultativo, não extirpa do ente público sua condição de potencial responsável subsidiário.

Acresça-se a isso que poderá o tomador de serviços, em seara defensiva e no curso da instrução da ação autônoma posterior, insurgir-se não apenas quanto à efetiva ocorrência de sua responsabilidade subsidiária, mas também no que toca ao alcance de tal responsabilidade, municiando-se mesmo de eventuais documentos e elementos outros que obteve no exercício da fiscalização do contrato firmado com a prestadora.

Logo, no âmbito da ação autônoma posterior em que figura unicamente o ente público como reclamado — em que se postula sua responsabilidade subsidiária pelas obrigações pecuniárias ou conversíveis em pecúnia objeto de sentença condenatória proferida na ação primitiva —, poderá o tomador de serviços demonstrar, por exemplo, que existiu o pagamento de 13º salário de determinado ano ao trabalhador, embora não tenha a empresa prestadora provado a circunstância na primeira ação — seja por ter sido revel, seja por negligência probante.

A comprovação pelo tomador de serviços de ocorrência do mencionado pagamento ao trabalhador não implicará ofensa à coisa julgada existente na ação originária, muito menos em duas coisas julgadas conflitantes.

É que, por restringir-se a responsabilização subsidiária do ente público ao pedido em si da demanda autônoma posterior, a demonstração de que quitada verba apenas reduzirá o alcance de tal responsabilidade, permanecendo hígido o pedido de responsabilidade subsidiária acerca do restante da lide, ao tempo que se frisa que não fazem coisa julgada "os motivos, ainda que importantes para determinar o alcance da parte dispositiva da sentença", tampouco "a verdade dos fatos, estabelecida como fundamento da sentença" (art. 469, incs. I e II, do CPC).

Já quanto à ação originária, por sua vez, persistirão indenes os limites objetivos e subjetivos da coisa julgada já edificada naquele âmbito, tendo em conta as partes entre as quais a lide se estabeleceu e o provimento jurisdicional dado (trabalhador e empresa prestadora) — arts. 468 e 472 do CPC —, salvo ajuizamento de ação rescisória quanto à matéria indicada, cuja condenação na primeira demanda pode ter decorrido de erro de fato (art. 485, IX, e §§ 1º e 2º, do CPC).

Quanto ao terceiro argumento jurisprudencial para extinção do feito sem julgamento do mérito, com fundamento na suposta violação aos princípios do devido processo legal, do contraditório e da ampla defesa, não há previsão normativa de que a participação do tomador de serviços deverá ocorrer, de modo concomitante, no mesmo processo em que figurou a empresa interposta (tampouco contemplaram essa exigência os incs. IV e V da Súmula n. 331 do TST, os quais apenas preveem regras para direcionamento ao tomador de serviços de efeitos subjetivos de dada coisa julgada).

A par dos elementos já expendidos, insta destacar que, no mais das vezes, mesmo no âmbito de ações trabalhistas em que constaram como litisconsortes facultativos passivos a empresa prestadora e o tomador de serviços, o que se observa é que a defesa do ente público se cinge ao esforço de demonstrar a ausência de sua responsabilidade subsidiária (dizendo não haver culpa *in vigilando* — comumente sem apresentação de elementos de prova em tal sentido, seja quanto à fiscalização efetiva do contrato firmado com a prestadora, seja quanto ao pagamento das verbas vindicadas pelo trabalhador), bem assim à exposição do repetido argumento de ausência de pacto de emprego direto entre o trabalhador e o ente público (almejando demonstrar a inexistência de simulacro para vulnerar a regra constitucional do concurso público).

A propósito, manifestou-se anteriormente o Tribunal Superior do Trabalho:

> **AGRAVO DE INSTRUMENTO EM RECURSO DE REVISTA. CONDENAÇÃO SUBSIDIÁRIA DA EMPRESA TOMADORA DE SERVIÇOS. NOVA AÇÃOTRABALHISTA.** Debate que envolve a possibilidade de a reclamante, diante de título executivo oponível contra a empresa prestadora de serviços, real empregadora, acionar a tomadora dos serviços pretendendo sua responsabilidade subsidiária em ação autônoma. Agravo de instrumento provido para determinar o processamento do recurso de revista.
>
> **RECURSO DE REVISTA. CONDENAÇÃO SUBSIDIÁRIA DA EMPRESA TOMADORA DE SERVIÇOS. NOVA AÇÃO TRABALHISTA.** Não há vedação a que a reclamante, de posse do título executivo oponível contra a empresa prestadora, real empregadora, acione a tomadora, pretendendo sua responsabilidade subsidiária em ação autônoma. O fato de não ter participado da ação primitiva, demandada contra a prestadora de serviços, não retira do Banco do Brasil a condição de responsável subsidiário. Esse entendimento não afronta os princípios do devido processo legal e do contraditório, traduzidos na ciência bilateral

dos atos e termos do processo, tampouco da ampla defesa, consubstanciada na liberdade assegurada aos litigantes de alegar fatos e propor provas, em defesa de seus interesses. Recurso de revista conhecido e provido. (TST. 6ª Turma. AIRR-51648/2002-900-09-00.9. Rel. Min. Horácio Senna Pires. J. em 10.12.2008. DEJT 27.2.2009)

Como se infere, na ação autônoma posterior movida somente contra o ente público, a responsabilidade subsidiária do tomador de serviços não incide, de forma automática, quanto às obrigações reconhecidas na sentença condenatória transitada em julgado em demanda originária movida apenas contra a empresa prestadora.

São resguardados na segunda demanda os princípios do devido processo legal, do contraditório e da ampla defesa, podendo ser reconhecida até mesmo a improcedência do pedido após a observância dos elementos misteres, o que não se compraz, contudo, com a anteposição, de plano, da impossibilidade de manuseio da via processual da ação autônoma pelo trabalhador.

3. A análise da matéria sob outra óptica: viés concretista e aspecto pedagógico

Ficou evidenciada neste estudo a existência de prisma interpretativo que tem prevalecido no âmbito jurisprudencial, em sentido contrário à possibilidade de ajuizamento de ação autônoma posterior pelo obreiro apenas contra o tomador de serviços ente público, para fins de reconhecimento de responsabilidade subsidiária deste pelas obrigações trabalhistas resultantes de sentença condenatória transitada em julgado em ação originária formulada apenas contra a empresa prestadora.

O posicionamento jurisprudencial analisado tem-se repetido com relativa frequência, avultando a necessidade de análise da questão em linhas distintas.

No decorrer dos tempos, câmbios paradigmáticos no mundo do trabalho têm provocado reflexos diretos no trato jurídico conferido às relações entre trabalhadores e destinatários dos serviços, existindo, de outro giro, retroalimentação nas ingerências provocadas pela norma no cotidiano laboral.

O arcabouço do Direito do Trabalho clássico, gerado pelas circunstâncias predominantes nos séculos XVIII e XIX, estava ligado ao modelo econômico e político específico (taylorista-fordista), que detinha como base sistema de produção cujos contornos são diferentes dos elementos vigentes nos dias de hoje.

Aquele era um panorama caracterizado por trabalhadores semiqualificados e em massa, contratos duráveis, produção verticalizada e munida de contornos mais homogêneos, organização monopolística da indústria, incentivo estatal para a ampliação de direitos — a fim de fomentar o consumo —, além de sindicatos fortes — dada a maior proximidade e sentimento de solidariedade entre os trabalhadores em virtude das condições específicas em que a labuta era prestada.

Na contemporaneidade, referido paradigma está em crise, haja vista que se passa pelo declínio e precarização dos contratos de emprego, excesso de oferta de mão de obra, concorrência acirrada oriunda da globalização e da revolução tecnológica, pulverização de atividade empresarial em atividades setoriais — com enxugamento do espaço das fábricas e empresas, em nítida horizontalização —, terceirização e precarização crescentes, técnicas de gestão que conduzem à flutuação dos trabalhadores (cada vez mais heterogêneos e menos concentrados em um mesmo local), além de arrefecimento da rede de proteção jurídica estatal. O perfil mudou.

No Brasil, é fator agravante a ausência de implementação de garantia de emprego contra a dispensa arbitrária, seja diante da falta de regulamentação do art. 7º, I, da CF, seja diante da denúncia pelo País da Convenção n. 158 da OIT, que restringe as dispensas arbitrárias no âmbito privado[9].

No panorama pós-moderno, diante de suas especificidades, tem ainda sido reduzido o índice de sindicalização em dimensões expressivas, motivo pelo qual os sindicatos perdem sua força, já que não têm acompanhado a horizontalização da empresa e a descentralização produtiva, afluindo a diminuição na classe trabalhadora do sentido de pertencimento de classe.

Como se sabe, o Direito caracteriza-se como seara condicionante e condicionada pela realidade da vida, recebendo os influxos das alterações efervescentes no âmbito da sociedade. As normas jurídicas não apresentam, portanto, caráter paralelo e autossuficiente.

Quanto à terceirização no âmbito da Administração Pública Direta e Indireta, a par da necessidade de incrementos legislativos, é possível defender desde logo a otimização da proteção do empregado contratado por empresas prestadoras, com desempenho de atividades em prol de entes públicos, mediante crivo analítico diferenciado na jurisprudência e doutrina, o que se liga sobretudo à interpretação em termos diversos de institutos importantes como a ação autônoma posterior destinada à responsabilização subsidiária do tomador de serviços, a refletir no direcionamento que tem sido destinado às correlatas ações.

O objeto dos contratos entre empresas interpostas e entes públicos consiste, habitualmente, na edificação de obras ou na prestação de serviços mediante a utilização de mão de obra subordinada.

---

(9) A Convenção n. 158 da OIT vigorou, no Brasil, entre abril de 1996 e novembro de 1997, sendo denunciada pelo País por meio do Decreto n. 2.100, de 20.12.1996. Permanece no aguardo da manifestação do Supremo Tribunal Federal, a ADIn n. 1.625-3/DF, ajuizada em 17.6.1997 pela Confederação Nacional dos Trabalhadores na Agricultura (CONTAG) e pela Central Única dos Trabalhadores (CUT), arguindo a inconstitucionalidade do ato de denúncia, já que não precedido de autorização do Congresso Nacional. Recentemente, em 11.2.2008, a Presidência da República encaminhou ao Congresso Nacional Mensagem solicitando a incontinenti ratificação das Convenções ns. 151 (que trata da negociação coletiva no serviço público, ratificada em 15.6.2010) e 158 da OIT (que restringe as dispensas arbitrárias no âmbito privado).

De modo geral, fica patenteado que, apesar de ciente dos reiterados relatos pelos trabalhadores de descumprimento pela empresa interposta de obrigações basilares do pacto, ainda assim permanece o tomador de serviços levando a cabo sucessivos aditivos contratuais com a prestadora, sem a adoção de providências corretivas tempestivas.

Disso decorre que o tomador de serviços ente público, como maior beneficiário da força de trabalho despendida pelo trabalhador para a prestadora, não pode se excluir da responsabilidade pelo pagamento dos haveres trabalhistas imputados à instituição interposta, quando evidenciada sua negligência quanto ao dever de fiscalização que lhe incumbia.

A corrente atual majoritária da doutrina e da jurisprudência concebe que a responsabilidade do tomador de serviços pelos débitos trabalhistas da prestadora não deflui da condição de empregador, mas da teoria do risco e da culpa aquiliana (art. 186 do CC), aliada ao princípio da tutela do hipossuficiente.

A responsabilização em contextos terceirizantes envolvendo a Administração Pública Direta e Indireta restou pacificada no âmbito da Súmula n. 331 do TST, em seus incs. IV a VI, o que foi reafirmado na recente redação conferida a tal verbete no mês de maio de 2011, abordando alguns instrumentos de controle civilizatório do processo de terceirização.

Não raro, todavia, no curso das lides, verifica-se por parte do ente público a não observância dos cuidados necessários e tempestivos quanto aos deveres de acompanhamento e fiscalização da execução dos contratos firmados com a empresa prestadora, no que tange à constância e à regularidade do cumprimento por ela das obrigações trabalhistas afetas aosempregados, a caracterizar culpa *in vigilando* do tomador de serviços.

Com frequência, resulta clarificado que a falta de pagamentos de verbas alimentares aos trabalhadores, por parte da prestadora de serviços, está umbilicalmente atrelada à falta de fiscalização pelo órgão público contratante.

Embora deva o jurista estar atento no sentido de evitar que logrem êxito artifícios em que, de modo proposital, decide o reclamante ajuizar a ação originária apenas contra sua ex-empregadora, já cônscio da provável obtenção com maior facilidade de condenação diante da revelia da empresa prestadora (por estar o empreendimento, no mais das vezes, em local incerto e não sabido), tendo ainda a intenção de ilidir os sucessivos recursos no bojo daquela ação por parte do ente público, a par de pretender deduzir em nova ação automática responsabilidade subsidiária; é certo que esta não é a regra nas lides laborais.

O que se percebe, no mais das vezes, conforme denotam as regras da experiência comum e a observação do que ordinariamente acontece (interpretação teleológica do art. 335 do CPC), é que, tendo o trabalhador proposto demanda primitiva somente contra sua ex-empregadora, percebe ele que a medida não foi bastante para conferir lastro à concreção, no campo fático, de seus direitos assegurados em sentença ou acordo, seja diante da comum situação de a empresa restar em local incerto e não sabido, seja à falta de localização de patrimônio do empreendimento ou de seus sócios.

Na hipótese, comumente, a "opção" pelo ajuizamento da ação primitiva tão só em face da empresa prestadora (aqui denominada n. 1), sem a inclusão no polo passivo à época também do integrante da Administração Pública Direta e Indireta, deriva do receio do obreiro em ser discriminado por ocasião de futuras colocações junto ao mesmo ente público, ou ainda da circunstância de já ter tal trabalhador (e reclamante) sido admitido ("aproveitado") pela empresa prestadora n. 2 — a qual veio a substituir ou mesmo suceder a anterior prestadora de serviços perante o sinalado tomador de serviços.

Vê-se o obreiro, assim, envolvido em um dilema: de um lado, cauteloso quanto à eventual retaliação — expressa ou indireta — por parte do tomador de serviços; de outro, premido pelo desrespeito por parte de sua ex-empregadora (empresa prestadora n. 1) no que atine a direitos basilares de natureza alimentar. Ao fim, decide não incluir o tomador de serviços no polo passivo da ação originária.

Tempos depois, impelido por circunstâncias diversas, esse mesmo obreiro ajuíza ação autônoma apenas em face do ente público, objetivando sua responsabilização subsidiária pelas obrigações trabalhistas não adimplidas pela prestadora e que já tinham sido objeto da primeira ação, com sentença condenatória transitada em julgado, deparando-se comumente com óbices de natureza processual, panorama que deságua na situação objeto deste artigo.

Importa atentar que o trabalhador, polo nitidamente hipossuficiente nas relações de trabalho, não pode restar ao abandono na hipótese de eventual ausência de quitação das verbas que lhe eram devidas pela empresa interposta na ação originária, ao passo que o tomador de serviços ente público — beneficiário direto da atividade laborativa do obreiro —, acaso tenha incorrido em culpa *in vigilando* no caso concreto, continua a enriquecer-se indevidamente em virtude de óbice de natureza processual à ação autônoma posterior destinada à sua responsabilização subsidiária.

Mais que o atendimento ao efeito de pacificação social e aos escopos instrumental e ético do processo — que é instrumento e que deve servir à concretização do direito material e dos direitos fundamentais, sobretudo nas relações de trabalho —, aspecto a que se alia o direito à tutela jurisdicional efetiva, consagrado no art. 5º, XXXV, da CF, surge a imprescindibilidade da observância do aspecto pedagógico no sentido de, prevenindo violações futuras, demonstrar ao ente público e respectivos administradores que as condutas (comissivas ou omissivas) lesivas a outrem acarretam repercussão jurídica e sanções.

Caso contrário, e embora não se trate do intuito, pode o trato processual da matéria repassar às empresas prestadoras e aos tomadores de serviços entes públicos a mensagem de que é producente descumprir a legislação.

De todo modo, visando afastar pagamento equivocado ao trabalhador, em duplicidade, de obrigações pecuniárias ou conversíveis em pecúnia nos âmbitos tanto da ação primitiva como da ação autônoma posterior, necessário o controle no sistema de acompanhamento processual da unidade judiciária e nos feitos envolvidos, à vista do nome da parte reclamante, com a necessária cautela por parte do Juízo antes da liberação de valores, ou mesmo ainda à época da expedição de mandado de citação ou de precatório/RPV, com as certificações misteres acerca de eventuais quitações em ambos os processos.

Não bastasse, convém destacar que ao tomador de serviços ente público, por meio de ação regressiva direcionada contra a empresa interposta, é viável postular o ressarcimento do montante que houver quitado em prol do obreiro em virtude da não observância pela prestadora de suas obrigações trabalhistas basilares de natureza alimentar, resguardando-se, nesse caso, tanto a pessoa humana do trabalhador como a moralidade administrativa que deve nortear os atos da Administração Pública.

Tendo em conta viés concretista, aliado ao exame dos aspectos processuais e constitucionais que norteiam o tema, imprescindível, pois, a solidificação da jurisprudência no sentido de conferir lastro à ação autônoma posterior movida contra o tomador de serviços ente público, objetivando sua responsabilização subsidiária por obrigações pecuniárias ou conversíveis em pecúnia reconhecidas em sentença transitada em julgado proferida em ação primitiva movida apenas contra a empresa prestadora.

Nesse sentido, e observando-se em favor do tomador de serviços os princípios do devido processo legal, do contraditório e da ampla defesa na referida seara, será possível propiciar ao trabalhador lesado — e muitas vezes já aviltado em sua dignidade por circunstâncias inúmeras atribuíveis às condutas da empresa prestadora e do ente público —, via processual adicional para que tenha reconhecida em seu favor a responsabilização subsidiária do tomador de serviços, garantindo-se o efetivo recebimento das obrigações pecuniárias ou conversíveis em pecúnia a que faz jus, com arrimo nos arts. 186 e 927, *caput*, do CC, c/c o art. 8º da CLT, e nos princípios da moralidade administrativa (art. 37, *caput*, da CF) e da boa-fé.

4. Efetividade processual e tutela de direitos

Na análise da Constituição da República e da legislação ordinária, no que atine a normas de natureza material ou processual, incide, atualmente e com acentuado vigor, hermenêutica concretizadora dos direitos fundamentais.

No particular, importantes os vetores da Unidade da Constituição(10), da Concordância prática(11) e da Força normativa da Constituição(12), formulados por *Konrad Hesse*, a serem manuseados para compreensão constitucional, sem desconsiderar o papel destacado quanto à questão desempenhado pela máxima da proporcionalidade (em suas três parciais, adequação, necessidade e proporcionalidade em sentido estrito)(13).

No que se refere à hermenêutica concretizadora dos direitos fundamentais, *Flávia Piovesan* aponta a necessidade também de manuseio das interpretações teleológica (no sentido de maximizar, e não reduzir os direitos humanos); efetiva (no sentido da efetividade ótima dos direitos); dinâmica e evolutiva (voltada para vivificar o instrumento e não fossilizá-lo); bem como para a máxima da proporcionalidade em sua tríplice dimensão (adequação, necessidade e proporcionalidade em sentido estrito).

Consoante já tivemos a oportunidade de sustentar em outro campo, a seara dos direitos fundamentais no trabalho é solidificada no denominado bloco de constitucionalidade, do qual fazem parte:

a) direitos fundamentais constantes no próprio corpo da Constituição (sejam eles trabalhistas específicos ou trabalhistas não específicos), constantes no catálogo — Título II da CF;

---

(10) Conforme *Rodrigo Meyer Bornholdt*, "ao princípio da unidade da Constituição repugna a ideia de que quaisquer de seus dispositivos possa ser tomado como letra morta. Não há uma hierarquia na Constituição: tanto seus princípios como suas regras situam-se num mesmo patamar hierárquico, desfrutando de igual eficácia". BORNHOLDT, Rodrigo Meyer. *Métodos para resolução do conflito entre direitos fundamentais*. São Paulo: Revista dos Tribunais, 2005. p. 177.

(11) Quanto ao vetor da concordância prática, *Rodrigo Meyer Bornholdt* pontua, que, "por sua vez, tendo em vista a inexistência de hierarquia, o princípio da concordância prática busca encontrar uma solução compromissória entre dispositivos constitucionais que, em face de uma concreta situação, encontram-se contrapostos. (...). A distinção, feita por *UlliRühl*, entre esse princípio e o da proporcionalidade é bastante plausível. Enquanto a concordância prática, considerada estritamente, servirá para otimização em abstrato dos direitos (ou dos bens jurídicos em jogo), permitindo sua inserção no caso concreto, o princípio da proporcionalidade representará a efetiva ponderação no caso concreto, com as necessárias compressões de direitos". *Ibidem*, p. 178-179.

(12) Consoante *Flávia Moreira Guimarães Pessoa*, o princípio da Força Normativa da Constituição "pugna que se dê preferência à solução dos problemas jurídico-constitucionais que conduzam à máxima efetividade da norma constitucional. De acordo com o princípio da máxima efetividade, o intérprete constitucional deve ter compromisso com a efetividade da constituição de forma que, entre interpretações possíveis, deverá preferir aquela que permita a atuação da vontade constitucional, evitando-se ao máximo soluções que se 'refugiem no argumento da não autoaplicabilidade da norma ou na ocorrência de omissão do legislador' (BARROSO; BARCELOS, 2006, p. 364)". PESSOA, Flávia Moreira Guimarães. A globalização e concretização dos direitos trabalhistas fundamentais. *In: Revista Jurídica da AMATRA da 17ª Região*, Vitória, v. 5, n. 9, p. 21, 2008.

(13) Quanto à propriedade do uso da expressão "máxima", em lugar de "princípio", explicaGabriela Neves Delgado que aquela corresponde, de modo preciso, à identificação das características da proporcionalidade, já que princípio é algo passível de sofrer ponderação, o que não acarretará, em qualquer hipótese, a perda de sua validade. Complementando-se tal assertiva é possível afirmar que a máxima, por outro lado, incide ou não incide. De efeito, quando se trata de proporcionalidade, esta aplica-se à hipótese ou não, motivo pelo qual o resultado obtido será resultado de uma análise pautada pelos critérios correspondentes. Não há meia proporcionalidade. DELGADO, Gabriela Neves. *Direito fundamental ao trabalho digno*. São Paulo: LTr, 2006. p. 66-67.

b) direitos fundamentais constantes no próprio corpo da Constituição (sejam eles trabalhistas específicos ou trabalhistas não específicos), embora dispersos pelo texto da norma constitucional, portanto, fora do catálogo (*e.g.*, arts. 200, VIII, e 225, *caput*, da CF);

c) direitos fundamentais plasmados em convenções e tratados internacionais sobre direitos humanos ratificados pelo Brasil nos termos do procedimento mais rigoroso descrito no art. 5º, § 3º, da CF (aprovados por 3/5 dos votos dos respectivos membros, em dois turnos, em cada Casa do Congresso Nacional), portanto, equivalentes às emendas constitucionais;

d) direitos materialmente fundamentais, situados em tratados ou convenções internacionais sobre direitos humanos ratificados pelo Brasil por meio de procedimento menos rigoroso que aquele estabelecido no art. 5º, § 3º, da CF, ou seja, somente com base nos arts. 49, I, e 84, VIII, da CF, com *status* de norma constitucional, que advém de seu conteúdo, importância e correlação com a dignidade da pessoa humana, dada a cláusula de abertura constante no art. 5º, § 2º, da CF; e

e) direitos materialmente fundamentais, situados no plano infraconstitucional, que têm referida qualidade em virtude de seu conteúdo, importância e correlação com a dignidade da pessoa humana, com base na cláusula de abertura constante no art. 5º, § 2º, da CF (arts. 9º e 468 da CLT)[14].

Veja-se que a tais direitos, dotados de fundamentalidade, é destinado o tratamento previsto no art. 5º, § 1º, da CF, que reza que "as normas definidoras dos direitos e garantias fundamentais têm aplicação imediata", do que ressai a respectiva imperatividade.

Nesse aspecto, dada a existência de direitos fundamentais que, apesar de tal regra, resultam por ter sua eficácia limitada, destacada a importância da jurisdição constitucional, seja no controle difuso, seja no controle concentrado.

A interpretação conferida no sentido da maximização da efetividade dos direitos fundamentais nas relações de trabalho — aí incluídos os casos concretos que envolvem terceirização —, no entanto, pode restar inócua a depender da exegese processual dos instrumentos que permitem, na esfera judicial, a veiculação de tais direitos.

Para tanto, indispensável a postura concretizadora dos direitos fundamentais e dos instrumentos processuais que lhes dão viabilidade em âmbito judicial, seja em sede de controle concentrado (STF) seja em seara de controle difuso (qualquer juiz ou Tribunal), inclusive a fim de que não exsurjam aqueles últimos como caminho para a frustração dos direitos fundamentais, conferindo-se sempre azo à hermenêutica

(14) OLIVEIRA, Christiana D'arc Damasceno, *op. cit.*, p. 354.

que preserve a dignidade do trabalhador e as normas a ele correlatas, a fim de permitir sua inclusão social pelo trabalho.

Conclusões

Objetivando fortalecer a cidadania e a tutela dos direitos fundamentais nas relações de trabalho, alia-se hermenêutica constitucional concretizadora que assegure igualmente instrumentos processuais compatíveis com o intrigante e intrincado panorama das relações de labor no Brasil, sobretudo em se tratando de terceirização trabalhista que tenha em conta entes da Administração Pública Direta e Indireta.

Nesse sentido, exsurge a possibilidade de ajuizamento pelo trabalhador de ação autônoma posterior apenas contra o tomador de serviços ente público, para fins de responsabilização subsidiária deste quanto a obrigações pecuniárias ou conversíveis em pecúnia objeto de sentença transitada em julgado proferida em ação primitiva proposta apenas em face da empresa prestadora.

À recente jurisprudência que tem prevalecido em sentido contrário acerca de variados aspectos da matéria, sempre culminando na extinção da ação autônoma sem resolução de mérito (coisa julgada, litisconsórcio passivo necessário, ausência de interesse processual e impossibilidade jurídica do pedido, além de ofensa aos princípios do devido processo legal, do contraditório e da ampla defesa), consoante referido brevemente neste estudo, antepõe-se a possibilidade de releitura da ótica interpretativa afeta a relevantes institutos dos Direitos Processual e Constitucional.

Tendo em conta viés concretista, aliado ao exame dos aspectos detidamente abordados no artigo, tem-se por imprescindível a solidificação da jurisprudência no sentido de conferir lastro à ação autônoma posterior movida pelo obreiro contra o tomador de serviços ente público, postulando sua responsabilização subsidiária na hipótese enfocada.

Desse modo, observando-se em favor do tomador de serviços os princípios do devido processo legal, do contraditório e da ampla defesa na referida seara, em cognição ampla, será possível propiciar ao trabalhador lesado — e muitas vezes já aviltado em sua dignidade por circunstâncias inúmeras atribuíveis às condutas da empresa prestadora e do ente público —, via processual adicional para que tenha reconhecida a responsabilização subsidiária do beneficiário direto de seu labor, garantindo-se o efetivo recebimento das obrigações pecuniárias ou conversíveis em pecúnia a que faz jus o obreiro, com arrimo nos arts. 186 e 927, *caput*, do CC, c/c o art. 8º da CLT, e nos princípios da moralidade administrativa (art. 37, *caput*, da CF) e da boa-fé.

Outrossim, mais do que o atendimento ao efeito de pacificação social e aos escopos instrumental e ético do processo — que é instrumento e que deve servir à concretização do direito material e dos direitos fundamentais, sobretudo nas relações de trabalho —, aspecto a que se alia o direito à tutela jurisdicional efetiva, consagrado no art. 5º, XXXV, da CF, surge a imprescindibilidade da observância do aspecto pedagógico no sentido de, prevenindo violações futuras, demonstrar ao ente público e respectivos administradores que as condutas (comissivas ou omissivas) lesivas a outrem acarretam repercussão jurídica e sanções.

Caso contrário, e embora não se trate do intuito, pode o trato processual da matéria repassar às empresas prestadoras e aos tomadores de serviços entes públicos a mensagem de que é producente descumprir a legislação.

Visando afastar pagamento equivocado ao trabalhador, em duplicidade, de obrigações pecuniárias ou conversíveis em pecúnia nos âmbitos tanto da ação primitiva como da ação autônoma posterior, necessário o controle no sistema de acompanhamento processual da unidade judiciária e nos feitos envolvidos, à vista do nome da parte reclamante, com a necessária cautela por parte do Juízo antes da liberação de valores, ou mesmo ainda à época da expedição de mandado de citação ou de precatório/RPV, com as certificações misteres acerca de eventuais quitações em ambos os processos.

Não bastasse, convém destacar que ao tomador de serviços ente público, por meio de ação regressiva direcionada contra a empresa interposta, é viável postular o ressarcimento do montante que houver quitado em prol do obreiro em virtude da não observância pela prestadora de suas obrigações trabalhistas basilares de natureza alimentar, resguardando-se, nesse caso, tanto a pessoa humana do trabalhador como a moralidade administrativa que deve nortear os atos da Administração Pública.

A responsabilidade conferida à Justiça do Trabalho, nesse contexto, revela-se como oportunidade considerável para aperfeiçoamento dos contornos da temática no ordenamento jurídico brasileiro.

Nesse sentido, será atribuída não apenas maior efetividade aos direitos fundamentais nas relações de trabalho, como se viabilizará espaço para o exercício da democracia e diálogo social, caracteres indissociáveis para a existência de um ordenamento fundado em relações de trabalho decentes.

Referências bibliográficas

BORNHOLDT, Rodrigo Meyer. *Métodos para resolução do conflito entre direitos fundamentais*. São Paulo: Revista dos Tribunais, 2005.

CÂMARA, Alexandre Freitas. *Lições de Direito Processual Civil*. v. 1. 9. ed. Rio de Janeiro: Lumen Juris, 2003.

DELGADO, Gabriela Neves. *Direito fundamental ao trabalho digno*. São Paulo: LTr, 2006.

HESSE, Konrad. *A força normativa da Constituição*. Tradução por Gilmar Ferreira Mendes. Porto Alegre: Sergio Antonio Fabris Editor, 1991. Título do original: *Die normative Kraft der Verfassung*.

MARINONI, Luiz Guilherme; MITIDIERO, Daniel. *Código de Processo Civil comentado artigo por artigo*. São Paulo: Revista dos Tribunais, 2008.

OLIVEIRA, Christiana D'arc Damasceno. *(O) direito do trabalho contemporâneo:* efetividade dos direitos fundamentais e dignidade da pessoa humana no mundo do trabalho. São Paulo: LTr, 2010.

PESSOA, Flávia Moreira Guimarães. A globalização e concretização dos direitos trabalhistas fundamentais. *In: Revista Jurídica da AMATRA da 17ª Região*, Vitória, v. 5, n. 9, 2008.

PIOVESAN, Flávia. *Direitos humanos e o direito constitucional internacional.* 9. ed. rev. ampl. e atual. São Paulo: Saraiva, 2008.

SARLET, Ingo Wolfgang. *A eficácia dos direitos fundamentais.* 9. ed. rev. atual. e ampl. Porto Alegre: Livraria do Advogado, 2008.

________. Os direitos fundamentais sociais na Constituição de 1988. *In: Revista Diálogo Jurídico*, a. I, v. I, n. 1, Salvador, abr. 2001. Disponível em: <http://www.direitopublico.com.br/pdf/REVISTA-DIALOGO-JURIDICO-01-2001-INGO-SARLET.pdf>. Acesso em: 20 jan. 2008.

V — O Papel da Justiça do Trabalho no Brasil

Mauricio Godinho Delgado
Gabriela Neves Delgado

1. Introdução

O Poder Judiciário, de maneira geral, cumpre essencialmente duas principais funções na sociedade democrática constitucionalizada: dirimir conflitos por meio da aplicação da ordem jurídica e, ao mesmo tempo, estabelecer clareza e efetividade quanto ao sentido dessa ordem jurídica no plano do Estado e da sociedade civil.

Essas duas funções primordiais são, naturalmente, também cumpridas pela Justiça Trabalhista, segmento do Judiciário que é especializado no exame de litígios decorrentes do mundo do trabalho e das relações que lhe são próprias.

Seja na esfera das questões contratuais entre trabalhadores e empregadores ou tomadores de serviços, seja na esfera das questões coletivas entre trabalhadores e suas entidades sindicais em face dos entes coletivos no plano empresarial, a Justiça do Trabalho consiste em importante veículo de solução de conflitos, assim como é também o estuário principal de interpretação da ordem jurídica trabalhista na sociedade brasileira.

O que singulariza a Justiça do Trabalho em comparação com os demais segmentos judiciais é particularmente a circunstância de compor amplo sistema de proteção jurídica em direção à desmercantilização da força de trabalho no contexto econômico e social.

São distintos os sistemas de desmercantilização do trabalho gerados na história ocidental. No interior desses sistemas, o segmento judicial pode cumprir papel relevante. A Justiça do Trabalho, onde existe, é parte desse sistema complexo de desmercantilização.

No Brasil, sua existência data das décadas de 1930 e 1940, mantendo-se hígida e até mesmo se expandindo nos setenta anos subsequentes.

A Constituição de 1988, finalmente, confere a esse segmento do Poder Judiciário novo padrão não somente em face de sua amplitude nacional então concretizada, como também em decorrência da sedimentação de seu papel desmercantilizador classicamente assentado décadas atrás.

2. Sistemas de desmercantilização do trabalho no capitalismo e na democracia

"O trabalho não é uma mercadoria"— proclama o primeiro dos princípios fundamentais da Organização Internacional do Trabalho, em conformidade com a Declaração Relativa aos Fins e Objetivos da OIT, firmada na Filadélfia, EUA, em 10 de maio de 1944 ("Declaração de Filadélfia — Anexo")[1].

Esse simples e abrangente enunciado da Organização Internacional do Trabalho, entidade criada em 1919 pelo Tratado de Versalhes, sintetiza a diretriz central de atuação dos movimentos sociais trabalhistas desde meados do século XIX, na Europa Ocidental, descortinando a *essência da direção normativa do Direito do Trabalho* desde sua origem há mais de século e meio até a atualidade.

De fato, os sistemas jurídicos surgidos no mundo ocidental, de 1848 em diante, voltados a estruturar e reger as relações trabalhistas no capitalismo, notadamente sob o marco do advento e avanço da democracia nos países europeus e das Américas, são sistemas que, em maior ou menor grau, buscam concretizar a grande diretriz explicitada posteriormente pelo princípio da OIT, ou seja, *desmercantilizar, ao máximo, o trabalho nos marcos da sociedade capitalista*[2].

Grosso modo, são dois os padrões de estruturação institucional e normativa dos sistemas jurídicos trabalhistas, a partir das experiências matrizes ocidentais, *considerados os marcos da sociedade democrática*: o modelo de *normatização autônoma e privatística* (ou *modelo negociado*, segundo expressão mais corrente hoje) e o modelo de *normatização privatística mas subordinada* (ou modelo legislado, segundo a linguagem dos dias atuais).

Ambos os modelos são plenamente compatíveis com experiências democráticas de organização e regência da sociedade política e da sociedade civil; ambos também são claramente interventivos nos contratos de trabalho, embora no primeiro a intervenção se faça mediante poderosa atuação sindical, ao passo que no segundo a imperatividade da norma estatal trabalhista cumpra destacado papel jurídico (papel maior ou menor, segundo a peculiaridade de cada país). Ambos criam uma estruturação complexa de regras jurídicas voltadas a diminuir e controlar o poder empresarial no âmbito dos contratos de emprego e da gestão trabalhista: no primeiro

(1) A respeito, consultar, o texto de Gabriela Neves Delgado, Princípios Internacionais do Direito do Trabalho e do Direito Previdenciário. *In:* SENA, Adriana Goulart de; DELGADO, Gabriela Neves; NUNES, Raquel Portugal (Coords.). *Dignidade e inclusão social:* caminhos para a efetividade do Direito do Trabalho no Brasil. São Paulo: LTr, 2010. p. 451-463. Consultar também SÜSSEKIND, Arnaldo. *Direito Internacional do Trabalho*. 3. ed. São Paulo: LTr, 2000. p. 23-26. Ver ainda SÜSSEKIND, Arnaldo. *Convenções da OIT e outros tratados*. 3. ed. São Paulo: LTr, 2007. p. 13-30.

(2) Sobre o papel do Direito do Trabalho como instrumento de desmercantilização (desmercadorização) do trabalho na sociedade econômica, consultar a historiadora Valéria Marques Lobo. *Fronteiras da Cidadania:* sindicatos e (des)mercantilização do trabalho no Brasil (1950-2000). Belo Horizonte: Argumentum, 2010. Especialmente p. 11-23.

caso, por meio de instrumentos coletivos negociados e instituições representativas sólidas, com participação decisiva das entidades sindicais obreiras, dotadas de significativas prerrogativas jurídicas e institucionais em sua estruturação e vivência; no segundo caso, por meio de instrumentos coletivos negociados sindicais, mas também por meio de relevante legislação trabalhista estatal.

O segundo modelo, é verdade, conheceu variante autoritária durante a primeira metade do século XX, em que se exacerbaram suas características intervencionistas e publicistas, dando origem a sistemas trabalhistas quase que estritamente legislados, sem qualquer espaço real para a livre organização e atuação das entidades sindicais dos trabalhadores e, muito menos, para a negociação coletiva trabalhista. Tratava-se dos experimentos fascistas e nazistas que vicejaram entre as décadas de 1920 e 1940, até o final da segunda guerra mundial, com reflexos em países latinoamericanos, inclusive no Brasil.

Porém, esta variante autoritária (modelo de *normatização estatal subordinada*) não invalida ou obscurece a importância histórica do modelo legislado democrático, que se mostrou ao longo de décadas notavelmente ajustado e partícipe da construção democrática no Ocidente, respeitadas suas feições peculiares em cada realidade nacional. Hoje, a propósito, o modelo legislado é claramente dominante em importantes países europeus notoriamente democráticos (França, por exemplo, e, de certo modo, Alemanha) e em países latinoamericanos de destaque, como, ilustrativamente, Brasil, México e Argentina.

É inegável que o processo de efetiva e ampla desmercantilização do trabalho realizado pelo modelo de normatização autônoma e privatística (modelo negociado) supõe o respeito profundo à atuação sindical, com o reconhecimento às entidades sindicais de prerrogativas e poderes até mesmo inimagináveis nas ordens jurídicas de direito legislado — por exemplo, os impressionantes poderes das cláusulas *closed shop* e *union shop*, por mais de um século presentes no sistema sindical da Inglaterra(3). Tais enormes poderes conferidos aos sindicatos tornaram menos relevante a existência de regra legal imperativa do Estado na direção da desmercantilização do trabalho, uma vez que esta já despontava garantida no próprio plano da sociedade civil.

Com o advento, entretanto, da hegemonia neoliberal no Ocidente, desde finais dos anos de 1970, o modelo negociado clássico perdeu parte importante de sua eficiência desmercantilizadora, em face dos significativos assédios e restrições direcionados aos sindicatos desde então nos países matrizes desse modelo, com destaque para a Inglaterra e os EUA.

3. Desmercantilização do trabalho e sistemas judiciais

Em qualquer sociedade democrática constitucionalizada, o Poder Judiciário cumpre, essencialmente, duas funções: a) *dirimir conflitos despontados na sociedade*

(3) Tais cláusulas, guardadas suas peculiaridades, conferiam verdadeiro monopólio aos sindicatos no tocante à contratação de trabalhadores pelas respectivas empresas. Nos sistemas constitucionais de direito legislado, tais cláusulas têm sido, tradicionalmente, consideradas inválidas.

civil, no interior do Estado ou entre essas esferas e/ou seus integrantes; b) *conferir clareza e efetividade à própria ordem jurídica imperante nessa sociedade civil e nesse Estado.*

Essa duplicidade de funções comparece, de maneira geral, com respeito à Justiça do Trabalho ou segmento judicial congênere existente.

Nem todos os países construíram ramos especializados do Judiciário para dirimir conflitos trabalhistas (Justiça do Trabalho) e nem todas as construções existentes são parecidas. No entanto, os diversos exemplos históricos demonstram a possibilidade da existência de órgãos judiciais trabalhistas especializados em quaisquer dos sistemas jurídicos padrões, sejam os negociados, sejam os legislados. Naturalmente que é mais comum a presença de um segmento judicial trabalhista especializado nos sistemas de normatização privatística, mas subordinada (os ditos *sistemas legislados*), embora haja alguns exemplos concretos relativos a típicos sistemas negociados.

Entre os exemplos existentes, é mais comum a presença de um sistema judicial de primeiro grau especializado em matéria trabalhista, usualmente composto por órgão tripartite (uma autoridade estatal e dois representantes paritários de empregadores e empregados). Esse é o modelo dos *Conseils de Prud'hommes*, órgão pioneiro da França da primeira metade do século XIX. Observe-se também o modelo judicial alemão da Constituição de Weimar (1919-1933), "em que as cortes de primeira instância se compunham de um presidente e um vice-presidente (juízes togados), apontados pela administração de justiça do Estado, e dois juízes leigos representando empregadores e empregados, cada um desses últimos escolhido pelo presidente da corte distrital ordinária a partir de uma lista de candidatos preparada por sindicatos de trabalhadores e associações patronais"[(4)].

A propósito, a Alemanha subsequente à Segunda Guerra Mundial instituiu sistema judicial muito semelhante ao brasileiro, com três níveis de organização institucional e de competência decisória dentro da mesma instituição judicial especializada (Justiça do Trabalho): os tribunais do trabalho, de primeiro grau, com composição paritária leiga, ao lado do juiz togado (composição similar à das antigas Juntas de Conciliação de Julgamento brasileiras, extintas pela Emenda Constitucional n. 24/1999); os tribunais especiais do trabalho, que têm âmbito regional; finalmente, o Tribunal Federal do Trabalho, um dos cinco tribunais superiores da República da Alemanha.

Há casos, mais raros, em que a Justiça do Trabalho exerceu, concomitantemente às duas funções judiciais clássicas mencionadas, uma terceira função, específica do âmbito do Direito Coletivo do Trabalho: a de fixar normas e condições de trabalho para trabalhadores e empregadores de certa empresa ou de certo segmento empresarial.

---

(4) SILVA, Fernando Teixeira da. Justiça do Trabalho Brasileira e Magistratura Del Lavoro Italiana: apontamentos comparativos. *In:* CAIXETA, Maria Cristina Diniz *et alii* (Orgs.). *IV Encontro Nacional da Memória da Justiça do Trabalho — cidadania:* o trabalho da memória.São Paulo: LTr, 2010. p. 66.

Trata-se da singular prerrogativa de criar regras jurídicas para incidir sobre certa comunidade trabalhista, em exercício de atuação mais própria ao Poder Legislativo ou, no plano da sociedade civil, própria à negociação coletiva trabalhista. Consiste no poder normativo (assim denominado no caso brasileiro) ou do poder arbitral (mais próximo à experiência da Austrália e da Nova Zelândia, por exemplo) conferido por essas ordens jurídicas aos tribunais do trabalho.

Esse poder legiferante anômalo, de caráter normativo ou arbitral, surgiu, inicialmente, nas experiências da Austrália e da Nova Zelândia (primeiros anos do século XX), constando também, posteriormente, do sistema corporativista autoritário italiano, criado no período do fascismo (décadas de 1920 a 1940). Com a instalação da Justiça do Trabalho no Brasil, em 1941, iria também caracterizar esse sistema jurídico nacional.

É, contudo, padrão que não se generalizou em distintas experiências nacionais do Ocidente, provavelmente pela circunstância de constituir forte concorrente normativo à negociação coletiva sindical, traduzindo, ademais, intervenção desproporcional do Estado no âmbito de matéria e de dinâmica próprias à atuação dos sindicatos e da negociação coletiva trabalhista. Afinal, não se trata de efetivo poder jurisdicional — próprio ao Judiciário, aplicando normas já existentes aos casos concretos —, mas poder legiferante, criador de normas jurídicas.

4. A justiça do trabalho e a desmercantização do trabalho no Brasil

A instauração de um sistema de desmercantilização do trabalho na economia e na sociedade brasileiras teve como marcos, nas décadas de 1930 e 1940, três importantes fatores: *a estruturação do Direito do Trabalho, em seu ramo individual, com objetivo de regular, de modo imperativo, a relação de emprego, principal forma de conexão do trabalhador ao sistema socioeconômico* (Direito Individual do Trabalho); *a generalização da inspeção administrativa trabalhista no país, como instrumento de busca da efetividade desse ramo jurídico instituído* (fiscalização pelo Estado das relações de trabalho no âmbito empresarial); *a estruturação de um segmento do Judiciário especializado na matéria trabalhista, como mecanismo de solução de conflitos individuais e coletivos, além de meio de sedimentação das regras e princípios componentes do Direito que lhe cabia aplicar* (Justiça do Trabalho)[5].

A índole autoritária existente no processo de estruturação desse sistema desmercantilizador comprometeu, em boa medida, uma de suas importantes dimensões,

(5) Não se está tratando aqui da política trabalhista *geral* do período Vargas (1930-1945), que envolve, também, de modo correlato, por exemplo, três aspectos altamente autoritários, não inclusivos e sem relação necessária com os pontos desmercantilizantes enfocados neste artigo: de um lado, uma estratégia de repressão aos sindicatos livres e de criação de uma estrutura sindical vinculada ao Estado; de outro lado, o consequente comprometimento da negociação coletiva trabalhista; finalmente, a organização e o direcionamento do Ministério do Trabalho (na época, Ministério do Trabalho, Indústria e Comércio) como órgão controlador e repressor do sindicalismo. Está-se enfatizando, neste artigo, somente o sentido includente e desmercantilizador de parte do sistema trabalhista estruturado naquelas duas décadas da primeira metade do século XX, no Brasil.

a do Direito Coletivo do Trabalho, seja por restringir, significativamente, a liberdade e autonomia dos sindicatos, na época, seja por controlar e diminuir os cenários e instrumentos propícios à negociação coletiva trabalhista, seja por instituir e exacerbar o poder normativo estatal conferido à Justiça do Trabalho.

A dimensão autoritária presente na origem do sistema, nas décadas de 1930 e 1940, não teve o condão, entretanto, de eliminar ou restringir o significativo papel desmercantilizador e includente do sistema trabalhista então sedimentado. Claro que essa dimensão poderia suplantar-se nos anos de experimentação democrática subsequentes a 1945; porém, conforme se sabe, essa experimentação foi de curto período, não atingindo duas décadas, sendo logo a seguir inviabilizada pelo golpe de estado de 1964.

Tal faceta autoritária, tempos depois, foi diluída pela promulgação da Constituição Federal de 1988, que, em seus dispositivos, assegurou a liberdade de associação e a autonomia aos sindicatos, além de produzir fortes incentivos à negociação coletiva trabalhista. Apesar de a Constituição ter mantido a estrutura do poder normativo da Justiça do Trabalho, iria atenuar, pela Emenda Constitucional n. 45/2004, a tradicional amplitude de atuação desse poder.

Com a nova Constituição, portanto, o sistema trabalhista brasileiro de desmercantilização do trabalho ganhou três novos pilares, além dos três oriundos das décadas precedentes: um sistema sindical com maior liberdade de organização e atuação (embora os sindicatos passem por crise inegável nesse período, parcialmente provocada pela inadequação das regras legais de sua estruturação ainda vigentes); uma dinâmica de negociação coletiva mais generalizada do que em qualquer época no passado; o destaque alcançado pelo Ministério Público do Trabalho, entidade também promotora da efetividade do Direito do Trabalho, dotada de novo perfil após 1988.

Esse sistema de desmercantilização favorece a afirmação do trabalho ao estabelecer regras de proteção trabalhista superiores aos simples imperativos do mercado, destinadas à concretização do marco constitucional de proteção trabalhista, expresso pela afirmação dos direitos fundamentais.

5. Estruturação e desenvolvimento da justiça do trabalho no Brasil — Síntese

a. Criação da Justiça do Trabalho

A Justiça do Trabalho foi instituída e estruturada por meio do Decreto-lei n. 1.237, de 1º de maio de 1939. Foi instalada e entrou em efetivo funcionamento, inaugurando-se em todo o país, em 1º de maio de 1941.

Inicialmente com caráter administrativo, possuía órgãos em três níveis: o então chamado Conselho Nacional do Trabalho — CNT —, com sede na capital da República (Rio de Janeiro). Em seguida, os então denominados Conselhos Regionais do Trabalho — CNTs, distribuídos em oito grandes regiões, que eram centralizadas nos maiores estados brasileiros, do ponto de vista populacional, com sede nas respectivas capitais do estado matriz. As regiões originais abrangiam, naturalmente, outros estados e territórios pátrios, de modo a englobar toda a federação.

As regiões pioneiras foram: 1ª: Rio de Janeiro, com sede na então capital da República; 2ª: São Paulo, com sede na capital do estado, São Paulo; 3ª: Minas Gerais, com sede em Belo Horizonte; 4ª: Rio Grande do Sul, com sede em Porto Alegre; 5ª: Bahia, sediada em Salvador; 6ª: Pernambuco, com sede em Recife; 7ª: Ceará, sediada em Fortaleza; 8ª Região: Pará, com sede em Belém.

Em 1º grau, havia as Juntas de Conciliação e Julgamento, que, à época da inauguração, representavam poucas dezenas em todo o Brasil. Em 1945, por exemplo, havia somente 31 Juntas de Conciliação e Julgamento no país, que passaram a 39 em 1947. Ou seja, inicialmente, portanto, a Justiça do Trabalho estava presente em apenas algumas poucas grandes cidades brasileiras[6].

Embora tendo jurisdição por largos espaços geográficos, as Juntas de Conciliação e Julgamento não abrangiam, como visto, todos os municípios brasileiros, razão pela qual tornou-se necessária a extensão da jurisdição trabalhista aos Juízes de Direito, relativamente aos locais não abrangidos por JCJs — medida já determinada pelo próprio Decreto-lei n. 1.237/39.

Com a democratização do país em 1945/46, os debates constituintes direcionaram-se no sentido de incorporar a Justiça do Trabalho ao Poder Judiciário, suplantando sua origem administrativa. Nesse contexto, dias antes da promulgação da nova Carta Magna, o Decreto-lei n. 9.777, de 9.9.1946, preparou os termos do processo de incorporação do novo ramo ao sistema judicial. A nova Constituição, promulgada em 18 de setembro daquele ano, constitucionalizou a existência da Justiça do Trabalho, com sua plena integração ao Poder Judiciário brasileiro, inclusive no tocante às garantias clássicas asseguradas à magistratura.

Deixou a Justiça do Trabalho o âmbito do Poder Executivo, em que surgira. Nesse novo quadro institucional, os CRTs receberam nova designação — Tribunais Regionais do Trabalho —, passando o CNT a ser denominado Tribunal Superior do Trabalho.

Apesar de sua integração ao Judiciário, a Justiça do Trabalho manteve sua peculiaridade de ser constituída por órgãos paritários, com a presença de juízes togados ao lado da *representação classista*, composta por representantes de empregadores e de empregados. Em primeiro grau, as JCJs eram integradas por um Juiz do Trabalho e dois representantes leigos, o vogal representante dos empregadores e o vogal representante dos empregados. A paridade estava presente também nos TRTs e, até mesmo, no Tribunal Superior do Trabalho.

---

(6) Fonte: Tribunal Superior do Trabalho — Coordenadoria de Estatística e Pesquisa — 2011.

b. Evolução no período democrático de 1946 a 1964

A Carta de 1946, como visto, conferiu *status* constitucional à Justiça do Trabalho, integrando-a, com todos os poderes e prerrogativas, ao Poder Judiciário Federal. A partir daí, rapidamente destacou-se no cenário institucional e social do país.

No plano institucional, o destaque se deu por despontar como único segmento efetivamente célere e eficaz do Judiciário, conferindo resposta pronta e efetiva aos litígios postos a seu exame. Por décadas, o processo do trabalho e seus magistrados aprofundaram a especificidade e a eficiência de seu *modus operandi* processual, quer no plano das lides individuais, quer no plano das lides coletivas, demarcando a existência de inquestionável novo paradigma no tocante ao funcionamento do Judiciário.

No plano social, o destaque se deu por despontar como segmento judicial dotado de notável reconhecimento da comunidade, que rapidamente se integrou às dinâmicas mais importantes dos conflitos individuais e coletivos trabalhistas.

Ao longo dos 18 anos de democracia entre 1946 e 1964, a Justiça do Trabalho aprofundaria sua inserção na sociedade urbana e industrial brasileira, seja em face das disputas individuais levadas a seu exame, ou no tocante aos processos de dissídios coletivos, que se tornaram extremamente importantes nessa fase.

O segredo do rápido sucesso público da Justiça do Trabalho residia no fato de conferir efetividade a uma ordem jurídica nova, especialmente dirigida a regular as relações de emprego características do sistema capitalista em expansão no Brasil. Profundamente diverso do clássico Direito Civil — notoriamente individualista e não intervencionista, moldado para reger essencialmente relações entre seres iguais —, o jovem Direito do Trabalho era, ao revés, economicamente distributivista, intervencionista no contrato de emprego e com forte senso coletivo em sua diretriz geral. Em razão dessas características, o novo segmento jurídico decididamente deflagrava significativo e ágil processo de inclusão social, cultural e econômica das incontáveis levas de trabalhadores que chegavam às cidades em crescimento em diversas partes do país.

Naturalmente que se está falando, entre 1945 e 1964, de um segmento judicial que ainda não penetrava todo o interior da sociedade e do território brasileiros, ficando circunscrito às capitais e grandes cidades do país. A Justiça do Trabalho, tal como o Direito Trabalhista à época, nos limites do pacto político informalmente estabelecido nas décadas de 1930 a 1945, não chegara ao campo, mantendo estrutura urbana não muito distinta daquela que lhe fora conferida em 1º de maio de 1941. Ilustrativamente, não se criaram quaisquer novos Tribunais Regionais do Trabalho entre 1946 e 1964 nem se disseminaram as Juntas de Conciliação e Julgamento pelas cidades brasileiras, embora tivesse ocorrido crescimento no número de JCJs na época, até atingir 137 no ano de 1964. Mas, seguramente, não se pode considerar alcançada a real interiorização da Justiça do Trabalho no período(7).

---

(7) Naturalmente, houve um processo de criação paulatina de novas Juntas de Conciliação e Julgamento entre 1946 e 1964, mas sem permitir a efetiva interiorização da Justiça do Trabalho no largo território

Esse relativo isolamento da Justiça do Trabalho aos maiores centros urbanos respondia também à circunstância de não ser ainda o Direito do Trabalho aplicável às relações empregatícias rurais, omissão que propiciava irreprimível exercício do poder oligárquico rural sobre os trabalhadores do campo. Tal pacto político de exclusão das áreas rurais brasileiras da influência da nova ordem jurídica trabalhista, expressado no primitivo art. 7º, "*b*", da CLT, apenas começou a ser suplantado em 2 de junho de 1963, quando entrou em vigor o Estatuto do Trabalhador Rural (Lei n. 4.214/63), revogando, tacitamente, o excludente art. 7º, "*b*", da Consolidação e estendendo direitos trabalhistas aos rurícolas.

c. O período autoritário de 1964 a 1985

As duas décadas do período ditatorial iniciado em 1964 propiciaram o surgimento de fase curiosa com respeito à Justiça do Trabalho: é que, apesar de o novo regime ser manifestamente refratário aos movimentos sociais e coletivos trabalhistas, não se propôs a desconstruir o sistema judicial trabalhista, até mesmo possibilitando certa ampliação e interiorização de sua estrutura no território e sociedade brasileiros.

No período de cerca de duas décadas, foram criados quatro Tribunais Regionais do Trabalho, a saber: 9ª Região, com sede em Curitiba (Lei n. 6.241, de 1975); 10ª Região, com sede em Brasília (Lei n. 6.927, de 1981); 11ª Região, com sede em Manaus (Lei n. 6.915, de 1981) e 12ª Região, com sede em Florianópolis (Lei n. 6.928, de 1981).

Foram também inauguradas novas Juntas de Conciliação e Julgamento na época, em continuidade ao processo de disseminação da Justiça do Trabalho no território brasileiro. O número de JCJs passou de 137, em 1964, para 382, em 1984[8].

No plano do Direito Coletivo do Trabalho, a ordem jurídica buscou restringir a atuação dos tribunais do trabalho, em especial no tocante à fixação de reajustamentos de salários. Não obstante, em face do refluxo operário e da repressão ao movimento sindical, os dissídios coletivos mantiveram-se como importante canal de veiculação de reivindicações coletivas no sistema jurídico trabalhista brasileiro.

d. A Constituição de 1988 e o papel da Justiça do Trabalho

O período descortinado pela Constituição de 1988 é de notável importância na história da Justiça do Trabalho. Corresponde à fase de sua plena consagração como lídimo segmento concretizador da justiça social no campo do Judiciário.

---

brasileiro. De 1945 a 1964, ilustrativamente, o número de JCJs passou de 31 para 137, um crescimento expressivo, porém incapaz de ultrapassar a zona urbana e desenvolvida da sociedade e economia do Brasil. Quanto aos TRTs, a primeira criação em seguida a 1946 somente ocorreu quase 30 anos depois, em 1975: Tribunal Regional do Trabalho da 9ª Região, com sede em Curitiba-PR. (Fonte de dados sobre JCJs e TRTs: Tribunal Superior do Trabalho — Coordenadoria de Estatística e Pesquisa — 2011).

(8) Os dados sobre a criação de JCJs e TRTs foram indicados pela Coordenadoria de Estatística e Pesquisa do Tribunal Superior do Trabalho, em junho de 2011.

O novo período constitucional foi precedido por quase quatro anos da Nova República, fase iniciada em março de 1985, com a superação do regime militar. Essa fase imediatamente anterior à Constituição já hauria as fortes orientações sociais que iriam se consumar em princípios e regras explícitos da Carta promulgada em 5.10.88.

Nesse quadro de novos ventos democráticos e socialmente includentes, acelerou-se o processo de generalização da estrutura da Justiça do Trabalho no Brasil, criando-se, em apenas três anos e meio, quatro novos Tribunais Regionais no território nacional: 13ª Região, com sede em João Pessoa (Lei n. 7.324, de 1985); 14ª Região, com sede em Porto Velho (Lei n. 7.523, de 1986); 15ª Região, com sede em Campinas (Lei n. 7.520, de 1986) e 16a Região, com sede em São Luís (Lei n. 7.671, de 21.9.1988).

A Constituição de 1988, entretanto, é que iria ter notável clareza quanto ao papel includente e democrático da Justiça do Trabalho no sistema institucional brasileiro, compreendida como decisivo vértice da noção de justiça social no país.

Assim, determinou a Carta Magna, em seu texto original de 1988, a extensão dos tribunais do trabalho aos distintos estados da Federação. Nesse quadro, oito tribunais regionais foram criados desde a nova Constituição: 17ª Região, com sede em Vitória (Lei n. 7.872/89); 18ª Região, com sede em Goiânia (Lei n. 7.873/89); 19ª Região, com sede em Maceió (Lei n. 8.219/91); 20ª Região, com sede em Aracaju (Lei n. 8.233/91); 21ª Região, com sede em Natal (Lei n. 8.215/91); 22ª Região, com sede em Teresina (Lei n. 8.221/91); 23ª Região, com sede em Cuiabá (Lei n. 8.430/92); 24ª Região, com sede em Campo Grande (Lei n. 8.431/92)[(9)].

A Constituição também direcionou forte incremento na rede de juízos de primeira instância nas diversas localidades dos estados brasileiros. Número expressivo de juízos de primeiro grau foram criados desde 5.10.1988, ultrapassando o montante de *mais de 850 novas Varas Trabalhistas* (antigas Juntas de Conciliação e Julgamento), além de se ter ampliado o número de Juízes do Trabalho por unidade judicial[(10)]. Hoje (final de 2011 e início de 2012), o país possui mais de 1.450 Varas do Trabalho, com mais de 2.460 Juízes do Trabalho de 1ª instância em todo o Brasil, de modo a

---

(9) O art. 112 da Constituição de 1988 determinava a existência de, pelo menos, um TRT em cada Estado e no Distrito Federal. Teve sua redação alterada, contudo, pela Emenda Constitucional n. 45/2004, suprimindo-se esse comando institucional à União. No entanto, em 2004, data da EC n. 45, praticamente já se cumprira a determinação essencial do preceito constitucional primitivo, uma vez que todos os grandes estados federais sediavam cortes regionais trabalhistas (na verdade, em 2010, todos os estados federais com mais de 2 milhões de habitantes já possuíam TRS). Não havia TRTs, na época (e até hoje, julho de 2011), somente nos estados mais escassamente populosos, quais sejam, Roraima (cerca de 450 mil habitantes em 2010), Amapá (cerca de 670 mil habitantes em 2010), Acre (cerca de 730 mil habitantes em 2010) e Tocantins (cerca de 1.380 mil habitantes em 2010). Todos os demais estados e o DF passaram a sediar pelo menos um TRT (São Paulo, commais de 40 milhões de habitantes em 2010, possui dois TRTs, o da 2ª Região e o da 15ª Região).

(10) A partir da Emenda Constitucional n. 24, de 1999, com a extinção da representação classista, as Juntas de Conciliação e Julgamento desapareceram, passando a existir, em seu lugar, as Varas do Trabalho, sob direção do Juiz do Trabalho.

assegurar significativa presença da Justiça Trabalhista em todo o território nacional, mesmo nas áreas interioranas e preponderantemente rurais[(11)].

No contexto criado pela Constituição, novo avanço relevante ocorreu em 1999, com a extirpação da representação classista no Judiciário Trabalhista, por meio da Emenda Constitucional n. 24, de 1999. Com isso, a Justiça do Trabalho pode aperfeiçoar sua feição técnico-jurídica, criando condições para a mais nítida melhoria no exercício da prestação jurisdicional[(12)].

Ainda nesse mesmo contexto cultural, desponta a Emenda Constitucional n. 45, de dezembro de 2004, que alargou a competência da Justiça do Trabalho para relações de trabalho não empregatícias, lides intersindicais e litígios entre empregadores e União, em face dos atos praticados pela auditoria fiscal trabalhista (nova redação do art. 114 e incisos da Carta Magna). Além disso, o novo texto reformado eliminou dúvidas reiteradas da jurisprudência acerca da competência judicial especializada[(13)].

A Constituição de 1988 é, pois, terreno fértil a propiciar a expansão da estrutura da Justiça do Trabalho, tanto em relação às varas do trabalho, como no tocante aos tribunais regionais.

Para além do incentivo à ampliação do quadro estrutural da Justiça Trabalhista propiciado pelo período democrático pós 1988, a Carta Constitucional também revigora a tese de compreensão da Justiça do Trabalho enquanto instrumento de justiça social; instrumento de desmercantilização do trabalho e de democratização das relações trabalhistas no Brasil.

Portanto, a Constituição de 88 também fortalece o sentido axiológico atribuído à Justiça do Trabalho, fundado e ancorado no valor da justiça social, e que deve vincular a interpretação e aplicação do direito, no marco do Estado Democrático. Ou seja, a Justiça do Trabalho é considerada um dos mais sólidos e democráticos

---

(11) Considerado o período entre o fim do regime militar (março de 1985) e o início do ano de 2011, em torno de 1.000 novas Varas do Trabalho (ex JCJs) foram criadas, passando de 382 para mais de 1370, em crescimento de cerca de 258% em 26 anos. Acresça-se a isso que, durante o próprio ano de 2011, cinco novos diplomas legais foram promulgados pela Presidenta da República, Dilma Roussef, criando outras novas Varas do Trabalho e vagas de Juízes de Trabalho, titulares e substitutos, em diversas regiões brasileiras, atingindo, somente em 2011, 84 Varas Trabalhistas e 160 cargos de Magistrados instituídos. Ou seja, *no cômputo entre março de 1985 e o final do ano de 2011*, passaram a existir cerca de 1.450 Varas Trabalhistas e 2.460 Magistrados do Trabalho de 1o Grau em todo o País, traduzindo um exponencial crescimento, apenas quanto às Varas Trabalhistas, de aproximadamente 280% nesse lapso temporal.

(12) A extinção da representação classista, ademais, eliminava um dos mais impressionantes mecanismos de vinculação da estrutura sindical ao aparelho de Estado, no Brasil. Sua manutenção por 11 anos após 1988 representava, na verdade, inquestionável contradição com os princípios da liberdade de associação e, em especial, da autonomia dos sindicatos, enfatizados pela mesma Constituição de 1988 e fundamentais a qualquer construção e consolidação democráticas. Nessa medida, a Emenda Constitucional n. 24/1999 afirmou o melhor espírito da própria Constituição da República.

(13) Entre as dúvidas eliminadas, situam-se as relativas ao exercício do direito de greve e as concernentes às indenizações por dano moral e material. Por outro lado, a amplitude da expressão *relação de trabalho* tem propiciado dissidências interpretativas no âmbito da doutrina e jurisprudência dos últimos anos.

instrumentos jurídicos e institucionais para a concretização da dignidade do ser humano e dos direitos fundamentais nos conflitos de interesse.

6. Conclusão

A Justiça do Trabalho, estruturada há mais de setenta anos no Brasil, cumpre, naturalmente, as funções clássicas aos segmentos do Poder Judiciário, quais sejam, solucionar controvérsias trazidas a seu exame no âmbito de sua competência e, cumulativamente, interpretar a ordem jurídica, assegurando-lhe sentido e abrangência universais no território brasileiro.

Cumpre também a Justiça Trabalhista a função particularizada de se integrar a um sistema institucional amplo, que visa garantir certa desmercantilização do trabalho humano na vida social e econômica.

Embora tenha iniciado sua história como um experimento aparentemente datado, mera parte das políticas sociais elaboradas nas décadas de 1930 a 1945, a Justiça do Trabalho firmou sua identidade e seu papel social, econômico e jurídico no período democrático subsequente (1945-64), preservando-se e se impondo também na regressão autoritária de 1964 a 1985.

Com a democratização do país em 1985 e subsequente promulgação da Constituição da República de 1988, encontrou seu inteiro papel como a Justiça Social da República brasileira, contribuindo, decisivamente, para a realização da essencial função de desmercantilizar o trabalho humano no moinho incessante da economia e da sociedade.

Na verdade, a promulgação da Constituição Federal de 1988 é um marco no debate em torno desse processo de desmercantilização, por elaborar fundamentos mais sistematizados de proteção ao trabalho. Notadamente, o elenco de direitos fundamentais previstos na Carta Constitucional unifica o sentido de proteção ao trabalho e em certa medida direciona o sentido de atuação da Justiça do Trabalho.

Em sociedade civil e Estado fundados na dignidade da pessoa humana, na valorização do trabalho e especialmente do emprego, na submissão da propriedade à sua função social e ambiental — em conformidade com o que determina a Constituição —, é imprescindível a existência de uma sólida e universalizada estrutura dirigida à efetividade do Direito do Trabalho na vida econômica e social, inclusive com um segmento especializado, célere e eficiente de acesso ao Judiciário e de efetivação da ordem jurídica. Nesse sistema, cumpre papel decisivo a Justiça do Trabalho na democracia brasileira.

VI — *Punitive Damages* e o Direito do Trabalho Brasileiro: Adequação das Condenações Punitivas para a Necessária Repressão da Delinquência Patronal[(1)]

Rodrigo Trindade de Souza

1. Introdução

Uma das muitas expressões do folclore que se formou em torno de Ernesto Guevara, o revolucionário cubano-argentino conhecido como Che, tem cenário nos primeiros anos após a revolução. Integrando-se nos esforços nacionais de produção e — não menos importante — como exemplo aos demais cidadãos da ilha, o então ministro da indústria ocupava os finais de semana no trabalho de corte de cana. Numa dessas ocasiões, enquanto descansava, foi flagrado refrescando-se com uma garrafa de Coca-Cola. Imediatamente recebeu a repressão de seus companheiros de labuta sobre o mau exemplo de consumo do produto tido como símbolo da exploração econômica e do colonialismo cultural. Sem largar a garrafa, Che respondeu que ideologias, culturas e produtos não devem se confundir e que todos os benefícios e avanços, desde que aplicados com temperança, devem ser bem aproveitados, independentemente da origem[(2)].

Embora não esconda certo utilitarismo, o argumento de Che parece voltar-se contra o que em retórica convencionou-se chamar de *argumentum ad hominem*: uma condenável prática argumentativa que, em vez de atacar o conteúdo de uma ideia, atentar-se apenas às suas circunstâncias e origens[(3)].

---

(1) A expressão "delinquência patronal" é de autoria de Wilson Ramos Filho, adotada inicialmente em artigo produzido em 1994: RAMOS FILHO, Wilson. O Enunciado n. 331 do TST: terceirização e a delinquência patronal. *Síntese Trabalhista*, Porto Alegre, n. 58 p. 110-22, abr. 1994.

(2) A possível imagem desse acontecimento pode ser visualizada em: <http://richmond.indymedia.org/media/all/display/3364/index.php?limit_start=762>.

(3) Esquemática e simplificadamente, a prática retórica do *argumentum ad hominem* pode ser assim apresentada: 1) Sujeito X considera válido o argumento Y; 2) X não é confiável; 3) Logo, Y é falso. Há quatro formas principais de argumentos contra homem: abusivo (efetivamente referindo-se a características pessoais do defensor do argumento), circunstancial (dirigido ao debatedor circunstancialmente acometido de grande emoção) e do tipo "poço envenenado" (sugere o descarte do argumento sob o fundamento de que o debater tem algo a ganhar com sua vitória), tu quoque (crítica ao argumento defendido por quem não efetivamente pratica). Para aprofundamento sobre a matéria, ver COHEN, Jean; BREMOND,

O instituto estrangeiro dos *punitive damages* — ou, na tradução que adotaremos, "condenações punitivas" — costuma ser visto com semelhante visão, escravizada pela origem. Assim agem tanto aqueles que advogam plena e irrestrita aceitação, com base na imposição dos "avanços" da tecnologia jurídica produzida no economicamente mais importante país do mundo, os EUA; como na não menos absoluta negação de utilização da modalidade punitiva-ressarcitória, em razão das diferenças culturais, econômicas e jurídicas entre o modelo brasileiro e o anglo-saxão.

Este trabalho não nega as profundas diferenças dos dois sistemas jurídicos, bem como a importância de atenção ao lugar como requisito de método. Por igual, procura manter-se permeável às experiências jurídicas estrangeiras e à possibilidade de adequações às realidades nacionais, como resultado de possíveis e esperados avanços dentro do macrossistema jurídico ocidental. Com essas premissas paradigmáticas, posteriormente neste trabalho, pretendemos lançar considerações sobre *punitive damages* e sua possível aplicação na responsabilidade civil trabalhista brasileira.

Em caráter preliminar tentaremos compreender de forma geral o funcionamento do modelo estadunidense de *punitive damages*. Como método, utilizaremos as fontes originais, preferencialmente as orientações fornecidas pelos órgãos de excelência de formação do direito, os tribunais superiores dos EUA.

Utilizando-se o conhecimento adquirido no capítulo pretérito, teremos oportunidade de debater as objeções nacionais que costumam ser dirigidas ao modelo em estudo. Seguindo-se o objetivo de construir uma possível síntese de compatibilidade, optaremos por utilizar método dialético de apresentação das críticas, análise da adequação de suas premissas e, efetivamente, apresentar nossas considerações sobre adequação jurídica.

Nos capítulos finais temos a intenção de adentrar no universo do direito do trabalho. Para uma análise um pouco mais aprofundada, buscaremos compreender a forma com que outras ciências identificam os macrossignificados de contrato de emprego, empresa e delinquência patronal. Com esses referenciais estaremos, então, preparados para a análise propriamente dita de adequação, forma e necessidade de aplicação de *punitive damages* no campo das relações de emprego e seu manejo nas demandas individuais.

Por fim, e retomando conclusões parciais, apresentaremos nossas considerações finais.

Este estudo está muito longe da pretensão de esgotamento das diversas questões que cercam os *punitive damages* e a responsabilidade civil trabalhista. O singelo objetivo é fornecer alguns elementos para possível compatibilização de tais construções jurídicas. Para tanto, pretende-se situar o método e o discurso em

---

Claude; GRUPO NÜ; KUENTZ, Pierre; GENETTE, Gérard; BARTHES, Roland. *Pesquisas de retórica*. Petrópolis: Vozes, 1975.

ambiente além da dogmática, estabelecendo-se diálogo pontual com a economia a sociologia e, essencialmente, com as inquietações de quem lida cotidianamente com a aplicação do direito do trabalho.

2. Características contemporâneas do modelo estadunidense de *punitive damages*

Não é possível uma tradução literal de *punitive damages*, pois conduziria a uma expressão em língua portuguesa desprovida de significado jurídico(4). Optamos pela locução "condenação punitiva", pois se constitui na fixação judicial de montante condenatório que não tem o objetivo imediato de compensação do dano, mas de efetiva repressão da conduta do ofensor. Em poucas palavras, busca-se pontuar a reprovação de certas condutas que ofendam o "sentimento ético-jurídico prevalente em determinada comunidade"(5). Os motivos serão aprofundados com uma mais completa compreensão do instituto.

Chamada por alguns críticos anglófonos de *smartmoney*, *punitive damages* é expressão cunhada no direito norte-americano e que corresponde à expressão correlata britânica de *exemplary damages*. Em maior ou menor grau, são aplicadas em outros países de tradição de direito dos precedentes, como Austrália e Nova Zelândia(6). Embora tenha origem no direito do Reino Unido, analisaremos os atuais balizadores adotados no sistema dos Estados Unidos da América, país que os desenvolveu e aplica de forma mais recorrente e com rigor científico.

As condenações punitivas são ordinariamente impostas quando as condenações compensatórias não se mostram como remédio adequado ou suficiente. Os órgãos de jurisdição costumam aplicá-las em situações de necessidade de aumento da compensação dos querelantes, quando haja objetivo de desestímulo na repetição da prática, para compensar delitos civis não perceptíveis ou reforçar punições criminais.

Apesar de haver utilização nos EUA desde o século XVIII, a partir de 1996 produziu-se intenso debate jurídico naquele país sobre o tema. A origem está na

---

(4) As expressões utilizadas em diversos trabalhos de língua portuguesa e espanhola —"danos punitivos" ou *"danõs punitivos"* — nos parecem inadequadas, pois apresentam singela tradução literal e que estão muito longe de esclarecer real conteúdo jurídico.

(5) FACCHINI NETO, Eugênio. Da responsabilidade civil no novo código. *In:* SARLET, Ingo Wolfgang (Coord.). *O novo código civil e a Constituição*. Porto Alegre: Livraria do Advogado, 2006. p. 183.

(6) Em artigo publicado por *The New York Times*, em 26.3.2008, noticia-se que diversos países têm iniciado experiências com *punitive damages*, nomeando Espanha, Austrália e Canadá: "At the same time, courts in a few contries are expanding the availability of punitive damages. The Tribunal Supremo, in Spain, for instance, enforced a $ 1.3 million punitive award in a Texas trademark and unfair competition case in 2001. The Supreme Court of South Australia indicated that it would consider enforcing U.S. punitive awards where they involved 'brazen and fraudulente conduct' in 2005. Perhaps most notably, the Canadian Court in 2003 upheld a $ 50,000 award in a Florida land dispute is 'does not violate our principles of morality'. Justice Louis LeBel explained why this was so, saying there was nothing in the American approuch that was inherently offensive to Canadian ideas of basic fairness".

sistematização introduzida como resultado do julgamento do caso BMW *vs.* Gore, iniciado no estado do Alabama, mas que foi objeto de deliberação pela Suprema Corte.

Em janeiro de 1990, Dr. Ira Gore comprou um automóvel BMW 0 km em uma revenda autorizada da capital Birmingham. Após nove meses, levou o carro para manutenção e soube que o veículo fora, antes da venda, parcialmente repintado. Como resultado da descoberta, demandou judicialmente contra a montadora, alegando falha no dever de informação. A BMW confirmou que houve repintagem de cerca de 1000 carros, desde 1983, para poder vendê-los como novos. Mas também admitiu que nunca informou aos compradores ou concessionárias sobre a prática.

Dr. Gore provou que houve desvalorização de cerca de US$ 4.000,00 com a repintura, obtendo condenação nesse montante a título de compensação. Todavia, o Juízo de Birmingham (*Alabama Circuit Court*) multiplicou esse valor pelo número total de carros que sofreram a "maquiagem" e também somou condenação de US$ 4 milhões para *punitive damages*. Analisando o recurso, a Corte estadual do Alabama reduziu essa condenação para ainda consideráveis US$ 2 milhões, mas apenas porque o valor trazia por elementos circunstâncias de outros estados da nação.

Pretendendo esclarecer a questão para futuros casos, a Suprema Corte norte--americana concedeu a avocação do processo, e teve a oportunidade de estabelecer três balizadores gerais em *punitive damages*: a) grau de repreensão da conduta; b) correspondência entre as condenações punitivas e o efetivo prejuízo produzido; c) a magnitude de sanções civis e criminais por condutas similares. Tais elementos serão mais bem identificados adiante.

a) Grau de repreensão da conduta

Pontuou a Suprema Corte que se trata do mais importante indicador de razoabilidade dos *punitive damages*(7). Segundo LEVY, esse balizador reflete a aceitação pelo tribunal de que algumas faltas são mais censuráveis que outras e que o conceito de "razoabilidade" deve ser compreendido a partir da consideração da totalidade das circunstâncias do caso(8). Todavia, certo é que a Corte expressamente referiu que o montante indenizatório deve observar o mínimo necessário para efetivamente pontuar a conduta reprovável do réu.

No caso da BMW, a tribunal constitucional enumerou alguns fatores agravantes, indicativos de maior grau de repreensão: a) violência ou ameaça de danos físicos(9);

---

(7) "Perhaps the most important indicium of the reasonableness of a punitive damages award is the degree of reprehensibility of the defendant's conduct." (BMW *vs.* GORE)

(8) LEVY, Barry R. Bad enough to punish: the apllications of the responsability guidepost in punitive damages cases after BMW v. Gore.Federation of Insurance & Corporate Counsel Quarterly.Disponível em: <http://findarticles.com/p/articles/mi_qa3811/is_19810ai_n8812153/>.

(9) "Violence or threats of bodily harm."

b) negligência do réu ou desconsideração pela saúde ou segurança[10]; c) dolo[11]; d) uso de fraude ou simulação[12]; e) reincidência[13]; f) sofrimento psicológico do lesionado[14]; g) nos casos de danos econômicos, atos intencionais de conduta ilícita ou dirigidos à vítima financeiramente vulnerável[15].

Julgamentos estaduais que se seguiram relacionaram outros elementos agravantes para a fixação das condenações punitivas: h) participação de altos funcionários na formação das lesões[16]; i) condutas praticadas por cobiça[17]; j) condição do sujeito lesionante de detentor de posição privilegiada ou de confiança[18]; k) interesse estatal na prevenção da ilicitude particular[19].

Cortes estaduais dos EUA costumam também enumerar fatores minorantes para a fixação de condenações punitivas, como a participação de funcionários com baixo poder de decisão na formação das lesões; reconhecimento da responsabilidade pela ilicitude por parte do lesionante; e tentativa do causador do dano em mitigar os prejuízos.

Em julgamento mais recente (State Farm Mutual Automobile Insurance Co. v. Campbell[20]) o órgão jurisdicional voltou ao tema, referindo que não é qualquer conduta que deve ser punida com condenações punitivas e que se deve inicialmente acreditar que a conduta já foi suficientemente reprimida com a fixação do ressarcimento ao autor por seus danos; isto é, com a condenação ressarcitória. A condenação punitiva, portanto, apenas ocorre em caso de insuficiência, somente quando a conduta ainda carecer de mais repreensão.

Pode-se resumir na afirmação de que *punitive damages* devem ser fixados quando se puder identificar hipótese em que a conduta a ser punida seja universal e profundamente reprovada e que, portanto, represente potenciais danos a uma coletividade.

---

(10) "Indifference to or reckless disregard for the health and safety of others."

(11) "Intentional malice."

(12) "Trickery and deceit."

(13) "Recidivism."

(14) "Plaintiff's mental suffering."

(15) "In cases of economic harm, intentional acts of affirmative misconduct or harm to a financially vulnerable victim."

(16) "Participation of corporate management."

(17) "Misconduct motivated by greed."

(18) "Special status or position of trust."

(19) "State interest in preventing the particular misconduct."

(20) Supreme Court of the United States. State Farm Mutual Automobile Insurance Co. v. Campbell et al. Certiorari to the Supreme Court of Utah, n. 01-1289. Argued December 11, 2002 – Decided April 7, 2003.538 U.S. 408 (2003).

b) Correspondência entre as condenações punitivas e o efetivo prejuízo: a importância do desestímulo.

Na análise da disparidade entre os danos efetivamente experimentados por Dr. Gore, e o montante fixado em *punitive damages*, a Suprema Corte registrou que baixos valores de indenizações compensatórias podem permitir uma maior correspondência que altos valores de mesmo título.

No julgamento pelo *Ninth Circuit*, em 2001, da condenação imposta à Exxon pelo famoso derramamento de óleo no Alasca, pelo navio Exxon Valdez, houve nova análise desse balizador. Também tentando fixar o conteúdo da correspondência com o prejuízo, esclareceu que se deve observar que os valores fixados precisam igualmente servir para impedir futuras condutas danosas(21)(22).

Em poucas palavras, as condenações punitivas devem guardar certa relação com a indenização ressarcitória, mas sem deixar de observar a função pedagógica, de modo que seja aplicada para servir de desestímulo para futuras condutas(23).

c) Comparações com outras punições

Em seu último balizador, a Suprema Corte dos EUA afirmou que a comparação entre os valores de *punitive damages* e as penalizações civis e criminais que possam ser impostas por condutas ilícitas pode fornecer um indício de excesso na fixação. Busca-se descobrir se as condenações punitivas atingem o ponto de equilíbrio que satisfaz, mas não excede, o montante necessário para devidamente punir e dissuadir.

Também no julgamento do Exxon Valdez, houve a análise de todos os demais prejuízos experimentados pela ré lesionante por conta dos fatos determinantes dos pedidos condenatórios, em especial a perda do navio e da carga, custos com limpeza, acordos com entidades governamentais e privadas e diversas indenizações compensatórias a que foi condenada. Verificando que a Exxon teve de despender mais de US$ 3,4 bilhões, entre multas e indenizações ressarcitórias, fixou a corte que

---

(21) "Because the costs and settlements in this case are so large, a lesser amount is necessary to deter future act" (Exxon Valdez, 270, f. 3d at 1244)

(22) De igual forma no julgamento pela Suprema Corte de Sierra Club Foundation v. Graham 85 Cal. Rptr. 2d 726 (Ct. App. 1999).

(23) Em julgado do Tribunal Regional do Trabalho do Rio Grande do Sul pontuou-se a necessidade de que um dos componentes da fixação da indenização seja o atendimento de sua função pedagógica: DANO MORAL — DANO ESTÉTICO — PENSÃO VITALÍCIA CONVERTIDA EM PARCELA ÚNICA — VALOR DAS INDENIZAÇÕES. 1. Incontroversa a ocorrência de acidente do trabalho, são presumidos o dano e, em princípio, o nexo de causalidade do evento com o trabalho. Demonstrado o nexo de imputabilidade (culpa da empregadora), é devida a indenização. 2. Para a fixação do valor da indenização consideram-se o grau de culpa do empregador e a gravidade do acidente, bem como a situação econômica do réu, pois a indenização também tem a função pedagógica de desestimular os descumprimentos das normas de segurança no trabalho. Acórdão Processo n. 01069-2006-301-04-00-3. Redator: Ricardo Tavares Gehling. Data: 21.5.2009. Origem: 1ª Vara do Trabalho de Novo Hamburgo.

"é difícil imaginar mais adequada repressão por conduta negligente"[24]. Todavia, também afirmou que penalidades criminais pelo dano não servem para limitar os *punitive damages*, ainda que atuem como dado importante.

Em resumo, sublinha-se que a fixação de *punitive damages* não pode ser vista como fato isolado. Antes disso, deve verificar se a necessária repressão civil da conduta já não foi alcançada com outros tipos de prejuízo ou de condenações eventualmente impostas pela mesma Corte, por outros Tribunais, ou mesmo instâncias administrativas.

3. Considerações sobre as críticas recorrentes à utilização de condenações punitivas no Brasil

Não são poucas as críticas manejadas pela doutrina e jurisprudência para utilização de *punitive damages* na realidade jurídica brasileira. São naturais os receios de utilização indiscriminada de institutos de direito estrangeiro, especialmente oriundos de países que não compartilham do mesmo tronco do sistema nacional brasileiro.

De modo bastante geral, as objeções baseiam-se em quatro argumentos: a) necessidade de se evitar os excessos indenizatórios comuns no sistema norte-americano; b) a representação que tem o instituto na figura decadente e superada da *pena privada*; c) impossibilidade de estabelecimento de pena sem prévia cominação legal; d) vedação no sistema nacional do enriquecimento sem causa.

Adiante, as críticas serão individualmente identificadas e analisadas.

a) Aparente incompatibilidade entre sistemas: excessos condenatórios

Estudando a responsabilidade civil trabalhista, defende TEIXEIRA FILHO o rechaço completo da fixação de condenações punitivas, mesmo para delinquentes patronais contumazes. Não vê necessidade ou utilidade na formação de "advertências" a esses empregadores ou que sirvam para promover inibição das condutas reprováveis. Para o autor, os *punitive damages* devem ser sempre afastados da perspectiva jurisdicional:

> Precisamente porque sua função é satisfatória, descabe estipular a indenização como forma de 'punição exemplar', supostamente inibidora de reincidências ou modo de eficaz advertência a terceiros para que não incidam em práticas símiles. Os juízes hão que agir com extremo comedimento para que o Judiciário não se transforme, como nos Estados Unidos, num desaguadouro de aventuras judiciais à busca de uma sorte grande fabricada por meio dos chamados *punitive damages* e suas exarcebadamente polpudas e excêntricas indenizações.[25]

---

(24) Exxon Valdez, MAT 1246.

(25) TEIXEIRA FILHO, João de Lima. O dano moral no Direito do Trabalho. *In: Revista LTr*, São Paulo, LTr, vol. 60, n. 9, p. 1.172, 1996.

De modo geral, essa crítica é compartilhada por grande parte da doutrina da responsabilidade civil não trabalhista, utilizando-se fundamentos bastante semelhantes.

Embora se encontrem tímidos avanços da jurisdição cível de 1º grau, ainda há larga reticência dos tribunais de justiça estaduais[26] e do Superior Tribunal de Justiça na fixação de *punitive damages*[27]. Pontua-se a compreensão de que, mesmo se aceito o caráter punitivo da condenação, este deve ocorrer apenas como reflexo da condenação ressarcitória. O elemento de desestímulo até pode existir embutido na condenação, mas apenas no montante suficiente para ressarcir o lesionado e sem que lhe produza riqueza inesperada. Esse entendimento fica claro em julgamentos pelo STJ de recursos em que se discute fixação de valor de indenização:

---

(26) Assim se registrou em acórdão do Tribunal de Justiça do Rio Grande do Sul: "De registrar, ademais, ante os argumentos apologéticos em favor do instituto norte-americano dos *punitive damages* ostentados pela autora em suas razões recursais, afigurar-se, atualmente, inviabilizado pelo ordenamento jurídico brasileiro (em que pese existir controvérsias tanto no âmbito doutrinário como jurisprudencial acerca do possível caráter punitivo da indenização aferida a título de danos morais no Brasil), que se atém a avaliar a extensão do dano e sua compensação, procurando nunca extrapolar o real prejuízo sofrido pela vítima, seja ele material ou moral.

(...)

Assim, o caráter punitivo das indenizações por danos morais no Brasil guarda semelhança com os '*punitive damages*' do direito norte-americano, mas deles se distingue na forma de aplicação, na substância e na eficácia, até mesmo porque nos EUA, a maioria das disputas jurídicas são resolvidas de maneira prática, sem o abarrotamento dos tribunais com os processos tradicionais, em vista da discricionariedade conferida aos júris populares, que, de ressaltar, vem sofrendo severas críticas tanto pela doutrina como jurisprudência, *ante a ocorrência de distorções na fixação dos* ***danos punitivos****, que extrapolam o bom senso, havendo já estudos no sentido de tentar combater a verdadeira indústria de indenizações que parece ter se instalado em território americano, onde a "teoria do valor do desestímulo" assumiu contornos de verdadeira aberração jurídica, facilmente constatada pelos inúmeros casos de indenizações milionárias decorrentes dos fatos mais triviais e inusitados*". (grifamos) Apelação Cível n. 70018626622, rel. Des. Osvaldo Stefanello, julgado em 8.5.2008.

(27) Também a Corte Interamericana de Derechos Humanos nega a possibilidade de fixação de *daños punitivos*, sob o argumento que a "justa indenização" deve se limitar à compensação individual dos danos: "El reconocimiento del derecho a la reparación integral no se opone a la posibilidad de establecer criterios para determinar el ámbito y el monto de la indemnización. Así, cuando no es posible la *restitutio in integrum*, como ocurre en el caso de violaciones al derecho a la vida, la Corte Interamericana ha admitido buscar formas sustitutivas de reparación a favor de los familiares y dependientes de las víctimas, como la indemnización pecuniaria, para compensar los daños materiales y los daños morales. Sin embargo, hasta ahora no ha aceptado que dicha reparación incluya los daños punitivos, es decir, aquellos otorgados a la víctima, no para reparar un daño material o moral directamente causado, sino para sancionar la conducta del condenado, cuando éste ha actuado con excesiva maldad, temeridad, o violencia, a pesar de que varias legislaciones internas los reconocen como parte de la reparación integral de los daños ocasionados por el delito.

En cuanto a la posibilidad de reconocer reparaciones por daños punitivos, la Corte Interamericana ha enfatizado que el carácter de la "justa indemnización" a que se refiere el artículo 63.1 es compensatorio y no sancionatorio, por lo cual, "aunque algunos tribunales internos, en particular los angloamericanos, fijan indemnizaciones cuyos valores tienen propósitos ejemplarizantes o disuasivos, este principio no es aplicable en el estado actual de derecho internacional." (grifamos) (Corte Interamericana de Derechos Humanos, Caso Velásquez Rodríguez, Sentencia de 17 de agosto de 1990, Serie C N. 9, p. 37–38. Caso Godinez Cruz, Sentencia de 21 de julio de 1989, Serie C, n. 8, p. 35-36).

DANO MORAL. REPARAÇÃO. CRITÉRIOS PARA FIXAÇÃO DO VALOR. CONDENAÇÃO. ANTERIOR, EM QUANTIA MENOR. Na fixação do valor da condenação por dano moral, deve o julgador atender a certos critérios, tais como nível cultural do causador do dano; condição socioeconômica do ofensor e do ofendido; intensidade do dolo ou grau da culpa (se for o caso) do autor da ofensa; efeitos do dano no psiquismo do ofendido e as repercussões do fato na comunidade em que vive a vítima. *Ademais, a reparação deve ter fim também pedagógico, de modo a desestimular a prática de outros ilícitos similares, sem que sirva, entretanto, a condenação de contributo a enriquecimentos injustificáveis. Verificada condenação anterior, de outro órgão de imprensa, em quantia bem inferior, por fatos análogos, é lícito ao STJ conhecer do recurso pela alínea c do permissivo constitucional e reduzir o valor arbitrado a título de reparação.* Recurso conhecido e, por maioria, provido(28). (grifamos)

Julgamentos de processos cíveis brasileiros esclarecem a importância de vedação de excessos condenatórios, para que assim sejam estancadas demandas inconsequentes que buscam lucro fácil. Em algumas decisões, o Tribunal Superior do Trabalho pôde verificar a "migração" para a Justiça Especializada de absurdas pretensões indenizatórias de danos morais. Como forma de barrar a prática, também elegeu como parte importante de seus fundamentos a vedação de utilização de *punitive damages* e sua incompatibilidade com o sistema brasileiro de responsabilidade civil. Assim se verifica em julgado de 2009, com voto de relatoria do Ministro Alberto Luiz Bresciani de Fontan Pereira:

> No que concerne à indenização por danos morais, observa-se que uma das questões de maior complexidade nessa matéria é justamente a fixação do *pretium doloris*. Quando se trata de dano patrimonial, é de fácil aferição o valor de reposição do bem atingido. Todavia, no dano moral, a correspondência entre a ofensa e o dano é bem mais difícil, *requerendo ponderação e bom-senso do julgador, a fim de que não se cometam excessos, como nos Estados Unidos, onde existe uma quantidade infindável de aventuras judiciais, por meio dos chamados punitivedamages, fruto de estarrecedoras decisões dos pretórios americanos.* (grifamos)(29)

É irrepreensível a conduta jurisdicional de obstaculizar e punir demandas embaladas por sonhos de lucros fáceis, fabricações de dores espirituais e dramatizações de contratempos do cotidiano. A lida jurisdicional produz quase tanta indignação pelas delinquências patronais, como pelos manejos patológicos de ações de indenizações de danos morais.

Por certo, não é lícito supor que todas as demandas hábeis a receber provimento de indenização punitiva são conduzidas por ambições individuais despropositadas. Algumas — sem dúvida — pretendem lucro fácil, mas também há "lucro fácil" na empresa que produz largo descumprimento de condições de trabalho e, assim,

(28) REsp n. 355392/RJ. RECURSO ESPECIAL. 2001/0137595-0. Relator para o acórdão Min. Castro Filho, 3ª Turma, julgamento em 17.6.2002.

(29) Processo: AIRR – 301/2006-022-15-40.7 Data de Julgamento: 10.6.2009, rel. Min. Alberto Luiz Bresciani de Fontan Pereira, 3ª Turma, Data de Divulgação: DEJT 31.7.2009.

aumenta seus resultados financeiros, lesando diversos empregados e prejudicando a concorrência. Especialmente quando o ressarcimento individual é recebido unicamente pelos poucos trabalhadores que se aventuram na demorada, custosa e altamente incerta via do processo judicial de indenizações pessoais.

A análise até então feita da aplicação do direito comparado, como forma de barrar as condenações punitivas, também não parece ser a mais acertada. Nos últimos anos a imprensa e o cinema trataram de abordar a fixação de *punitive damages* em Cortes dos EUA como verdadeira indústria do dano moral. Retrataram relativa facilidade com que pessoas comuns subitamente ficariam milionárias por pequenos contratempos da vida cotidiana, sempre imputáveis às grandes, e às vezes inocentes, corporações. Essas ideias, por mais imprecisas, fazem parte hoje do imaginário popular de grande parte do mundo ocidental e atuam como robusta barreira em muitos países para adoção de condenações punitivas.

Desde o final do século XX, os EUA produzem jurisdicionalmente o que chamam de *tortre form*, e que é especialmente direcionada para a diminuição de valores de condenações nas ações de responsabilidade civil. Conforme balizadores estabelecidos com GORE *vs*. BMW, procurou a Suprema Corte estadunidense fixar de modo muito firme que *punitive damages* não deve ser manejado em qualquer tipo de processo. Ao contrário, vem o órgão jurisdicional esclarecendo não apenas as específicas hipóteses, mas também a importância de limitação de valores a serem fixados para desestímulo dos sujeitos infratores(30).

No âmbito da conceituada Harward Law School, produziu-se estudo estatístico a respeito dos valores alcançados em fixações de *punitive damages*. O trabalho considerou 64 hipóteses de condenações de mais de US$ 100 milhões, os quais espirituosamente denominou *blockbuster punitive damages awards*. Segundo as análises conduzidas por VISCUSI, professor da mesma universidade, os *blockbusters* estão altamente concentrados geograficamente nos EUA, sendo que quase metade desses é oriundo apenas de dois estados federados. Também verificou que, em quase todos os casos de apelo, houve significativa redução de valores(31).

Outro estudo da mesma universidade, produzido por SHAVELL, refere que os julgadores estadunidenses têm dedicado especial atenção à análise do valor arbitrado de *punitive damages*. Verifica que cada situação deve ser individualmente analisada,

(30) No julgamento da demanda, MATHIAS x ACCOR ECONOMY LODGING, INC., em 2003, registrou a Suprema Corte que "few awards (of punitive damages) exceeding a single digit ratio between punitive and compensatory damages, to a significant degree, will satisfy due process" (347 F.3d 672 (7th Cir. 2003).

(31) VISCUSI, W. Kip. The blockbuster punitive damages awards. Trabalho apresentado inicialmente como *Discussion Paper n. 473, 04/2004. Harvard Law School, Cambridge, MA 02138,The Harvard John M. Olin Discussion Paper Series*. Também apresentado na Emory Law School Thrower Symposium, February 19, 2004, e no *Emory Law Jornal*.

identificando especialmente o potencial lesivo que teve a conduta do réu à coletividade e o montante de pessoas potencialmente atingidas[(32)].

A orientação jurisdicional surtiu efeito. Em trabalho, produzido em 2002, LAYCOCK percebe que *punitive damages* são estabelecidos em apenas 2% das demandas que vão efetivamente a julgamento e que o valor médio fixado oscila entre US$ 38 mil e US$ 50 mil[(33)]. Deve-se atentar para a particularidade dos altos custos dos processos judiciais estadunidenses, de modo que as contendas que efetivamente recebem sentença ordinariamente têm litigantes de grande capacidade econômica. Os valores fixados, portanto, estão bastante longe de significar efetivo empobrecimento para o infrator ou enriquecimento exagerado ao autor da ação.

Percebe-se que mesmo nos EUA são poucos os processos considerados habilitados a receber resposta jurisdicional na forma de *punitive damages*. E mesmo nos que recebem esse provimento jurisdicional, há repúdio na ordinariedade de fixação de valores excessivos.

Distorções e más aplicações de referenciais jurídicos prescindem de origem específicas. Normas legisladas, cláusulas contratuais, orientações jurisprudenciais, lições doutrinárias ou experiências de direito comparado podem ser bem ou mal manejados; corretos ou incorretamente postulados, conhecidos e aplicados, dependendo do conhecimento e intenções daqueles que atuam nos processos judiciais.

Percebe-se que a fixação de condenações punitivas não encontra correspondência em ideias de prêmios súbitos e exorbitantes para sujeitos circunstancialmente lesionados por fatos cotidianos. Trata-se de medida cientificamente identificada para oferecer resposta adequada a fatos extremamente relevantes e que demandam cuidados um pouco diferentes dos simplismos dos ressarcimentos individuais.

b) Edição de instrumentos de pena privada

Nos estudos de MARTINS-COSTA e PARGENDLER a grande atração exercida pelos *punitive damages* está na ideia retrógrada da "pena privada": relatam que o instituto de origem romana é sanção a ato privado, resultando numa "aflição ao réu" derivada da imposição de uma diminuição patrimonial imposta com caráter punitivo, e não ressarcitória. Defendem as autoras que o processo de despenalização da responsabilidade civil conduziu ao cancelamento da originária função penal, o que desautoriza a retomada no direito brasileiro[(34)].

---

(32) SHAVELL, Steven. On the proper magnitude of punitive damages: Mathias *x* Accor Economy Lodging, Inc. 1210, *Harvard Law Review* 1.223 (2007), p. 1.224.

(33) LAYCOCK, Douglas. *Modern American Remedies*. Aspen: Aspen Law & Business, 2002, p. 732-736.

(34) MARTINS-COSTA, Judith; PARGENDLER, Mariana Souza. Usos e abusos da função punitiva ("punitive-damages" e o direito brasileiro). *In: Revista da Ajuris*, Porto Alegre, AJURIS, ano XXXII, n. 100, p. 231, 237 e 248, dez. 2005.

A doutrina, todavia, está longe de ser unânime. A primeira reparação refere-se à aparente confusão entre os conceitos de *pena* e *sanção*. Nesse sentido, o magistério de PAMPLONA FILHO ao discorrer sobre a natureza jurídica da responsabilidade civil:

> (...) há uma grande confusão na utilização dos termos 'sanção' e 'pena' que constantemente são tratados como sinônimos, quando, em verdade, trata-se de dois institutos que estão em uma relação de 'gênero' e 'espécie'.
>
> A sanção, como já exposto, é a consequência lógico-jurídica da prática de um ato ilícito, pelo que, em função de tudo quanto foi exposto, a natureza jurídica da responsabilidade, seja civil, seja criminal, somente pode ser sancionadora.
>
> Entretanto, não há que se dizer que a indenização ou compensação, decorrente da responsabilidade civil, seja uma pena, pois esta é uma consequência da prática de um delito (o ato ilícito, na sua concepção criminal) ou seja, a conduta que lesa ou expõe a perigo um bem jurídico protegido pela lei penal.[35]

Com propriedade, também lembra o autor que são comuns casos em que a responsabilidade civil é originada de imposição legal, como nas hipóteses de acidentes do trabalho ou das atividades nucleares. Nesses casos, defende que os efeitos não deixam de ser sanções, pois decorrem do reconhecimento do direito positivo de que os danos causados já eram potencialmente previsíveis, em função dos riscos profissionais da atividade exercida[36].

Compreende CAHALI que parece ser mais acertado dizer que o mecanismo protetivo da norma geral de ressarcimento ou reparação caracteriza-se por uma natureza mista, de modo que o dever de indenizar representa por si a obrigação fundada na sanção do ato ilícito[37].

Soma-se o magistério de MARIA HELENA DINIZ, para a qual a responsabilidade civil possui uma dupla função: em paralelo ao objetivo essencial de indenizar, ressarcir, reparar, coloca-se a necessidade de também ser vista como modo de atuação de uma sanção civil, "punindo o lesante e desestimulando a prática de atos lesivos"[38].

Em estudo sobre as características da responsabilidade civil brasileira temperada pelas determinantes constitucionais, FACCHINI NETO lembra que a enorme difusão contemporânea da tutela jurídica dos direitos da personalidade teve o poder de recuperar uma função diferente para a condenação. Soma-se não apenas uma função dita *punitiva*, mas outra que o autor identifica como *dissuasória* e que tem o

(35) PAMPLONA FILHO, Rodolfo. *O dano moral na relação de emprego*. São Paulo: LTr, 1999. p. 29.

(36) PAMPLONA FILHO. *Op. cit.*,p. 29-30.

(37) CAHALI, Yussef Said. *Dano moral*. São Paulo: RT, 1998. p. 33.

(38) DINIZ, Maria Helena. *Curso de direito civil*. v. 7. São Paulo: Saraiva, 2006. p. 8-9. FACCHINI NETO. *Op. cit.*, p. 184.

objetivo de sinalizar a todos os cidadãos sobre quais condutas devem ser evitadas, por serem reprováveis do ponto de vista ético-jurídico(39).

Também a doutrina portuguesa, sem precisar render-se a fórmulas retrógradas da pena privada, consegue compreender uma função sancionadora na responsabilidade civil:

> A responsabilidade civil exerce uma função *reparadora*, destinando-se, como destina, a reparar ou indenizar prejuízos por outrem sofridos. Mas desempenha também uma função sancionadora, sempre que na sua base se encontra um acto ilícito e culposo, hipótese a que nos vimos reportando, pois representa uma forma de reação do ordenamento jurídico contra esse comportamento censurável. (grifo nosso)

As figuras "pena privada" e "função sancionadora" são bastante diferentes também nos objetivos. A pena privada relaciona-se essencialmente com a vingança pessoal. Vingar-se não envolve qualquer interesse de criar benefício para outros, envolve unicamente promover uma satisfação pessoal por meio do sofrimento alheio. As hipóteses de atuação das condenações punitivas — viu-se por meio das condições fixadas no direito norte-americano — relacionam-se primordialmente com o objetivo social de promover o desestímulo de condutas fortemente danosas e reprovadas pela coletividade. Nessa hipótese, a utilização do mecanismo punitivo está longe da pequeneza moral da vingança, mas atua como instrumento para consagrar a intenção social de não repetição da infração.

Força-se a impossibilidade de confundir qualquer modalidade de pena privada com a responsabilidade civil contemporânea. Independentemente de se manifestar como pena, indenização ou compensação pecuniária, sua natureza jurídica será sempre sancionadora.

A compreensão de uma atuação também punitiva no âmbito do direito privado não significa a aceitação da validade da violência entre os privados, ou a produção de "justiça com as próprias mãos". O entendimento resulta essencialmente da compreensão de alcance e objetivo que tem o Estado no âmbito da regulação dos privados. Mesmo no ambiente da normativa das relações particulares, cumpre ao instrumento estatal do direito, manejado pelo monopólio da jurisdição, estabelecer o que deve prevalecer. Também na jurisdição do direito obrigacional cumpre ao Poder Público identificar, premiar e punir condutas que são incompatíveis com o projeto estatal de regulação social.

O macro sistema do direito obrigacional brasileiro não é plenamente refratário ao estabelecimento de penas. Em especial todo o Capítulo V do Título IV da Parte Geral de nosso Código Civil (art. 408 e ss.), ao prescrever o regramento da cláusula penal, fixa autêntica pena pelo descumprimento de obrigações, sem que isso possa ser confundido com aspecto de justiça privada ou prática criminosa.

---

(39) TELLES, Inocêncio Galvão. *Direito das obrigações*. 7. ed. Coimbra: Coimbra Editora, 1997. p. 418.

O Supremo Tribunal Federal já teve a oportunidade de se manifestar sobre *punitive damages* por ocasião do julgamento, em 2004, do Agravo de Instrumento n. 455846/RJ e, com naturalidade, viu presente uma "função punitiva". Paciente de hospital público recebeu tratamento médico inadequado ministrado por funcionário, resultando danos físicos permanentes. No julgamento da ação de indenização de danos morais dirigida em face da Administração, observou a Corte que o juízo *a quo* bem observou a orientação de que a condenação deve ter dupla função: uma compensatória e uma de caráter punitivo, denominando essa última como *punitive damages*.

O instituto do *punitive damages* não se confunde com efeito punitivo produzido e esperado como consequência da condenação imposta de ressarcimento de danos morais ao indivíduo ofendido. Viu-se, pela análise tanto da doutrina nacional como pelo direito estadunidense, que o estabelecimento de condenação punitiva no âmbito de demanda de responsabilidade civil individual é medida que parte da suposição da necessidade de penalização do ofensor para desestímulo de práticas futuras, fixada de modo relativamente independentemente do ressarcimento dos prejuízos pessoais sofridos.

Em poucas palavras, a hipótese manejada pelo STF é de penalização *dentro* do ressarcimento; *punitive damages* é punição em *paralelo* ao ressarcimento. De qualquer forma, a decisão é importante para compreensão da responsabilidade que tem o Estado na regulação das relações interprivadas, também cabendo fixar sanções para impedir repetições danosas[40].

c) Impossibilidade de estabelecimento de pena sem prévia cominação legal

BODIN DE MORAES é uma autora que traz interessante crítica aos *punitive damages* na afirmação da impossibilidade de criação de pena, sem prévia lei que a preveja. Afirma, portanto, violação ao princípio da legalidade. Nas palavras da professora carioca:

> No entanto, ao se adotar sem restrições o caráter punitivo, deixando-o ao arbítrio unicamente do juiz, corre-se o risco de violar o multissecular princípio da legalidade, segundo o qual *nullum crimen, nulla poenasine lege*; além disso, em sede civil, não se colocam à disposição do ofensor as garantias substanciais e processuais — como, por exemplo, a maior

---

(40) O Tribunal Regional do Trabalho, em diversos julgados, reconhece a existência de caráter punitivo na fixação de indenizações de danos morais produzidos durante contrato de emprego. A ementa de julgado recente é expressa a esse respeito: RECURSO DE REVISTA. (...) DANOS MORAIS — CRITÉRIO PARA ARBITRAMENTO DO VALOR DA INDENIZAÇÃO — CARÁTER SATISFATIVO-PUNITIVO. A quantificação do valor que visa a compensar a dor da pessoa deve ter um duplo caráter, ou seja, satisfativo-punitivo. Satisfativo, porque visa a compensar o sofrimento da vítima, e punitivo, porque visa a desestimular a prática de atos lesivos à honra, à imagem das pessoas. Recurso de revista conhecido e desprovido. Processo: RR1851/2002-002-17-00.0 Data de Julgamento: 2.9.2009, rel. Min. Renato de Lacerda Paiva, 2ª Turma, Data de Divulgação: DEJT 18.9.2009.

acuidade quanto ao ônus da prova — tradicionalmente prescritas ao imputado no juízo criminal.(41)

Não há dúvidas de que a norma da impossibilidade de pena sem prévia cominação legal, prevista no art. 5º, XXXIX, da CRFB/88 é notável conquista civilizatória e deve ser preservada. Mas diante da natureza jurídica e destinação da sanção, com de regra a privação de liberdade, o dispositivo trata apenas do direito criminal. A norma de impossibilidade de penas sem previsão legal anterior ao fato refere-se a condutas consideradas crimes e contravenções, condutas omissivas ou comissivas descritas exaustivamente na legislação penal. A própria redação do dispositivo deixa bastante claro: "não há *crime* sem lei anterior que o defina, nem pena sem prévia cominação legal" (grifamos).

A doutrina constitucional é relativamente pacífica quanto ao alcance exclusivamente criminal do dispositivo:

> O dispositivo contém uma reserva absoluta de lei formal, que exclui a possibilidade de o legislador transferir a outrem a função de definir o crime e de estabelecer penas. Demais, a definição legal do crime e a previsão da pena hão que preceder o fato tido como delituoso.(42)

Não poderia ser diferente. Desde a regra geral do art. 159 do revogado Código Civil de 1916 e, atualmente, no art. 927 do novo Código, a opção nacional é de fixação de um preceito genérico para responsabilidade civil. Mesmo no período de mais intensa paixão pelas ideias de completude codicista, jamais se cogitou que pudesse haver enumeração de todas hipóteses de fato para aplicação de responsabilidade civil e fixação de condenações tarifadas.

Nem a fixação de condenação ressarcitória ao indivíduo pontualmente lesado nem o estabelecimento de parcela de condenação punitiva confundem-se com crime e pena. A responsabilidade civil é estabelecida no sistema de direito brasileiro de forma genérica, devendo ser manejada pelo juiz na fixação de condenação que seja a mais esperada e eficaz individual e socialmente.

d) Vedação no sistema nacional do enriquecimento sem causa

Impedir enriquecimentos súbitos e desmesurados de particulares, como resultado de recebimento de expressivos montantes condenatórios — eis o centro de importante argumento contrário à fórmula de *punitive damages*. Dogmaticamente, centra-se na ideia de ocorrência de óbice no ordenamento jurídico nacional que, mesmo antes da vigência do Código Civil de 2002, já vedava o enriquecimento sem causa como princípio informador do direito. Com a nova codificação privada, o art. 884 passou a inscrever expressamente:

---

(41) BODIN DE MORAES, Maria Celina. *Danos à pessoa humana*. Uma leitura civil-constitucional dos danos morais. Rio de Janeiro: Renovar, 2003. p. 260.

(42) SILVA, José Afonso da. *Curso de direito constitucional positivo*. São Paulo: Malheiros, 1999. p. 430.

Aquele que, sem justa causa, se enriquecer à custa de outrem, será obrigado a restituir, o indevidamente auferido, feita a atualização dos valores monetários.

O art. 884 não é dispositivo que tem pretensão aparente de regrar elementos para fixação de indenizações, vez que está inserido no Título VII — Dos Atos Unilaterais. Em hermenêutica, parece evidente que os critérios de fixação de resposta jurisdicional para demandas de responsabilidade civil devem ser buscados em dispositivos do Código Civil um pouco mais próximos, conceitual e geograficamente, do Título IX — Da Responsabilidade Civil. Especialmente, porque há título próprio (II, arts. 944 a 954) que trata da indenização.

Em algumas situações, força-nos verificar que há mais esforço tendente a buscar argumentos para a diminuição de indenizações a notórios violadores do ordenamento jurídico, que estabelecer efetivas soluções para impedir a delinquência. Parece-se acreditar que a "segurança jurídica" ou "segurança social" é preferencialmente alcançada impedindo que os já reconhecidos transgressores do direito sejam punidos em demasia. Para se evitar o excesso, opta-se por fórmulas sabidamente insuficientes e barram-se iniciativas de estabelecimento de medidas judiciais que ofereçam respostas voltadas à efetividade.

Especialmente no universo do direito do trabalho, a situação não é nova. Lembra RAMOS FILHO que o ilícito trabalhista sempre foi, eufemisticamente, considerado pela doutrina e pela jurisprudência como "descumprimento" ou como "inadimplemento" da lei ou do contrato, ao contrário do que ocorre em outros ramos do direito. A criminalização e a repressão a integrantes das classes dominantes são posturas novas na história da república, razão pela qual talvez nem sempre tenham sido bem recebidas por parte de certos meios de comunicação e órgãos de imprensa. O autor utiliza a figura do cinismo caricato daquele que temeria eventual falta de lugar nas cadeias "se a nova lei pegasse" e que, agora, poderia argumentar que, na mesma medida em que a Justiça Criminal não foi concebida para colocar integrantes das elites nas prisões, a Justiça do Trabalho também não teria sido engendrada para, *efetivamente*, fazer cumprir a legislação do trabalho; o que aqui se defenderia seria ingenuidade ou "perda de tempo". Conclui o professor da UFPR que nem por isso a Justiça do Trabalho está condenada a se tornar eternamente seletiva como o é a Justiça Criminal e que não deve permanecer inerte em relação às práticas de delinquência patronal que sejam identificadas(43).

Vê-se que a busca da efetividade da repressão da delinquência privada é caminho difícil, pois esbarra em aparentes entraves institucionais, em preorientações históricas, em falsas neutralidades.

Escolher entre, de um lado "premiar" o trabalhador já lesionado com profunda e extremamente reprovada violação jurídica por seu empregador, estabelecendo-se indenização acima do ressarcimento individual; ou, de outra banda, manter parcialmente impune o mesmo delinquente, não nos parece uma escolha muito difícil.

(43) RAMOS FILHO, Wilson. Delinquência patronal, repressão e reparação. *Revista Trabalhista Direito e Processo,* São Paulo, LTr, Anamatra, ano 7, n. 28, p. 129-48, out./dez. 2008.

De qualquer forma, não serão essas dificuldades que retirarão da ciência jurídica sua característica de ciência do "dever-ser", da busca pela solução mais próxima da justiça. Não se há de recorrer às simplicidades de formas utilitaristas de escolha e tentar optar pela fórmula "menos pior". Mesmo a ideia de vedação de enriquecimento sem causa como "princípio informador do direito" pode ser preservada, seguindo-se a coerente concepção da coletividade dos atingidos pela delinquência patronal e a certeza de necessidade de eficaz construção de mecanismos que impeçam a reincidência.

Apesar de estar longe de acabada, uma possível fórmula de repressão de delinquências patronais por meio de condenações punitivas, suprimindo-se hipótese de enriquecimento injustificado do trabalhador lesionado, será retomada no final deste trabalho.

4. Responsabilidade civil no direito do trabalho

Singelamente, responsabilidade civil pode ser delimitada como a obrigação de reparar o dano que uma pessoa causa a outra. A fonte geradora da responsabilidade civil é o interesse em restabelecer o equilíbrio violado pelo dano.

O art. 197 do nosso Código Civil determina que aquele que, por ato ilícito, causar dano a outrem, fica obrigado a repará-lo. Teorias da responsabilidade civil procuram determinar em que condições uma pessoa pode ser considerada responsável pelo dano sofrido por outra pessoa e em que medida está obrigada a repará-lo. Essa reparação ou compensação do prejuízo da vítima poderá ser pecuniária, *in natura* ou mesmo uma carta de retratação. É relativamente pacífico que ao identificar um dano causado a outrem em decorrência de um ato ilícito, procura-se analisar prioritariamente três aspectos: o dano existente, o nexo causal e a responsabilidade do agente causador.

O fato gerador do direito e a reparação do dano pode ser a violação de um ajuste contratual das partes ou de qualquer dispositivo legal do ordenamento jurídico, incluindo-se o descumprimento de dever geral de cautela. Quando ocorre a primeira hipótese, dizemos que a responsabilidade é de natureza contratual; e na segunda denominamos responsabilidade extracontratual ou Aquiliana.

MARIA HELENA DINIZ lembra que o princípio que domina a responsabilidade civil na era contemporânea é o da *restitutio in integrum*, ou seja, da reposição completa à situação anterior à lesão, por meio de uma reconstituição natural, de recurso a uma situação material correspondente ou de indenização que represente do modo mais exato possível o valor do prejuízo no momento de seu ressarcimento[(44)]. A concepção da plena restituição dos prejuízos interessa a esse trabalho na concepção que consegue identificar a lesão abstraída do sujeito que a recebe de forma mais imediata.

---

(44) DINIZ, Maria Helena. *Curso de direito civil*. v. 7. São Paulo: Saraiva, 2006. p. 7-8.

A responsabilidade civil está a cada dia mais presente na esfera trabalhista. Antes raros, atualmente são comuns os pedidos de dano moral oriundos de práticas abusivas, podendo-se mencionar o assédio moral e sexual, a interceptação de correspondências eletrônicas, as revistas íntimas, os castigos por descumprimento de metas. As próprias ações acidentárias movidas em face do empregador também derivam da aplicação do instituto da responsabilidade civil na esfera do contrato de trabalho. Diversos são os estudos que concluem que o ambiente laboral é provavelmente o mais propício para a produção de diversos prejuízos de ordem moral, em especial como resultado da subordinação subjetiva imposta ao empregado.

Não obstante, a "conquista" da responsabilidade civil no campo de atuação do direito individual do trabalho, seu desenvolvimento tem sido um caminho difícil, tanto no âmbito do direito material como no de competência jurisdicional. Apenas com a vigência da Emenda Constitucional n. 45/2004 houve sedimentação no entendimento da competência da Justiça do Trabalho para análise e julgamento de todas as demandas em que se busca ressarcimento por prejuízos formados no ambiente de trabalho. A compreensão das diversas hipóteses de prejuízos, não singelamente oriundos de descumprimentos explícitos de regras legisladas ou do contrato individual, ainda é questão tormentosa e que comumente esbarra em posicionamentos conservadores sobre normas gerais de conduta e aplicabilidade de direitos fundamentais.

Talvez por tais características, são difíceis as alterações/evoluções de posicionamento na esfera da responsabilidade civil trabalhista.

Vimos anteriormente que a opção que tem o monopólio da jurisdição em estabelecer sanções tendentes a impedir, por meio da fixação de condenações punitivas, a repetição de condutas intensamente reprovadas e danosas não se confunde com as figuras da Antiguidade de penas privadas. Ao contrário, pudemos perceber significativos traços de recente conquista civilizatória, pois as características do Estado Social de ampliação de responsabilidades já começam a alcançar as teorias da responsabilidade civil. Outorga-se ao Estado-Juiz poder-dever de identificar e reprimir condutas particulares reconhecidamente incompatíveis com o projeto contemporâneo de vida em sociedade.

Apesar das dificuldades que tem o direito do trabalho em tratar da responsabilidade civil, percebe-se já na dogmática motivo para uma compreensão mais natural sobre os efeitos punitivos pelo descumprimento do referencial normativo legislado: as diversas multas previstas nas leis trabalhistas.

A legislação tutelar, de forma muito natural e desde sua origem, reconheceu que a infração empresarial ao contrato mínimo legal não apenas implica deveres de ressarcimento ao funcionário, mas também produz punições patrocinadas pelo Estado. Diversas verbas trabalhistas quando não devidamente pagas, ou condições de trabalho se não corretamente observadas, têm como efeito ao transgressor o estabelecimento de sanções não meramente ressarcitórias ao empregado. Entre outras hipóteses, temos multas por não cumprimento dos dispositivos de duração do trabalho (art. 75 da CLT), de férias (art. 153 da CLT), de segurança e medicina do trabalho (art. 201 da CLT), de nacionalização do trabalho (art. 351 da CLT), de proteção ao trabalho da mulher (art. 401 da CLT), de proteção ao trabalho do menor (arts. 434 e 435 da CLT), pelo não recolhimento de FGTS (art. 22 da Lei n. 8.036/90).

Nas situações expostas, não temos a fixação de penalização ao infrator como efeito do estabelecimento de indenizações ao empregado. As multas são autênticas penas, produzidas no ambiente de contratos individuais, mas cuja sanção é efetuada em benefício do Poder Público. O ressarcimento ao empregado lesado com a conduta até pode produzir penalização empresarial pela restituição individual, mas as multas acima são verdadeiramente penas, fixadas em paralelo à restituição.

Não poderia ser muito diferente, porque a penalização, como resultado do ressarcimento, seria por demais limitada se apenas atuasse estabelecendo o pagamento em atraso da verba inadimplida. Valendo-se do benefício do tempo, força-se admitir que o atraso no pagamento, nesses casos, significa mais um benefício ao empregador delinquente que verdadeiramente uma pena.

Vê-se que o microssistema obrigacional trabalhista expressamente identifica diversas hipóteses em que o não cumprimento de normativos da relação privada empregador-empregado provoca efeitos ao lesionante que exorbitam a órbita do interesse ressarcitório do indíviduo prejudicado.

Acaso se o direito do trabalho brasileiro tivesse optado por considerar efeitos limitadamente de recomposição econômica ao sujeito agredido pelo não cumprimento do direito tutelar, haveria coerência na sustentação de igual limitação do provimento jurisdicional ao pontual ressarcimento do que foi perdido. Todavia, verificando-se que há clara opção normativa pelo estabelecimento paralelo de condenação punitivas, na forma de multas pelas mesmas faltas, a defesa da impossibilidade de imposição de outras condenações punitivas por parte do julgador fica um tanto mais difícil.

5. Extensão do dano no âmbito trabalhista

O campo de estudo do direito do trabalho incorpora elementos e situações jurídicas complexas e naturalmente plurisignificativas. Contrato, empresa e os danos produzidos no ambiente de trabalho protagonizam o ambiente de análise juslaboralista, mas são tão importantes para a ciência jurídica em geral, como para compreensões de universos muito mais amplos, como Estado e sociedade.

Como consequência parcial da amplitude conceitual e, também em parte, por efeito de se constituírem fenômenos estudados por diferentes ramos do conhecimento — cada qual com métodos, focos e ideologias próprios — contrato, empresa e danos produzidos no ambiente de trabalho podem, em amplas linhas, ser enxergados sob duas perspectivas bastante diferentes.

A primeira produz (ou produzia) as seguintes expressões: a) limitação do contrato a um simples acordo de vontades individuais, livres e integralmente manifestadas por seus participantes; c) compreensão dos danos efetivados na relação de emprego — como de modo geral nas demais relações jurídicas entre privados — igualmente circunscritos aos sujeitos diretamente envolvidos e, portanto, resolvendo-se na simplicidade do ressarcimento dos prejuízos.

De modo geral, tais concepções são resultados de construções jurídicas calcadas no liberalismo oitocentista, no individualismo, no abstencionismo estatal e na força da autonomia da vontade.

Esses não são os referenciais desse trabalho, como também não parecem ser os modelos majoritários do atual projeto de Estado brasileiro. Sob os focos contemporâneos da solidariedade constitucional, dignidade humana e responsabilidade social, as perspectivas são bastante diferentes para análise de contrato, empresa e responsabilidade civil.

Na ótica que nos propomos a balizar esse estudo, o contrato de emprego perpassa bastante os simples limites das relações interprivadas, tanto no seu conteúdo como efeitos. A relação de emprego é bem mais que singela compra e venda de trabalho humano, constituindo-se sempre numa relação jurídica complexa, dinâmica, social e solidária. Tais referenciais projetam importantes consequências na estática e na dinâmica contratual justrabalhista.

A vocação constitucional brasileira de atribuir dignidade humana ao contratante não encontra no monólogo elementar dos direitos subjetivos patrimoniais de crédito e débito a conformação mais adequada ao perfil da relação jurídica obrigacional. O primeiro resultado prático passa a ser a compreensão da repersonalização do indivíduo empregado, não mais como simples sujeito abstrato de direito, mas como cidadão detentor de direitos(45) que ultrapassam a limitada geografia normativa do direito do trabalho. Superam-se os traços do contrato de emprego como simples instrumentalizador de situação de débito e crédito entre privados, para ser reconhecido também — senão principalmente — como residência dos mais importantes referenciais normativos e que, de forma geral, são agregados e reconhecidos como direitos fundamentais(46).

---

(45) Segundo definição de FERRAJOLI, "son derechos fundamentales aqueles derechos subjetivos que las normas de um determinado ordenamiento jurídico atribuyen universalmente a todos em tanto personas, ciudadanos y/o personas capaces de obrar". FERRAJOLI, Luigi. *Los fundamentos de los derechos fundamentales*. Madrid: Editorial Trotta, 1998, p. 291.

(46) Os principais argumentos para a eficácia dos direitos fundamentais nas relações interprivadas são retiradas da doutrina de PEREZ LUÑO: "Em cualquier caso, entiendo que la necesidad de extender la aplicación de los derechos fundamentales a las relaciones entre sujetos privados es fruto de dos argumentos básicos. El primero, que opera en el plano teórico, es corolario de la exigencia lógica de partir de la coherencia interna del ordenamiento jurídico lo que constituye, al proprio tiempo, una consecuencia del principio de la seguridad jurídica. Se ha indicado, com razón, que el no admitir la eficácia de los derechos fundamentales en la esfera privada supondría reconecer una doble ética en el

Ainda na linha da compreensão do fenômeno contratual trabalhista, o segundo efeito revela-se na remodelação do princípio da obrigatoriedade. Estudiosos do direito obrigacional constitucionalizado, como PERLINGIERI, LORENZETI e TEPEDINO fazem ver que o elemento fundante do dever de cumprimento do pacto deve ser a correspondência entre o conteúdo das obrigações com a expectativa que tem a sociedade sobre esse contrato(47). A liberdade de contratar é mantida, mas sob o signo da autonomia privada, englobando na manifestação volitiva das partes elementos de natureza não patrimonial com intenso conteúdo social.

No ambiente do Estado Social, o enfoque dirigido ao fenômeno empresarial não fica alienado e divorciado dos valores da sociabilidade. Há clareza que a atividade empresarial tem significado importante na organização social e, na medida em que integra o esforço de geração de emprego, tributo, valor, consumo, produto, serviço, inovação e renda, insere-se privilegiadamente nas estruturas sociais(48).

O discurso hegemônico da economicidade passa a ser inaceitável mesmo para a atividade empresarial. Na medida em que a propriedade teve seu conceito e significados relativizados, a empresa também não pode mais ser considerada como mero direito individual. Sob esse contexto, há o fortalecimento da concepção da empresa comunitariamente responsável, em que a responsabilidade social do empreendimento é ordinariamente associada à comunicação das relações produtivas com as obrigações estatais.

A compreensão da função social da empresa obriga que, sem precisar se esquecer do lucro, receba tutela jurídica na medida em que atuar em favor de seus empregados, valorizando o trabalho humano. Em especial, na tarefa de concreção dos valores constitucionais do trabalho previstos no art. 7º, execução da política de geração de pleno emprego (art. 170, VIII), valor social do trabalho (art. 1º, IV) e, essencialmente, a dignidade da pessoa humana (art. 1º, III).

---

seno de sociedad: la una aplicable a las relaciones entre el Estado y los particulares, la otra aplicable a las relaciones de los ciudadanos entre sí, que serían divergentes en sua propia esencia y en los avalores que consagran. El segundo obedece a un acuciante imperativo político del presente, en una época en la que al poder público, secular amenaza potencial contra las libertades, le ha surgido la competencia de poderes económico-sociales fácticos, en muchas ocasiones, más aplicables que el propio Estado en la violación de los derechos fundamentales". PEREZ LUÑO, Antonio Enrique. *Derechos humanos, estado de derecho y Constituición.* Madrid: Tecnos, 1995, p. 314.

(47) PERLINGIERI, Pietro. *Perfis de direito civil.* Rio de Janeiro: Renovar, 2002; LORENZETTI, Ricardo Luis. *La nueva teoría contratual.* Obligaciones y contratos en los albores delsiglo XXI. Buenos Aires: Abeledo Perrot, 2001; TEPEDINO, Gustavo. *Premissas metodológicas para a constitucionalização do direito civil.* Rio de Janeiro: Renovar, 1999.

(48) Os modernos estudos de administração de empresas também se voltam para a eticidade e responsabilidade social. Nesse sentido, ensina MAXIMIANO que o agir dos administradores não pode se limitar a buscar a satisfação dos interesses individuais dos acionistas. Numa ampliação da moralidade e ética empresarial, os empreendimentos coletivos devem igualmente pautar suas condutas nos melhores interesses da sociedade em que estão inseridos (MAXIMIANO, Antônio César Amaru. *Teoria geral da administração:* da revolução urbana à revolução digital. São Paulo: Atlas, 2004).

Como terceiro elemento, parcialmente resultado dos dois primeiros, tem-se percepção de impossibilidade de se conceber a relação de emprego como tendo função puramente econômica interprivada. Em especial nos estudos de ciência política faz-se clara a necessária imbricação que têm as relações de trabalho subordinado com os traços mais gerais do Estado, da economia e da sociedade.

Bem identificou o sociólogo grego POULANTZAS que se as relações de produção traçam o campo do Estado, este desempenha, contudo, um papel autônomo na formação dessas interações. Contra o economicismo tradicional e tecnicismo, é o primado das relações de produção sobre as forças produtivas que dá à sua articulação a forma de processo de produção e reprodução. Daí decorre a presença das relações políticas (e ideológicas) no seio das relações de produção e essas desempenham papel essencial em sua reprodução: o processo de produção é ao mesmo tempo processo de reprodução das relações de dominação política e ideológica(49).

Mesmo no ambiente do Estado Social, é o trabalho humano o elemento que, na maior parte das vezes, produz a condição de cidadania. Como acentua CASTEL, é na disciplina do trabalho, na disciplina para o trabalho e no acesso ao trabalho que se produzem as "novas formas de consumo dos operários", que se expressam não apenas no consumo propriamente dito daquilo que produzem, mas em todo o tipo de subvenções sociais (propriedade social e serviços públicos)(50). Enfim, toda a homogeneização das condições de trabalho é acompanhada de uma homogeneização dos meios e dos modos de vida(51).

A importância que tem o trabalho subordinado na ossatura institucional do sistema econômico faz extrapolar os efeitos não apenas da correta execução das obrigações, mas também — se não principalmente — de toda sorte de inexecução contratual produtora de prejuízos imediatos ao trabalhador(52). Em outras palavras, da mesma forma que a pontual realização do trabalho contratado fortalece e azeita o sistema, a delinquência patronal, ainda que direcionada aparentemente a um único trabalhador, produz prejuízos a toda a coletividade.

As estruturas do próprio Estado, enquanto elemento da sociedade em sentido amplo, são igualmente afetadas com a delinquência patronal, pois a agressão na relação de emprego produz efeitos prejudiciais às conformações econômicas que sustentam todo o modelo de organização estatal.

---

(49) POULANTZAS, Nicos. *O Estado, o poder, o socialismo*. São Paulo: Graal (Paz e Terra), 2000. p. 24-25.

(50) CASTEL, Robert. *As metamorfoses da questão social*. Uma crônica do salário. 5. ed. Petrópolis: Vozes, 2005. p. 429.

(51) *Ibidem*, p. 431.

(52) "Assim, se há uma relação de trabalho, pela qual o trabalho alheio é utilizado para o desenvolvimento de um projeto de acumulação de capital, sem o efetivo respeito aos direitos sociais (que servem, muitos deles, para preservação da saúde e para o convívio social e familiar), quebra-se o vínculo básico de uma sociedade sob a égide do Estado de Direito Social." SOUTO MAIOR. Jorge Luiz. A supersubordinação — invertendo a lógica do jogo. *Revista do Tribunal Regional do Trabalho da 3ª Região*, Belo Horizonte, TRT3, v. 48, n. 78, p. 157-193, jul./dez, 2008.

Mantendo-se o foco nos macrossignificados da relação de emprego, mas afastando-se um pouco do campo da ciência política em sentido estrito, há maior clareza de vinculação à sociedade na delinquência patronal quando a agressão envolve direitos fundamentais. Nessas situações, os prejuízos são direcionados à sociedade em sentido amplo, primeiro porque os direitos fundamentais não são pertencentes apenas ao trabalhador, ou grupo de trabalhadores diretamente lesados. Nesse sentido esclarece ALEXY que por referirem-se os direitos fundamentais à estrutura básica da sociedade(53), cada ponderação abarca decisões sobre a própria estrutura fundamental do estado e da própria sociedade(54).

Os castigos vexatórios impostos ao vendedor que não cumpriu sua difícil meta de vendas do mês, além de destruir a autoestima do empregado, informa a todos os colegas sobre sua descartabilidade e os obriga, sob o signo do medo da humilhação, a atingir sua cota a qualquer preço.

A prática rotineira de revistas íntimas da empregada não apenas destrói com a intimidade da operária, como mutila a sanidade da família e do grupo social próximo em que esse ser humano está inserido.

A deliberada falta de cuidado do empregador com a segurança laboral não se resolve com o pagamento individual do adicional ou indenização de acidente aos poucos empregados que reclamam, pois sociedade e o Estado são dramaticamente afetados com a perspectiva de pagamentos de benefícios previdenciários de invalidade provisória e aposentadorias precoces.

É fácil perceber que a cada violação de direito fundamental de trabalhador, toda a sociedade, em especial o grupo que trabalha, é afetada e lesionada. É essa ampliação do universo de atingidos por expressivos descumprimentos de obrigações de conduta no campo da relação de emprego que obriga à consequente dilatação da ideia de dano. Se a pretensão é de levar realmente a sério o paradigma da restituição integral dos danos, a compreensão de um dano dito "social" precisa estar amarrada à uma conduta estatal de repressão adequada.

6. Emergência do dano social

Os estudos de "dano social" no direito do trabalho oferecem adequado foco para a questão. Não apenas porque devidamente conseguem enxergar a real extensão dos prejuízos, mas pelo oferecimento de soluções que ultrapassam o pontual e insuficiente ressarcimento individual.

O dano social costuma ser formado pelo somatório de danos individuais que atingem resultados macrossignificativos às realidades dos indivíduos lesionados.

(53) ALEXY, Robert. Los derechos fundamentales em el estado constitucional democrático. *In:* Miguel Carbonell (Org.). *Neoconstitucionalismo(s)*. Madrid: Editorial Trotta, 2003. p. 35.

(54) ALEXY, Robert. *Direito, razão, discurso*. Porto Alegre: Livraria do Advogado, 2010. p. 176.

Conforme já identificada, a relação de emprego é relação jurídica complexa e que, portanto sua atuação patológica projeta efeitos muito além dos sujeitos que dela participam. Os prejuízos são projetados para outros trabalhadores, outros empregadores e para a sociedade em geral.

Nos estudos de SOUTO MAIOR, identifica-se que as agressões ao direito do trabalho acabam atingindo uma grande quantidade de pessoas, de modo que o empregador muitas vezes se vale dessa prática para obter vantagem na concorrência com outros empregadores. Isso implica dano a outros empresários não identificados que, inadvertidamente, cumprem a legislação trabalhista ou que, de certo modo, se veem forçados a agir da mesma forma delinquente. O resultado verificado é a precarização completa das relações sociais, na forma de um *dumping* social(55).

O microssistema trabalhista apenas aparentemente oferece instrumento punitivo por meio da fixação de condenações não ressarcitórias individuais. As multas previstas na CLT são quase irrisórias e a fiscalização promovida pelas Delegacias Regionais do Trabalho normalmente se mostram insuficientes, principalmente em razão da falta de vontade política refletida na deficiência de recursos destinados. Os empregadores delinquentes, bem conhecedores dessas realidades, aproveitam-se e, em não poucas situações, permanecem mantendo a política de descumprimento de obrigações patronais, independentemente de condenações individuais.

Na notória falta de efetividade dos instrumentos institucionalizados pela dogmática, há atuação da jurisprudência. A necessidade de oferecer resposta adequada ao *dumping* social foi devidamente avaliada pelo Tribunal Regional do Trabalho da 3ª Região, por ocasião de julgamento do Recurso Ordinário 00866-2009-063-03-00-3. Verificou a 4ª Turma que prática empresarial de precarizar diversos direitos trabalhistas criou situação de concorrência desleal dentro de certa comunidade(56). Eis a ementa do julgado:

> REPARAÇÃO EM PECÚNIA — CARÁTER PEDAGÓGICO — *DUMPING* SOCIAL — CARACTERIZAÇÃO — Longas jornadas de trabalho, baixos salários, utilização de mãodeobra infantil e condições de labor inadequadas são algumas modalidades exemplificáveis do denominado *dumping* social, favorecendo em última análise o lucro pelo incremento de vendas, inclusive de exportações, devido à queda dos custos de produção nos quais encargos trabalhistas e sociais se acham inseridos. 'As agressões reincidentes e inescusáveis aos direitos trabalhistas geram um dano à sociedade, pois com tal prática desconsidera-se, propositalmente, a estrutura do Estado Social e do próprio modelo capitalista com

(55) SOUTO MAIOR, Jorge Luiz. O dano social e sua reparação. *Revista LTr*, 71-11/1317, p. 1.324.

(56) A decisão tem origem em sentença de conhecimento do juiz do trabalho Alexandre Chibante Martins, do Posto Avançado de Iturama, ligado à Vara do Trabalho da pequena Ituiutaba, no Triângulo Mineiro. A reparação não foi requerida pelo autor, mas aplicada de ofício pelo magistrado, o qual identificou a ocorrência de *dumping* social e fundamentou a decisão em enunciado da 1ª Jornada de Direito Material e Processual do Trabalho promovida pelo TST e Anamatra. Esclareceu-se no processo a prática corriqueira de jornada extraordinária, fazendo com que os funcionários permanecessem trabalhando por mais de 10 horas diárias. Apenas há notícia que a 4ª Turma do TRT/III confirmou decisões análogas proferidas pelo juiz.

a obtenção de vantagem indevida perante a concorrência. A prática, portanto, reflete o conhecido 'dumping social' (1a Jornada de Direito Material e Processual na Justiça do Trabalho, Enunciado n. 4). Nessa ordem de ideias, não deixam as empresas de praticá-lo, notadamente em países subdesenvolvidos ou em desenvolvimento, quando infringem comezinhos direitos trabalhistas na tentativa de elevar a competitividade externa. 'Alega-se, sob esse aspecto, que a vantagem deriva da redução do custo de mão de obra é injusta, desvirtuando o comércio internacional. Sustenta-se, ainda, que a harmonização do fator trabalho é indispensável para evitar distorções num mercado que se globaliza (LAFER, Celso — '*Dumping* Social',*in Direito e comércio internacional:* tendências e perspectivas, estudos em homenagem ao prof. Irineu Strenger. São Paulo: LTr, 1994. p. 162). Impossível afastar, nesse viés, a incidência do regramento vertido nos arts. 186, 187 e 927 do Código Civil, a coibir — ainda que pedagogicamente — a utilização, pelo empreendimento econômico, de quaisquer métodos para produção de bens, a coibir — evitando práticas nefastas futuras — o emprego de quaisquer meios necessários para sobrepujar concorrentes em detrimento da dignidade humana.[57]

Em seu voto de relatoria, registrou o Desembargador Júlio Bernardo do Carmo que "restará caracterizado o *dumping* social quando a empresa, por meio da burla na legislação trabalhista, acaba por obter vantagens indevidas, por meio da redução do custo da produção, o que acarreta um maior lucro nas vendas. Logo, representa uma prática prejudicial e condenável, haja vista uma conduta desleal de comércio e de preço predatório, em prejuízo da dignidade da pessoa humana". Após verificar a reincidência da empresa, atestada em diversos outros processos, e concluir pelos extremos riscos sociais na delinquência, concluiu como correta a fixação de sanção pecuniária, em prol do reclamante, a ser paga pelo reclamado.

A decisão do TRT de Minas Gerais é, em parte, reflexo de enunciado aprovado na 1ª Jornada de Direito Material e Processual na Justiça do Trabalho, *verbis*:

Enunciado n. 4. *DUMPING* SOCIAL. DANO À SOCIEDADE. INDENIZAÇÃO SUPLEMENTAR. As agressões reincidentes e inescusáveis aos direitos trabalhistas geram um dano à sociedade, pois com tal prática desconsidera-se, propositalmente, a estrutura do Estado Social e do próprio modelo capitalista com a obtenção de vantagem indevida perante a concorrência. A prática, portanto, reflete o conhecido 'dumping social', motivando a necessária reação do Judiciário trabalhista para corrigi-la. O dano à sociedade configura ato ilícito, por exercício abusivo do direito, já que extrapola limites econômicos e sociais, nos exatos termos dos arts. 186, 187 e 927 do Código Civil. Encontra-se no art. 404, parágrafo único do Código Civil, o fundamento de ordem positiva para impingir ao agressor contumaz uma indenização suplementar, como, aliás, já previam os arts. 652, "*d*" e 832, § 1º, da CLT.

O enunciado, produzido com objetivo de servir de referência para futuros julgamentos de demandas trabalhistas, identifica a repercussão social produzida em descumprimentos da legislação trabalhista. A consequência verificada é de que seja fixada condenação complementar a cargo do empregador[58].

---

(57) Processo 00866-2009-063-03-00-3 RO, TRT/III, Quarta Turma, rel. Des. Júlio Bernardo do Carmo, publicação no DEJT em 31.8.2009.

(58) "Em situações especiais é preciso aplicar, também, a teoria do valor do desestímulo, utilizada como referência pelo sistema americano, conhecido como punitive damages ou exemplary damage no sen-

A prática de *dumping* social é normalmente identificada pela ciência da Economia quando empresários encerram suas atividades em locais onde os salários são muito elevados. Deslocam então a atividade produtiva para outras regiões de mão de obra barata, normalmente porque lá os referenciais normativos são precarizados. A prática é contrária à ideia do *fair trade*, pelo qual o mercado internacional deve evitar consumir produtos que não efetivam direitos trabalhistas mínimos(59).

Mas também em situações de competição empresarial dentro do mercado interno pode haver clara identificação de *dumping* social. Como na situação identifica no julgado de Minas Gerais, há semelhante prática desleal de comércio e formação de preço predatório com o descumprimento da legislação trabalhista e consequente promoção da indignidade dos trabalhadores. A diminuição do preço do produto do empresário delinquente é alcançada pela "economia" da subtração de direitos dos trabalhadores. Bem identificou a decisão que a simples restituição pecuniária ao trabalhador lesado jamais terá o poder de oferecer a resposta estatal adequada à prática.

A questão da reincidência também é importante para a identificação do dano social/*dumping* social. No mesmo trabalho já citado, SOUTO MAIOR advoga que é a repetição constante da prática predatória empresarial o critério objetivo para apuração da repercussão social das agressões ao Direito do Trabalho. A noção de reincidência, segundo o autor, é trazida expressamente no art. 59 do CDC, no Direito Penal constitui circunstância agravante da pena (art. 6º, I, do CPC) e impede a concessão de fiança (art. 323, III, do CPP). Outro critério que levanta é o caráter deliberado do transgressor em desrespeitar a ordem jurídica, pois o ato voluntário é inescusável(60).

Vê-se que lesões produzidas no âmbito das relações de emprego, e em especial quando direcionadas a direitos fundamentais dos trabalhadores, não são circunscritas na singeleza do prejuízo meramente individual. O provimento jurisdicional que se segue à agressão não é apenas pretendido pelo indivíduo circunstancialmente lesionado, pois não se trata do único prejudicado. A pretensão de resposta estatal passa a ser de toda a comunidade lateralmente prejudicada(61).

---

tido de a sua imposição importar de exemplo para a não reincidência pelo causador do dano, senão também para prevenir a ocorrência de futuros casos de lesão" (Processo: AIRR 80/2006-041-23-40.1 Data de Julgamento: 13-06-2007, rel. Juiz convocado: Ricardo Alencar Machado, 3ª Turma, Data de Publicação: DJ 3.8.2007).

(59) A indústria calçadista brasileira sente fortemente a concorrência desleal da China, país que faz uso do *dumping* social na forma de profunda precarização trabalhista e previdenciária. Como resultado, desde o final do século XX, diversos estabelecimentos originalmente estabelecidos na região do Vale do Rio dos Sinos, no Rio Grande do Sul, transferiram suas unidades fabris para Dongguan, no sul chinês. Atualmente, o Vietnã aponta como outro grande produtor de sapatos e não será surpresa uma nova migração de indústrias para o sudeste asiático ou qualquer outro lugar que permita a redução dos custos por meio da subtração de direitos sociais.

(60) *Op. cit.*, p. 1.325.

(61) "Havendo dano, produzido injustamente na esfera alheia, surge a necessidade de reparação, como imposição natural da vida em sociedade e, exatamente, para sua própria existência e o desenvolvimento

E sendo o ataque sentido nas conformações mais básicas da estrutura social, pertencendo ao conjunto da sociedade a titularidade do interesse da resposta jurisdicional, o provimento não pode mais se liminar à reparação pontual dos danos individuais. Com a certeza da extensão dos efeitos da delinquência patronal, a tecnologia de resposta jurisdicional a ser formada precisa ser, então, proporcionalmente aperfeiçoada.

O instrumento na dogmática para aperfeiçoamento desse provimento pode ser buscado no Código Civil. A compreensão da ocorrência do dano social pode servir para outorgar uma nova interpretação ao parágrafo único do art. 404 do CCB(62). A percepção da insuficiência da condenação de restituição permite que o juiz possa fixar "indenização suplementar". Vê-se a abertura de atuação jurisdicional no estabelecimento de acréscimo condenatório necessária para a mais adequada atuação do direito positivo. Esse acréscimo condenatório não necessariamente precisa ser dirigido para o indivíduo ofendido; percebendo o decisor a extensão dos afetados, poder acrescer condenação na forma de indenização de dano social.

Transportando-se o até aqui estudado, o estabelecimento de condenações punitivas deve ser manejado em situações de larga reprovação social na conduta do sujeito lesionante, e como forma de impedir a repetição das posturas delinquentes. Os prejuízos são espalhados, diluídos em torno de uma coletividade de difícil ou impossível individualização e, portanto, demandam que resposta jurisdicional contemple, da forma mais completa possível, o universo de ofendidos.

A regra do art. 404, parágrafo único, do Código Civil Brasileiro, animada pela compreensão da realidade nacional de situações de danos sociais, são elementos que podem servir para a solda no instituto de *punitive damages*. Os critérios fixados no direito estadunidense servem não apenas para embasar a prática jurisdicional, mas principalmente para limitar possíveis excessos.

O requisito de grau de repreensão da conduta mostra que as hipóteses de necessidade de fixação de condenação suplementar são bastante limitadas. Cumpre ao intérprete identificar as situações em que a delinquência patronal é de extrema reprovação e representa grandes danos à coletividade. Aqui, o conceito de "coletividade afetada" pode ser encarado como o grupo de trabalhadores de determinada localidade, grupos humanos minoritários (de opção sexual, religiosa, étnica etc.) ou mesmo agrupamentos de muito maior extensão, até o alcance toda a coletividade nacional.

---

normal das potencialidades de cada ente personalizado. É que as investida ilícitas ou antijurídicas no circuito de bens ou de valores alheios perturbam o fluxo tranquilo das relações sociais, exigindo, em contraponto, as reações que o Direito engendra e formula para a reparação do equilíbrio rompido". BITTAR, Carlos Alberto. *Reparação civil por danos morais*. São Paulo: RT, 1993. p. 16.

(62) Código Civil Brasileiro, art. 404, parágrafo único. "Provado que os juros da mora não cobrem o prejuízo, e não havendo pena convencional, pode o juiz conceder ao credor indenização suplementar."

O elemento que sublinha a importância pedagógica é igualmente importante e que pode ser transportado para a responsabilidade civil trabalhista. Sublinha a importância de averiguar a possibilidade de a condenação ressarcitória individual já não ser suficiente para o desestímulo na repetição da reprovada conduta empresarial. Apenas na percepção de insuficiência, deve o aplicador cogitar de somar verba de condenação punitiva. O objetivo, repisa-se, é de utilizar o peso da perda econômica para desencorajar a reincidência.

Deve o intérprete verificar se os objetivos das condenações punitivas já não foram alcançados com outros tipos de medida. Não se trata aqui de apenas observar a condenação ressarcitória individual, mas diferentes penalizações que já foram enfrentadas em outros processos judiciais ou administrativos. No ambiente do direito do trabalho, são importantes os termos de ajuste de conduta firmados com o Ministério Público do Trabalho, multas administrativas fixadas pelas Delegacias Regionais do Trabalho, condenações em ações coletivas ou acordos expressos com sindicatos.

Em diversas situações, a análise de reincidência do empregador delinquente pode também fornecer importante balizador para a fixação de condenação suplementar. Embora não se trate de critério que deva sempre estar presente, em diversas situações a reincidência pode ter significação de alargamento de prejuízos e malícia reiterada do empregador.

Por fim, outros fatores relacionados no direito estadunidense podem, com temperança, ser observados na fixação de condenação punitiva.

Dolo, violência, ameaça de danos físicos e sofrimento psicológico são elementos que podem estar presentes em agressões a funcionários, especialmente em relações de emprego marcadas pela hipersubordinação. A reprovação da conduta na forma de condenação punitiva mostra-se importante em sociedades que ainda possuem vivas tristes expressões de um passado de trabalho servil e escravo. Também em grandes e poderosas empresas que se utilizam ordinariamente da prática do assédio moral como elemento motivador da produção, a fixação de *punitive damages* pode ser o mais importante desestímulo.

A desconsideração pela saúde e segurança é bastante comum em demandas sobre acidentes do trabalho ou doenças equiparadas. Em diversas situações, percebe-se que é economicamente mais vantajoso a alguns empreendimentos o pagamento de adicionais ou reparações por prejuízos de saúde que efetivamente investir na subtração das condições prejudiciais. A fixação de condenação suplementar acaba sendo a única forma de forçar a atuação empresarial no esforço de formação de um meioambiente saudável.

A relação de emprego tem como um de seus principais elementos a situação de subordinação econômica do empregado ao empreendimento. O elemento agravante de o ato ser dirigido à vítima financeiramente vulnerável é, portanto, adequado a maior parte dos contratos de emprego.

De igual forma, circunstâncias minorantes para a responsabilidade da empresa delinquente também podem ser sopesadas na análise do caso concreto, como participação de funcionários com baixo poder de decisão na formação das lesões, reconhecimento da ilicitude por parte do lesionante e sincera tentativa do causador em diminuir os prejuízos individuais.

Percebendo-se o campo de afetados por condutas empresariais, a importância da correta repressão e a possibilidade de utilização de critérios científicos para identificação das hipóteses de atuação, pode-se, nesse momento, retomar as considerações sobre a vedação de enriquecimento injustificado e sua aparente incompatibilidade com condenações punitivas.

A legislação consumeirista brasileira bem compreende a universalidade dos afetados por condutas empresariais. O disposto no art. 100 do CDC faz clara que a razão para o pagamento da condenação em que se verifica lesão a interesses individuais homogêneos tem por origem os danos causados, e não os prejuízos sofridos. No âmbito das demandas coletivas, o fundo previsto no art. 13 da lei da Ação Civil Pública foi instituído pela Lei n. 9.008/95. O "Fundo de Defesa dos Direitos Difusos" tem o objetivo de promover a reparação dos bens lesados e, não sendo mais possível, os valores devem ser destinados a uma finalidade compatível.

A socialização dos atingidos e beneficiados pelas indenizações assemelha-se ao *fluid recovery* do direito estadunidense, em que o resultado da indenização não necessariamente dirige-se para a reparação do dano, mas para objetivos relacionados ou conexos. A mesma lógica de danos de consumo ou ambientais diluídos dentro da comunidade pode ser transportada para o universo das relações de trabalho.

Imaginam-se dois exemplos.

Primeiro, empresa que, ao longo de muito tempo, promoveu políticas internas de vedação de ascensão de mulheres a cargos gerenciais e que, apenas anos depois, quando já prescritas diversas pretensões indenizatórias individuais, houve esclarecimento público da prática. A fixação de indenização ressarcitória de um punhado de demandas individuais jamais terá o efeito de corretamente oferecer a resposta que a coletividade espera. As lesionadas são, não apenas as mulheres que não obtiveram promoções, mas a universalidade do gênero humano feminino, vítima do preconceito de sexo.

Numa segunda hipótese, estabelecimento empresarial delinquente suprime diversas verbas trabalhistas de seus empregados, tendo por efeito a diminuição dos preços de seus produtos. Como efeito colateral, empresas concorrentes perdem mercado, retraem suas atividades e vem-se obrigadas a despedir, ou também precarizar direitos de seus funcionários.

Em ambas as situações, há inegável dilatação dos afetados nas condutas de delinquência empresarial, mas a fixação de condenação suplementar às perdas efetivas ao sujeito da ação indenizatória individual pode significar injustificado enriquecimento. O produto parcial da condenação judicial não pode ser outro senão o encaminhamento do montante fixado a fundo ou programa social que vise impedir que prática como essa se repita.

Segundo estudo de LIMA, por ser o FAT (Fundo de Amparo do Trabalhador) o instrumento institucional congregador de políticas públicas afetadas por descumprimentos de obrigações laborais — em especial políticas de fomento e valorização do emprego — pode ser o titular de parcela condenatória postulada mesmo em demandas individuais(63). Defende que em torno do FAT montou-se um arranjo institucional que procura, dentre outros objetivos, garantir a execução de políticas públicas de emprego e renda, o que deve ser incentivado e sustentado não só com os recursos que já possuem destinação expressa em lei, mas também, com outras verbas, ainda que esporádicas, que lhe venham a ser destinadas pelas mais diversas fontes(64).

A circunstância de o FAT não participar do processo de conhecimento não é circunstância impeditiva. Primeiro, porque cumpre ao juiz distribuir o direito da forma e para quem de direito, de modo que aparentes limitações de formalidades processuais não podem impedir a efetividade da atuação da jurisdição; ao contrário, a partição de responsabilidades jurisdicionais entre diferentes órgãos traz consequências de quebra coerência e de harmonização na atuação estatal. Segundo, em vista de que o estabelecimento de condenações em demandas individuais em benefício de entidades que não participaram do processo individual é ordinário no cotidiano trabalhista, como se vem em fixação de obrigações previdenciárias, fiscais, de recolhimento de FGTS e outras contribuições.

Também não se identifica a necessidade de que haja pedido expresso para que a verba condenatória seja dirigida ao FAT. Cumpre ao Judiciário a correta aplicação do direito, da forma mais eficaz para as partes e, principalmente, para a sociedade. Independentemente de requerimento, cumpre ao juízo trabalhista a fixação de diversas verbas, como já exaustivamente fixado pela jurisprudência e que encontra exemplos mais evidentes também em contribuições fiscais e previdenciárias.

A fórmula de alcance ao FAT de parte do montante condenatório que exorbita o ressarcimento do indivíduo lesado é adequada, pois soma todos os motivos que nos parecem relevantes para a fixação de *punitive damages* no universo de atuação do direito do trabalho: a) promove a repreensão de condutas universais e profundamente reprovadas e que representam danos potenciais à coletividade; b) observa função pedagógica, atuando para desestimular futuras condutas;

(63) LIMA, João Carlos. O caráter punitivo da indenização por danos pessoais e a reversibilidade da cominação para o FAT. *In: Revista de Direito do Trabalho*, São Paulo, RT, ano 30, p. 104, abr./jun. 2004.

(64) *Op. cit.*, p. 106.

c) permite que, em sua fixação, possam ser sopesadas outras condenações já sofridas pelo delinquente pelo mesmo fato; d) impede o enriquecimento desmesurado do indivíduo que sofreu os danos imediatamente verificados e permite aporte de recursos que auxiliam na promoção de políticas públicas engajadas na prevenção de lesões semelhantes.

7. Conclusões

A análise do direito comparado pôde demonstrar que a aplicação de *punitive damages* em seu sistema jurídico original tem objetivos e efeitos bastante diferentes dos ordinariamente afirmados. Percebeu-se que tem atuação em situações em que urge oferecer resposta a condutas de extrema reprovação. Sua grande utilidade está não na punição do causador do dano, mas para que sirva à prevenção, por meio de advertência exemplar, a ocorrência de futuros casos semelhantes. A utilidade que tem essa fórmula não pode ser descartada sob alegações de absolutas incompatibilidades, principalmente quando se propõe o intérprete a manejá-la em associação com a realidade do sistema nacional e, principalmente, com as peculiaridades que a situação em análise exigir.

Tivemos a oportunidade de analisar, em amplas linhas, os macrossignificados que tem a relação de emprego e que os descumprimentos sistemáticos da normatividade trabalhista não podem ser vistos com a singeleza monocientífica dos efeitos do inadimplemento contratual. O direito do trabalho trata de questões que apenas aparentemente têm origem e se resolvem na individualidade da relação de emprego. Em diversas situações, identificam-se condutas de extrema reprovação coletiva e em que apenas a reparação dos prejuízos individuais jamais terá o poder de atuar como desestímulo para o causador.

A figura do dano social/*dumping* social oferece compreensão adequada da dimensão das delinquências empresariais que têm o efeito dramático de canibalização dos direitos trabalhistas, numa trajetória tendencial de universalização da precarização. A repressão dessas condutas não é apenas possível como urgentemente esperada pela sociedade. Os instrumentos para tanto estão presentes não apenas no direito comparado, mas essencialmente no referencial normativo constitucional que privilegia o valor social do trabalho e a dignidade da pessoa humana.

A perspectiva de manejo de condenações punitivas — que em nossa visão devem ser dirigidas ao FAT, ainda que oriundas de demandas individuais — faz parte da opção de comprometimento do Judiciário Trabalhista na efetivação de um projeto de sociedade. Trata, enfim, da oportunidade de afirmação da seriedade de um instrumento de Estado que pode ultrapassar a condição de "justiça do desemprego" para uma atuação verdadeiramente ativa e voltada para a efetividade futura.

Referências bibliográficas

ALEXY, Robert. Los derechos fundamentales en el estado constitucional democrático. *In:* CARBONELL, Miguel (Org.). *Neoconstitucionalismo(s)*. Madrid: Editorial Trotta, 2003.

________. *Direito, razão, discurso*. Porto Alegre: Livraria do Advogado, 2010.

BITTAR, Carlos Alberto. *Reparação civil por danos morais*. São Paulo: RT, 1993.

BODIN DE MORAES, Maria Celina. *Danos à pessoa humana*. Uma leitura civil-constitucional dos danos morais. Rio de Janeiro: Renovar, 2003.

CAHALI, Yussef Said. *Dano moral*. São Paulo: RT, 1998.

CASTEL, Robert. *As metamorfoses da questão social*. Uma crônica do salário. 5. ed. Petrópolis: Vozes,2005.

COHEN, Jean; BREMOND, Claude; GRUPO NÜ; KUENTZ, Pierre; GENETTE, Gérard; BARTHES, Roland. *Pesquisas de retórica*. Petrópolis: Vozes, 1975.

DINIZ, Maria Helena. *Curso de direito civil*. v. 7. São Paulo: Saraiva, 2006.

FERRAJOLI, Luigi. *Los fundamentos de los derechos fundamentales*. Madrid: Editorial Trotta, 1998.

LAYCOCK, Douglas. *Modern American Remedies*. Aspen: Aspen Law & Business, 2002.

LEVY, Barry R. *Bad enough to punish:* the apllications of the responsability guidepost in punitive damages cases after BMW *v.* Gore. Federation of Insurance & Corporate Counsel Quarterly. Disponível em: <http://findarticles.com/p/articles/mi_qa3811/is_19810ai_n8812153/>. Acesso em: dez. 2009.

LIMA, João Carlos. O caráter punitivo da indenização por danos pessoais e a reversibilidade da cominação para o FAT. *In: Revista de Direito do Trabalho*, ano 30, abril-junho. São Paulo: RT, 2004.

LORENZETTI, Ricardo Luis. *La nueva teoría contratual*. Obligaciones y contratos en los albores del siglo XXI. Buenos Aires: Abeledo Perrot, 2001.

MARTINS-COSTA, Judith; PARGENDLER, Mariana Souza. Usos e abusos da função punitiva (*"punitive damages"* e o direito brasileiro). *In: Revista da AJURIS*, Porto Alegre, AJURIS, ano XXXII, n. 100, dez. 2005.

MAXIMIANO, Antônio César Amaru. *Teoria geral da administração:* da revolução urbana à revolução digital. São Paulo: Atlas, 2004.

PAMPLONA FILHO, Rodolfo. *O dano moral na relação de emprego*. São Paulo: LTr, 1999.

PEREZ LUÑO, Antonio Enrique. *Derechos humanos, estado de derecho y Constitución*. Madrid: Tecnos, 1995.

PERLINGIERI, Pietro. *Perfis de direito civil*. Rio de Janeiro: Renovar, 2002.

POULANTZAS, Nicos. *O Estado, o poder, o socialismo*. São Paulo: Graal (Paz e Terra), 2000.

RAMOS FILHO, Wilson. O Enunciado n. 331 do TST: terceirização e a delinquência patronal. *Síntese Trabalhista*, Porto Alegre, n. 58, p. 110-22, abr. 1994.

________. Delinquência patronal, repressão e reparação. Revista Trabalhista Direito e Processo, São Paulo, LTr-Anamatra, ano 7, n. 28, p. 129-148.

SHAVELL, Steven. *On the proper magnitude of punitive damages:* Mathias x Accor Economy Lodging, Inc. 1210 Harvard Law Review 1223. Boston: Harvard, 2007.

SILVA, José Afonso da. *Curso de direito constitucional positivo*. São Paulo: Malheiros, 1999.

SOUTO MAIOR, Jorge Luiz. A supersubordinação — invertendo a lógica do jogo. *Revista do Tribunal Regional do Trabalho da 3ª Região*, Belo Horizonte, TRT3, v. 48, n. 78, jul./dez. 2008.

______________. O dano social e sua reparação. *Revista LTr*, São Paulo, vol. 71, n. 11, nov. 2007.

TEIXEIRA FILHO, João de Lima. O dano moral no Direito do Trabalho. *Revista LTr*, São Paulo, vol. 60, n. 9, set. 1996.

TEPEDINO, Gustavo. *Premissas metodológicas para a constitucionalização do direito civil*. Rio de Janeiro: Renovar, 1999.

THE NEW YORK TIMES (jornal diário), edição de 26.3.2008.

VISCUSI, W. Kip. *The blockbuster punitive damages awards*. Trabalho apresentado inicialmente como Discussion Paper n. 473, 04/2004. Harvard Law School, Cambridge, MA 02138, The Harvard John M. Olin Discussion Paper Series. Boston: Harvard, 2004. Também apresentado na Emory Law School Thrower Symposium, February 19, 2004. Emory: Emory Law Jornal, 2004.

VII — Direitos Fundamentais, Garantismo e Direito do Trabalho

Sayonara Grillo Coutinho Leonardo da Silva

1. Introdução

A *reconstrução jurisprudencial de um direito do trabalho desregulado* é fenômeno recente em países latino-americanos. Trata-se de atividade decisória na qual, com a aplicação de princípios e de normas constitucionais e internacionais, Cortes Supremas vêm negando aplicabilidade a leis de desregulamentação ou flexibilização de direitos por considerá-las inconstitucionais. Segundo se tem notícia, indica movimento jurisprudencial ocorrido na primeira década dos anos 2000 em diversos países do continente Americano, que se contrapõe diretamente àquela conduta de desconstrução de direitos, em verdadeiro ativismo judiciário negativo, típico dos anos 1990. É, em certa medida, uma reação à *flexibilidade jurisprudencial*, que ocorre quando, pelas mãos de decisões judiciais, a normatividade do trabalho é flexibilizada em prejuízo dos trabalhadores, como ocorreu em larga escala nos anos 1990. Ambos os conceitos foram cunhados pelo jurista uruguaio Oscar Ermida Uriarte; o primeiro, com o otimismo do jurista (2007) e o segundo, com o realismo do pesquisador do direito (2004) e, em certa medida, expressam os giros paradigmáticos que as Cortes trabalhistas são capazes de empreender no tempo(1).

Assim iniciamos essas linhas, com dupla finalidade. Saudar os 70 anos da Justiça do Trabalho, instituição construída e integrada por variegados atores, juízes, advogados, servidores. E, sobretudo, pelos atores sindicais e trabalhadores que, ao postularem novas teses, ao exigirem o cumprimento de seus direitos, possibilitam à

---

(1) Sobre a possibilidade de ocorrer uma reconstrução jurisprudencial do direito desregulado, reportamo-nos à Ermida Uriarte, que, em entrevista publicada no Brasil (Ermida Uriarte, 2007), quando recebeu a seguinte indagação: "os operadores do Direito, de modo especial os juízes do trabalho, podem resistir à flexibilização do Direito do Trabalho oriunda do Parlamento e, algumas vezes, da própria cúpula do Poder Judiciário, e como reagir? Foi assertivo: Sim, podem. Claro, sempre que atuarem com independência, valentia e criatividade. E aqui tem um papel fundamental os princípios e a aplicação direta das normas constitucionais e internacionais. Por isso, eu me referi à 'reconstrução jurisprudencial' do Direito do Trabalho. Já se avançou nesta linha nos tribunais superiores de alguns países...". Ermida Uriarte refere-se especificamente à Corte Suprema de Justiça argentina, aos tribunais constitucionais do Peru e da Colômbia e à Sala Constitucional da Corte Suprema de Costa Rica. Já a *flexibilidade jurisprudencial* indica o processo no qual, na ausência de mutações legislativas, "a jurisprudência modifica sua orientação para interpretações desreguladoras ou mais favoráveis ao empregador do que as que até então vinha sustentando" (Ermida Uriarte, 2004a, p. 221), adotado largamente no Brasil dos anos 1990 (Silva, 2008).

instituição sua reconfiguração e abertura às expectativas democráticas(2). E homenagear uma de nossas maiores referências teóricas no âmbito juslaboral, Oscar Ermida Uriarte, diante de seu passamento.

Reconstruções jurisprudenciais não existem sem formulações críticas e práticas sociais instituintes. Nesse sentido, considerações sobre fundamentos do direito, do Estado e da regulação constitucional podem contribuir para tal intento. O objetivo deste ensaio é, pois, apresentar os elementos constitutivos do *garantista*, teoria que abre ricas possibilidades para o tratamento de temas como a aplicação dos direitos fundamentais nas relações laborais individuais.

Enquanto a atuação do Estado e de seus poderes segue sendo o objeto do interesse dos juristas orientados pela tradição liberal, o mercado e os poderes privados com suas coerções econômicas merecem cada vez mais atenção por parte dos constitucionalistas, que sem descuidar da necessária contenção dos poderes coercitivos estatais, principalmente quando exercidos contra os mais débeis, afirmam um sistema de garantias fundado no reconhecimento de direitos fundamentais. Nesse quadro se insere o trabalho do jurista italiano Luigi Ferrajoli, centrado nos conceitos de democracia constitucional, de garantismo e de direitos fundamentais, e que nos propicia ricas reflexões teóricas no âmbito da filosofia e da teoria do direito contemporâneo.

Em trabalho anterior, também em diálogo com Luigi Ferrajoli, compreendemos a liberdade sindical como direito fundamental intrínseco a um sistema de garantias, conjugando o conceito formal de direitos fundamentais, com a necessária superação das dicotomias: liberdades negativa e positiva, obrigações de fazer e não fazer, para assegurar a efetivação dos direitos sociais, políticos e civis(3). No presente artigo, com base na proposta teórica de um *garantismo* — que expande seus domínios para além do direito penal e acena com uma revalorização dos aspectos publicistas dos direitos do trabalho —, pretendemos refletir sobre uma concepção

(2) Não se olvide que no contexto de formação institucional da Justiça do Trabalho, em especial de seu tradicional poder normativo, percebia-se um movimento simultâneo de "reconhecer e deslegitimar a capacidade das classes sociais (e da própria sociedade) em formular noções e códigos de sociabilidade" (Paoli, 1994, p. 106), o que, segundo Maria Célia Paoli, se deveria ao fato de a Justiça do Trabalho "não se comprometer com as ideias de justiça ou de igualdade, mas de paz social, e 'solução' dos conflitos pelo pressuposto da colaboração de classes", eliminando "de início a noção de uma interlocução real." (1994, p. 108). À referência específica sobre o tradicional tratamento dado aos conflitos coletivos do trabalho em julgamentos de dissídios coletivos se acresce a reflexão da socióloga no contexto da consolidação democrática, que sublinhavaa existência de uma ampla demanda em prol da democratização do judiciário e um questionamento/reivindicação acerca da possibilidade de a Justiça do Trabalho atuar como espaço de práticas democráticas, provenientes de diversos segmentos sindicais, sociais e mesmo de integrantes do Judiciário trabalhista (Paoli, 1994).

(3) Trata-se do ensaio "Direitos fundamentais e liberdade sindical no sistema de garantias: um diálogo com Luigi Ferrajoli", que publicamos na *Revista da Faculdade de Direito de Campos*, ano VI, n. 6, jun. 2005. Quando as referências a Ferrajoli (2008) estiverem em português trata-se de tradução livre das citações de *Democracia y garantismo*.

de direitos fundamentais, com incidência direta sobre os locais de trabalho. Busca-se estabelecer pressupostos para a eficácia horizontal dos direitos civis, políticos e de participação dos trabalhadores nas empresas, compreendidos como verdadeiros direitos fundamentais dos mais débeis.

Um dos critérios utilizados por Ferrajoli para identificar os direitos fundamentais no plano axiológico é aquele que identifica direitos fundamentais com as expectativas vitais dos mais fracos. Afinal, racionalidade jurídica abstrata não dá conta de fundamentar direitos conquistados historicamente em processos de lutas que desvelam "*o véu de normalidade e naturalidade* oculto na opressão ou discriminação precedente" (Ferrajoli, 2008, p. 51). Por outro lado, a eleição de tal critério axiológico denota que a oposição entre fortes e fracos, entre poderosos e destituídos de poder, segundo Cabo e Pisarello, encontra-se pressuposta nas preocupações ferrajolinas. Nesse sentido, "*los derechos fundamentales son valiosos en tanto contribuyan a la paz, a la igualdad, al aseguramiento de la democracia y, sobre todo, a la protección de los más débiles*" (Cabo e Pisarello, 2001, p. 16) e tal concepção é coerente com os pressupostos de um direito, como o do trabalho, que reconhece a desigualdade, organiza as condições para a reprodução de tais relações de classe, mas aspira a uma pretensão emancipatória de proteção dos vulneráveis.

Afinal, desde a segunda metade do século XX, a fonte de legitimação das instituições políticas do estado constitucional se deslocou da noção de soberania estatal para os direitos fundamentais dos cidadãos (Ferrajoli, 2008, p. 309), invertendo-se a relação entre cidadania e instituições políticas, com a consolidação da democracia constitucional.

Entretanto, a perda de memória das tragédias do passado e a ausência de garantias e de instituições garantidoras contribuem, ao lado do fenômeno da globalização econômica, para uma "*bio-economía de la muerte*" (Ferrajoli, 2008, p. 310). O crescimento das desigualdades e da pobreza, a concentração da riqueza e a expansão das discriminações expõem a crises a democracia constitucional, com a hegemonia de um liberalismo que afirma "que a autonomia empresarial não é um poder, e enquanto tal, sujeito à regulação jurídica, senão uma liberdade, e que o mercado não somente não tem necessidade de regras senão que tem necessidade, para produzir riqueza e emprego, de não ser submetido a limites" (Ferrajoli, 2008, p. 59).

A contrariedade de tal lógica com o estado de direito constitucional é flagrante, pois esta concepção não admite poderes *legibussoluti* e, neste sentido, são denunciadas por nosso jurista: "*Contra esta regresión de la economía y e de relaciones de trabajo al modelo paleo capitalista y contra la rehabilitación de la guerra como médio de solución de las controvérsias internacionales, no existem otras alternativas más que el derecho y la garantia de los derechos así como, obviamente, uma política que se los tome en serio*" (Ferrajoli, 2008, p. 59). Desse modo, para a afirmação plena dos direitos fundamentais em uma sociedade globalizada, é necessário reconhecer que certo paradigma de democracia constitucional estaria em crise.

2. Garantias e garantismo

Garantias, tal qual definidas pelo Direito Civil, visam assegurar o adimplemento das obrigações e a tutela dos direitos patrimoniais. Em termos jurídicos mais amplos, garantia designa "qualquer técnica normativa de tutela de um direito subjetivo" (Ferrajoli, 2008, p. 60) e garantias constitucionais referem-se à tutela reforçada nos sistemas estruturados com base em constituições rígidas. Para Ferrajoli, garantia constitui "toda obrigação correspondente a um direito subjetivo, entendendo por 'direito subjetivo' toda expectativa jurídica positiva (de prestações) ou negativa (de não lesionar)", sendo possível falar em garantias positivas e negativas (2008, p. 63).

Garantismo, por sua vez, é neologismo que se refere a técnicas de tutelas dos direitos fundamentais (2008, p. 61), e embora tenha sido aplicado originalmente no campo do Direito Penal se estende "como paradigma da teoria geral do Direito, a todo campo de direitos subjetivos, sejam estes patrimoniais ou fundamentais, e a todo o conjunto de poderes, públicos ou privados, estatais ou internacionais" (Ferrajoli, 2008, p. 62). Fala-se em *garantismo liberal* ou penal (defesa dos direitos de liberdade frente ao arbítrio policial ou judicial), *garantismo patrimonial* (tutela dos direitos de propriedade), garantismo internacional (para tutelar os direitos humanos estabelecidos em pactos internacionais) e *garantismo social*, "para designar o conjunto de garantias, em boa medida ainda ausentes ou imperfeitas, dirigida à satisfação dos direitos sociais, como a saúde, a educação e o trabalho e outros semelhantes" (Ferrajoli, 2008, p. 62).

Tais dimensões específicas prenunciam que o garantismo como técnica de tutela jurídica designa:

> El conjunto de límites y vínculos impuestos a todos los poderes — públicos y privados, políticos (o de mayoría) y económicos (o de mercado), en el plano estatal y enel internacional — mediante los que se tutelan, através de su sometimiento a laley y, em concreto, a los derechos fundamentales en ella estabelecidos, tanto las esferas privadas frente a los poderes públicos, como las esferas públicas frente a los poderes privados (Ferrajoli, 2008, p. 62).

Tal concepção constitucional fixa uma esfera subtraída da deliberação majoritária (*esfera de lo indecidible*) com proibições que garantam liberdades e com vínculos que asseguram os direitos sociais. Portanto, o garantismo se inscreve dentre as concepções de democracia substantiva ou substancial, no âmbito do constitucionalismo democrático(4), com o qual em grande medida se confunde ao se redefinir

(4) As possibilidades de o garantismo contribuir para fundamentar o processo de reconstrução jurisprudencial do Direito do Trabalho, de que nos falava Oscar Ermida Uriarte (2007), decorrem da própria modificação da concepção de jurisdição e de atuação judicial no âmbito do constitucionalismo substancial: "cambia lanaturaleza de lajurisdicción y de la ciência jurídica, a las que ya no corresponden unicamente laaplicación y elconocimiento de unas normas legalescualesquiera, sino que asumen, además, um papel crítico

como um “modelo de direito fundado sobre a rígida subordinação à lei de todos os poderes e sobre os vínculos impostos para garantia dos direitos consagrados nas constituições” (2008, p. 1999).

3. Desenvolvimento do paradigma garantista no âmbito laboral

O paradigma do constitucionalismo substancial e garantista projeta-se muito além de institutos específicos aplicáveis no âmbito do Direito Penal, de onde se origina. Na obra de Luigi Ferrajoli, mereceram tratamento específico, como três modelos de desenvolvimento do paradigma garantista, temas diversos: tais como a renda mínima, as relações entre liberdade de informação e meios de comunicação e a regulação laboral concretizada na Itália pelo Estatuto dos Trabalhadores.

Interessam-nos em especial as reflexões sobre a Constituição e o Estatuto dos Trabalhadores italiano porque as diretrizes daquela Constituição expressariam a mudança de paradigma na regulação jurídica do trabalho no sistema constitucional. No dizer de Ferrajoli (2008), a introdução da Constituição nos lugares de trabalho, estendendo a aplicação dos direitos fundamentais em locais nos quais são subtraídos, tais como as fábricas, denota uma mudança de paradigmas do ponto de vista da teoria do direito, com uma conotação publicista que passa a ser conferida às relações de trabalho. Trata-se da agregação da dimensão horizontal — dos direitos fundamentais como direitos dos indivíduos oponível a outros sujeitos privados — à tradicional dimensão vertical dos direitos fundamentais como direitos em face do Estado (Ferrajoli, 2008, p. 286).

Os direitos fundamentais inserem-se nas relações laborais não somente quando representam garantias inovadoras para os trabalhadores em face das empresas e do Estado, mas principalmente por se inserirem em uma específica formação social, o lugar de trabalho, talvez a mais importante entre todas aquelas formações sociais nas quais se desenvolve a personalidade do homem (Ferrajoli, 2008, p. 286).

A tutela legal de direitos que asseguram aos trabalhadores: a) liberdade de manifestação de ideias; b) liberdade de consciência, com proibição de investigar suas opiniões; c) direito à intimidade, com proibição de implantar instalações audiovisuais que tenham como finalidade controlar à distância suas atividades; d) direito de igualdade e vedação de discriminações; e) direito de associação sindical e liberdade de ação dentro da fábrica; e f) garantia de readmissão àqueles despedidos injustamente (dentre outros assegurados pelo estatuto italiano) tem forte repercussão. A positivação representa muito mais do que o reconhecimento da exigibilidade de tais direitos, ou garantias para o exercício de tais liberdades nas relações laborais. Traduziria uma conversão da natureza do espaço de trabalho e do próprio direito laboral:

de su invalidez siempreposible” (Ferrajoli, 2008, p. 66). Acrescer ao controle formal também o controle material, substancial do conteúdo das normas legais às promessas constitucionais pode contribuir para uma consistente invalidação de regras que suprimem direitos conquistados.

> Gracias a laintroducción de estosderechos, la fábrica, encuanto lugar de trabajo, deja de ser un lugar privado — una simple propriedad inmobiliaria del patrono — y se convierte em um lugar público. Tambiénadquiere una dimensión pública larelación de trabajo, dentro de la cual el trabajador deja de ser uma mercancía y se convierte em sujeto de derechos fundamentales: o sea, de derechos inviolables y no negociables, que tienen el valor de leyes del más débil como alternativa a otros límites y vínculos a la "liberdad salvaje y desenfrenada"... (Ferrajoli, 2008, p. 287).

Se a metamorfose do trabalho subordinado se põe em marcha desde as origens do moderno direito do trabalho com o desenvolvimento de sua natureza publicista, uma mudança de paradigma ocorreria quando se introduz a relação de trabalho na lógica dos direitos fundamentais universais e indisponíveis (Ferrajoli, 2008, p. 288). Mas que dimensão pública é esta? A que reduz a liberdade de ação dos trabalhadores subsumindo-as à esfera da vontade do Estado? A antiga ideia de que todo o conjunto normativo seria cogente, público, advindo da normatividade estatal? De modo algum, refuta Ferrajoli, para quem público não se confunde com estatal. A esfera pública se define, ou deveria se constituir, como "todo lo que tiene que ver conelinteres de la cosa pública o común, o sea, com elinteres de todos; mientras que 'privado' es todo aquello que tiene que ver únicamente com elinteres de los indivíduos" (Ferrajoli, 2008, p. 289).

Desse modo, quando se está diante de situações nas quais todos são titulares, como as que envolvem direitos fundamentais ou são exercidas no interesse de todos, falamos em esfera pública. À esfera privada pertencem, na opinião de Ferrajoli, todas as situações nas quais cada um possa ser titular com exclusão de outro e poderes conferidos em função de interesses pessoais e direitos patrimoniais (2008, p. 289). A dicotomia esfera pública/esfera privada, aqui, não se estabelece como critério clássico de definição da natureza jurídica das regras trabalhistas, mas para reafirmar os espaços permeados pelos direitos fundamentais em oposição àqueles que se regem pela dinâmica do mercado, pela desigualdade e pela primazia dos direitos patrimoniais.

A esfera pública é aquela que tem como finalidade, observa o autor, "garantir por meio dos direitos fundamentais a dignidade das pessoas e, com ela, a igualdade ou, ao menos, níveis mínimos de igualdade" (2008, p. 289). Se os particulares manejam funções que versam sobre direitos fundamentais,tais funções são públicas e se subtraem da lógica do mercado, tanto quanto aquelas que implicam o exercício de poderes coercitivos. Sob tal ponto de vista, não somente o "desenvolvimento do direito do trabalho se configura como uma progressiva expansão de sua dimensão publicista", como também reformas legislativas orientadas para uma remercantilização estão em dissonância com a orientação constitucional: "las políticas de reducción de las garantías de los trabajadores contradicen profundamente La naturaleza del trabajo em nuestro sistema constitucional: que no es (y no debe ser) una mercancía, intercambiable y fungible, siendo uma dimensión de la persona; que no puede ser objeto de mercado, siendo sobre todo sujeto de derechos fundamentales" (Ferrajoli, 2008, p. 290).

Embora aspectos histórico-normativos distingam as normas italianas e brasileiras infraconstitucionais de regulação do trabalho humano, e em especial sejam completamente distintos os sentidos da dimensão publicista presente em cada uma delas por se inscreverem em paradigmas regulatórios diferenciados, a perspectiva constitucional parece-nos assemelhada. Em ambas as Constituições democráticas, os direitos dos trabalhadores são considerados direitos fundamentais, o projeto constitucional objetiva a redução das desigualdades e anuncia a promessa de subordinação da ordem econômica à ordem social e do trabalho.(5) Assim, a conclusão de Ferrajoli sobre o desenvolvimento do paradigma garantista no mundo do trabalho guarda consonância, do ponto de vista normativo, com a ordem brasileira, pois também aqui:

> El trabajo es una manifestación de la persona de la misma manera que lo son el pensamiento, palabra, la conciencia y otras similares. Como tal, no puede subordinarse a la lógica privada del mercado, sino que exige ser tutelado — como lo impone nuestra Constituición — contra las arbitrariedades de los poderes no solo públicos, sino también, y diria sobre todo, de los privados (Ferrajoli, 2008, p. 291).

Conquanto, no limite, a tese equivalha a uma ruptura com uma tradição laboral que deslocou o direito do trabalho para o campo das relações privadas, o que não está imune a críticas(6), a lógica da subtração do trabalho da ordem mercantil permeia o paradigma constitucional brasileiro e tem como consequência imediata assegurar que a subordinação dos particulares às obrigações de tutela e de garantia como se pública fosse a relação laboral. Assim, com tal abordagem teórica, parece-nos que não haveria espaço para os conflitos que opõem direitos fundamentais dos trabalhadores a

(5) No Brasil, enquanto os valores sociais do trabalho são considerados fundamentos do estado democrático de direito (art. 1º, IV, CRFB) ao lado da "livre-iniciativa", os objetivos da República não poderiam ser mais eloquentes: a) construir uma sociedade livre, justa e solidária (art. 3º, I, CRFB), b) garantir o desenvolvimento nacional (art. 3º, II, CRFB) e c) erradicar a pobreza e a marginalização e reduzir as desigualdades sociais e regionais (art. 3º, III, CRFB). Na Itália, determina-se à República que se volte à remoção dos obstáculos da ordem econômica e social que, ao limitar de fato a liberdade e a igualdade dos cidadãos, impedem o pleno desenvolvimento da pessoa humana e a efetiva participação de todos os trabalhadores na organização política e econômica (art. 3º, CI), e à promoção de condições que assegurem o efetivo direito de todos os cidadãos ao trabalho (art. 4º, CI). Ou seja, os Títulos I e II da Constituição guardam certa sintonia com aspectos da Constituição italiana, texto normativo referencial para Ferrajoli. Constitucionalmente, a ordem econômica está subordinada ao primado do trabalho e a República deve estar fundada na ordem social.

(6) A nosso ver, é no campo das relações entre autonomia individual e autonomia coletiva e no âmbito dos espaços da contratação coletiva que as teses de Ferrajoli devem ser recebidas com maior cautela, embora o próprio autor reconheça alguns desses problemas ao se antecipar e defender que a subordinação das relações contratuais coletivas a vínculos públicos estabelecidos pela lei não significa a "homologación de todos los trabajadores, ni mucho menos exclusión de la contratación individual o colectiva" (2008, p. 291).

direitos de propriedade privada dos empregadores, nem para construções que, ao identificá-los como conflitos entre direitos fundamentais, busca resolvê-los por meio de fórmulas liberais de ponderação e razoabilidade, que podem acabar estabelecendo fortes limites ao exercício das liberdades individuais e coletivas dos trabalhadores no âmbito dos locais de trabalho, concebidos como locais privados.

O reconhecimento dos direitos dos trabalhadores como direitos fundamentais denota uma expansão da dimensão pública das relações laborais. No caso brasileiro, mais que um deslocamento topográfico, a subtração da regulação do trabalho do Capítulo da ordem econômica promovida pelo constituinte de 1988 e seu deslocamento para o Título II, significaria o reconhecimento de que o local de trabalho, no que concerne ao exercício dos direitos fundamentais dos trabalhadores, é um espaço público por excelência. A vitalidade de uma concepção mais ampliada de direitos fundamentais pode auxiliar na constituição de sujeitos autônomos e menos submetidos aos constrangimentos do mercado e ao poder empregatício. Em uma sociedade em que o controle do trabalhador se projeta também para o espaço público, em que os limites fáticos ao pleno desenvolvimento da personalidade humana já não estão mais definidos apenas pelos muros físicos das fábricas e da vigilância no local de trabalho é axial que os mecanismos normativos de emancipação se espraiam para outros territórios.

Assim como o constitucionalismo se afirmou em face do Estado absolutista, o constitucionalismo garantista deve se afirmar em face do absolutismo do mercado. Sendo as coerções econômicas e as manifestações de poder do empregador os mecanismos que conduzem a potenciais lesões aos direitos fundamentais, o desenvolvimento do paradigma garantista no âmbito do direito do trabalho buscará conter a privatização dos espaços e das normas de trabalho.

Diante do reconhecimento de que assegurar liberdades nos espaços de trabalho é um dos modos de garantir a Constituição e que as concepções que suprimem os locais de trabalho da incidência direta dos direitos fundamentais dos trabalhadores se afastam do princípio democrático, a memória nos traz os ensinamentos de Norberto Bobbio. Conquanto se insira em outra tradição jusfilosófica, os relatos autobiográficos sobre a participação de Bobbio em congresso operário na Turim de 1957 são primorosos e merecem a longa transcrição:

> Este congresso sobre as liberdades civis nas fábricas deve oferecer a oportunidade de colocar em discussão um dos problemas mais graves do direito constitucional contemporâneo: o problema da defesa dos direitos de liberdade não apenas no confronto com os poderes públicos, mas também nos confrontos com os poderes que continuam a ser chamados privados. Uma Constituição que tenha solucionado o primeiro problema e não o segundo não pode ser considerada democrática. (...) Constituição democrática é aquela que não apenas consolida as liberdades civis, mas cria órgãos e leis que ajudem no sentido de que essas liberdades tenham

realidade e sejam salvaguardadas, e que ali, onde os bastiões erguidos contra os abusos de poder desmoronem ou estejam ameaçados de ruir, possa rapidamente mobilizar-se para erguer novos redutos. A nossa constituição é dotada dos dispositivos que permitem enfrentar esse perigo. Mas para fazê-lo são necessários três fatores: a consciência de que esse perigo existe, um exame preciso dos remédios e a vontade unânime de viver numa sociedade democrática. (Bobbio, 1998, p. 165-166)

No referido congresso, protestava-se contra a discriminação política promovida por grande empresa automobilística italiana que, ao estabelecer políticas de discriminação entre trabalhadores colaboradores e críticos, entre integrantes de duas centrais sindicais distintas, cerceava a liberdade de atuação política dos trabalhadores de certo segmento sindical(7).

Estabelecidos estão os pressupostos doutrinários para assegurar a incidência direta de toda sorte de direitos fundamentais — e não apenas os sociais, sobretudo os civis e políticos — aos locais de trabalho e às relações de trabalho. Cabe, agora, perquirir se existem conexões entre *garantismo* e jurisprudência e, mais especificamente, entre *garantismo* e reconstrução jurisprudencial do direito do trabalho.

4. Jurisprudência brasileira e o garantismo: exame de casos selecionados

Um primeiro campo para a concretização do *garantismo* está no estabelecimento de limites ao exercício do poder diretivo e disciplinar dos empregadores. No limite, trata-se de indagar sobre as possibilidades de controle (pela jurisprudência) do poder de comando (do empregador) nos marcos de uma sociedade de controle (e não apenas de vigilância).

(7) No texto publicado originalmente em 1958, Risorgimento, VIII, 1, p. 19, por ocasião dos *Anni Durialla FIAT*, Bobbio afirma: "(...) O significado fundamental de uma constituição democrática é afirmar que o poder sobre os homens, seja ele exercido por determinado grupo ou pessoa, deve ter limites juridicamente estabelecidos, e nada existe de mais contrário à atuação de uma estável e pacífica convivência entre os homens, na qual está o objetivo do Estado, que um poder ilimitado na sua natureza e arbitrário em seu exercício. (...) Sendo assim, a afirmação das liberdades civis continuaria letra morta e a finalidade principal à qual tendem as garantias constitucionais estaria excluída se as liberdades do cidadão, afirmadas contra os órgãos do Estado, não fossem igualmente definidas e protegidas contra o poder privado. Um dos disparates da hodierna sociedade capitalista é a concentração de grandes poderes nas mãos de instituições privadas. Sabemos que esses poderes são amplos a ponto de suspender, minorar ou até mesmo tornar vãs algumas liberdades fundamentais que até agora pareciam ameaçadas apenas pelos órgãos do poder estatal. (...) A nossa Constituição reconhece e protege a liberdade de pensamento. Suponhamos que uma grande empresa coloque como condição para a admissão dos seus funcionários a adesão a certa corrente política. Neste caso, mais uma vez, o cidadão seria livre para ter opinião própria perante o Estado. Mas já não seria livre para sustentá-la diante da empresa privada. Pergunto-me: em tal situação, ainda existiria ou já não existiria mais a liberdade política? Poderíamos objetar que o privado, qualquer coisa que faça, não impõe uma crença ou uma opinião política; mas considera uma e outra como condição para garantia de trabalho. Respondo que do mesmo modo poderíamos sustentar que até o Estado mais tirânico não impõe uma crença ou uma opinião, mas se limita a estabelecer certas condições para sermos considerados cidadãos com plenos direitos, permitindo assim que haja liberdade de escolha entre aceitar a crença ou a opinião do Estado, ou acabar na prisão" (Bobbio, 1998, p. 165-167).

Conceitos jurídicos originários da dogmática civilista vêm sendo (bem) utilizados para conter e limitar o poder disciplinar e o poder de comando do empregador. Proibição de abuso de direito, responsabilidade por infligir dano moral, responsabilidade extrapatrimonial, boa-fé objetiva, são institutos que permitem ao direito dar conta de resolver progressivas demandas por dignidade pessoal nas relações laborais. Antonio Rodrigues de Freitas Júnior, entretanto, observa ser necessário distinguir o modo de incidência destas figuras de direito privado daquele que ocorre quando entra em campo a proteção que tem índole constitucional, qualificada como direito fundamental (2009, p. 25), pois enquanto no primeiro caso está-se diante de uma incidência vertical e mediata, no segundo, a eficácia é horizontal ou imediata. Nesta hipótese, a proteção "não apenas observa os cânones da hermenêutica constitucional, como também, por seus predicados, sobrepõe-se e até mesmo invalida outras normas, sejam elas infraconstitucionais, mesmo emanadas do poder constituinte derivado" (Freitas Júnior, 2009, p. 25).

Reconhecendo que a jurisprudência do Supremo Tribunal Federal não desconhece a perspectiva da eficácia imediata dos direitos fundamentais nas relações de trabalho[(8)], Antonio Rodrigues de Freitas Júnior salienta não ser ousado pugnar atribuir eficácia direta a direitos fundamentais quando está em jogo o exercício da autoridade de gestão dos empregadores, do poder diretivo e punitivo. Afinal, para um ambiente de respeito à tolerância, à diversidade e à alteridade, o autorobserva ser necessário ultrapassar a "proteção à pessoa do indivíduo vitimado" e reconhecer a eficácia do direito fundamental "para conferir às relações intersubjetivas — *uti universi*— que se estabelecem no interior do ambiente social de trabalho uma grandeza qualitativamente mais fraterna e tolerante" (Freitas Júnior, 2009, p. 28). O controle das despedidas arbitrárias se apresenta como campo fértil de exercício de uma jurisprudência *garantista* que admita a incidência direta e imediata dos direitos fundamentais nas relações de trabalho e no exercício do poder disciplinar.

O direito fundamental de proteção em face das despedidas arbitrárias também foi aplicado pela Corte para invalidar inovações legais de conteúdo flexibilizador, introduzidas na Consolidação das Leis do Trabalho no bojo das reformas neoliberais promovidas pelo Executivo Federal, no contexto das privatizações e reforma gerencial do Estado brasileiro. O Supremo Tribunal Federal rechaçou a fixação de regra que instituía modalidade de despedida arbitrária ou sem justa causa, sem indenização correspondente. E em decisão garantista, deu ampla interpretação ao princípio constitucional da proteção contra a despedida arbitrária ou sem justa

(8) Freitas Júnior cita como exemplos da aplicação, pelo STF, da perspectiva de eficácia imediata para garantia dos direitos de personalidade no âmbito das relações laborais, o RE n. 160.222-RJ (invalidação de cláusula contratual de sujeição à revista íntima), o RE n. 161.243-DF (extensão de benefício de regulamento interno para empregados originariamente excluídos do campo de aplicação em virtude da nacionalidade) e o RE 158.215-RS (utilização da cláusula do devido processo legal para invalidar exclusão de sócio de cooperativa), (2009, p. 27).

causa (CF, art. 7º, I) e declarou a inconstitucionalidade dos §§ 1º e 2º do art. 453 da CLT (com a redação dada pela Lei n. 9.528/97)(9).

A atuação garantista da Suprema Corte em aplicar direitos fundamentais sociais como contenção às reformas *in pejus* aos trabalhadores não se limitaria ao controle de constitucionalidade de leis em sentido formal. O reconhecimento de direitos fundamentais de minorias desprestigiadas em convenções coletivas provenientes do exercício da autonomia coletiva também foi objeto da jurisprudência do Supremo Tribunal Federal.

Diante de acordos coletivos de trabalho que estabeleciam o requisito de comunicação formal da gravidez para que a empregada adquirisse a garantia de emprego durante o ciclo gravídico-puerperal, eximindo o empregador das obrigações de proteção, caso não houvesse prova de sua ciência inequívoca, o Tribunal Superior do Trabalho em um primeiro momento flexibilizou a proteção constitucional(10).

---

(9) Estamos nos referindo a três decisões, em particular. Publicado no Diário de Justiça do dia 29 de junho de 2007, o acórdão da ADI n. 1.721-3-DF recebeu a seguinte ementa: "AÇÃO DIRETA DE INCONSTITUCIONALIDADE. Art. 3º DA MEDIDA PROVISÓRIA N. 1.596– 4/97, CONVERTIDA NA LEI N. 9.528/97, QUE ADICIONOU AO ART. 453 DA CONSOLIDAÇÃO DAS LEIS DO TRABALHO UM SEGUNDO PARÁGRAFO PARA EXTINGUIR O VÍNCULO EMPREGATÍCIO QUANDO DA CONCESSÃO DA APOSENTADORIA ESPONTÂNEA. PROCEDÊNCIA DA AÇÃO". Já o segundo acórdão foi publicado no Diário de Justiça do dia 1º.12.2006 com a seguinte ementa: "AÇÃO DIRETA DE INCONSTITUCIONALIDADE. READMISSÃO DE EMPREGADOS DE EMPRESAS PÚBLICAS E SOCIEDADES DE ECONOMIA MISTA. ACUMULAÇÃO DE PROVENTOS E VENCIMENTOS. EXTINÇÃO DO VÍNCULO EMPREGATÍCIO POR APOSENTADORIA ESPONTÂNEA. NÃO CONHECIMENTO.Na primeira ADI, foram requerentes o Partido dos Trabalhadores — PT e o Partido Comunista do Brasil — PC do B, tendo se apresentado como interessado na inconstitucionalidade a Federação Nacional dos Trabalhadores nas Empresas de Correios e Telégrafos e Similares — FENTECT. Na segunda ADI n. 1.770-4/DF foram requerentes o Partido Democrático Trabalhista — PDT e o Partido Comunista do Brasil — PC do B, não tendo se apresentado como amicuscuri e nenhuma entidade sindical ou organização de aposentados. O julgamento final das duas ADIs ocorreu na sessão plenária de 11.10.2006, sob a presidência da Ministra Ellen Gracie, e estando presentes à sessão os ministros Sepúlveda Pertence, Celso de Mello, Gilmar Mendes, Cezar Peluso, Carlos Britto, Joaquim Barbosa, Ricardo Lewandovski e Marco Aurélio de Mello, sendo que este ministro foi vencido nas duas ações, na ADI n. 1.770-4, em parte, pois dava procedência em menor extensão ao pedido, e na ADI n. 1.7210-3 porque a julgava improcedente. É digno de registro que em ambas as ações o Ministério Público, na pessoa do Procurador-Geral da República, opinou pela constitucionalidade dos dispositivos, e improcedência do pedido das ações, sustentando que a aposentadoria extinguiria o contrato de trabalho. Por fim, destacamos a decisão do STF proferida no RE N. 463.629 (RECURSO EXTRAORDINÁRIO. MATÉRIA TRABALHISTA. ART. 453 DA CLT. EXTINÇÃO DO VÍNCULO EMPREGATÍCIO PELA APOSENTADORIA VOLUNTÁRIA. IMPOSSIBILIDADE. 1. A interpretação conferida pelo Tribunal Superior do Trabalho ao art. 453 da CLT, segundo a qual a aposentadoria espontânea do empregado importa na ruptura do contrato de trabalho (Orientação Jurisprudencial n. 177 da SDI-1) viola o postulado constitucional que veda a despedida arbitrária, consagrado no art. 7º, I, da Constituição Federal. 2. Precedentes: ADI n. 1.721-MC, ADI n. 1.770-MC e RE n. 449.420. 3. Recurso extraordinário conhecido e provido). Diante das decisões do Supremo Tribunal Federal, o TST cancelou a Orientação Jurisprudencial n. 177 da SDI que afirmava ser a aposentadoria voluntária por tempo de serviço modalidade de extinção contratual (ainda que mantida na realidade a relação de emprego), sendo inviável considerar a integralidade do tempo de serviço para fins de apuração da base de cálculo para cálculo da indenização pela despedida sem justa causa (40% do FGTS)".

(10) "Orientação Jurisprudencial n. 88. Gestante. Estabilidade provisória. Inserido em 28.4.1997. O desconhecimento de estado gravídico pelo empregador, salvo previsão contrária em norma coletiva, não afasta o pagamento da indenização decorrente da estabilidade (art.10, II, *b*, ADCT). A ausência de cumprimento

Assim, como segundo um paradigma garantista, "todos os direitos fundamentais dos trabalhadores positivados são inderrogáveis tanto pela discricionariedade administrativa como pela autonomia privada, individual ou coletiva" (Ferrajoli, 2008, p. 291), para o Supremo Tribunal Federal não estão sujeitos à deliberação (e, portanto, à transação pela autonomia coletiva) os direitos fundamentais sociais[11] diante da natureza irrenunciável dos direitos constitucionais dos trabalhadores e do princípio da norma mais benéfica.

Em um contexto no qual o direito do trabalho passou a ser flexibilizado *in pejus*, em detrimento dos direitos fundamentais sociais tanto pelas mãos do legislador, quanto pelas vias da negociação coletiva e de decisões judiciais de cortes trabalhistas, o Supremo Tribunal Federal contribuiu, ainda que timidamente, para a *reconstrução jurisprudencial de um direito do trabalho* senão desregulado, ao menos flexibilizado.

Jurisprudência *garantista* em matéria de direitos coletivos envolve não uma reconstrução, mas uma construção concretizadora do direito fundamental à greve, positivado no art. 9o da CRFB. Em confronto com uma memória repressiva, encontramos decisões recentes do Tribunal Superior do Trabalho seguindo tal intento ao rechaçar argumentos patronais que identificam greve política como greve abusiva e ao sublinhar a existência de "movimentos grevistas que se dirigiram a interesses estranhos aos estritamente contratuais", tais como as "*greves de solidariedade e as greves políticas*, que não são vedadas pela Constituição Federal"[12]. A afirmação

---

da obrigação de comunicar a empregadora o estado gravídico em determinado prazo após a rescisão, conforme previsto em norma coletiva que condiciona a estabilidade a esta comunicação, afasta o direito à indenização decorrente da estabilidade." Posteriormente foi dada nova redação à OJ n. 88: "Gestante. Estabilidade Provisória. O desconhecimento do estado gravídico pelo empregador não afasta o direito ao pagamento da indenização decorrente da estabilidade. (art. 10, II, *b*, ADCT). Legislação: CF/1988", entendimento consubstanciado atualmente na Súmula n. 244 do Tribunal Superior do Trabalho.

(11) Trata-se de decisão proferida em recurso extraordinário em que a Primeira Turma do Supremo Tribunal Federal reformou decisão do TST e restabeleceu sentença de primeira instância da Justiça do Trabalho que determinara opagamento da indenização pela dispensa arbitrária de empregada grávida, não obstante previsão constante em cláusula convencional, assim ementada: "Estabilidade provisória da empregada gestante (ADCT, art. 10, II, *b*): inconstitucionalidade de cláusula de convenção coletiva do trabalho que impõe como requisito para o gozo do benefício a comunicação da gravidez ao empregador. 1. O art. 10 do ADCT foi editado para suprir a ausência temporária de regulamentação da matéria por lei. Se carecesse ele mesmo de complementação, só a lei a poderia dar; não a convenção coletiva, à falta de disposição constitucional que o admitisse. 2. Aos acordos e convenções coletivos de trabalho, assim como às sentenças normativas, não é lícito estabelecer limitações a direito constitucional dos trabalhadores que nem à lei se permite" (BRASIL, STF-RE 234186-3, Min. rel. Sepúlveda Pertence, 2001).

(12) Trata-se de importante decisão da Seção de Dissídios Coletivos do TST, proferida em 9 de novembro de 2009, nos autos do processo TST-RODC-548/2008-000-12-00.0, com a seguinte ementa: "RECURSO ORDINÁRIO EM DISSÍDIO COLETIVO. AMPLITUDE DO DIREITO DE GREVE. A Carta Magna brasileira de 1988, em contraponto a todas as constituições anteriores do país, conferiu, efetivamente, amplitude ao direito de greve ao determinar que compete aos trabalhadores a decisão sobre a oportunidade de exercer o direito, assim como decidir a respeito dos interesses que devam por meio dele defender (*caput* do art. 9º, CF/88). A teor do comando constitucional, portanto, não são, em princípio, inválidos movimentos paredistas que defendam interesses que não sejam rigorosamente contratuais, ilustrativamente, razões macroprofissionais e outras". O acórdão, de relatoria do ministro Maurício Godinho Delgado, é claramente garantista: "Ao contrário, a Carta Magna brasileira, de 1988, em contraponto a todas as

da amplitude do direito de greve e da reserva à autonomia coletiva de competência exclusiva para deliberar sobre a oportunidade do exercício do direito e decidir acerca de que interesses serão defendidos na greve expressa uma opção nitidamente garantista de concretização do direito fundamental e de reconhecimento da legitimidade constitucional de movimentos paredistas, contendo reivindicações políticas que buscam a melhoria das condições de vida dos trabalhadores.

Em um cenário de abertura do Tribunal Superior do Trabalho a interpretações garantistas, quiçá o Supremo Tribunal não enverede por interpretações em desprestígio dos princípios do direito constitucional do trabalho. Posições liberais em matéria constitucional podem provocar uma erosão na interpretação da constituição do trabalho e um retrocesso na concretização dos direitos. Referimo-nos especialmente a recentes debates havidos no Supremo Tribunal Federal em torno de institutos e temas caros aos juslaboralistas. Sob a aparência de concretização de princípios constitucionais, o Supremo Tribunal Federal determinou a suspensão da nova redação da Súmula n. 228 do TST(13) e inicia debate sobre a constitucionalidade da prescrição trintenária do FGTS, resolvida na Justiça do Trabalho com a edição da Súmula n. 362 do TST(14).

Trata-se do julgamento do Recurso Extraordinário n. 522.897, no qual se discute a constitucionalidade do art. 23 da Lei n. 8.036, de 11 de maio de 1990, que reafirmou, depois da nova ordem constitucional, a prescrição trintenária para cobrança de parcelas não depositadas no Fundo de Garantia por Tempo de Serviço. A tese da inconstitucionalidade aduzida pelo empregador (no caso, o Estado do Rio Grande do Norte) foi acolhida nos votos dos ministros Gilmar Mendes e Ellen

---

constituições anteriores do país, conferiu, efetivamente, amplitude ao direito de greve. É que determinou competir aos trabalhadores a decisão sobre a oportunidade de exercer o direito, assim como sobre os interesses que devam por meio dele defender (*caput* do art. 9º, CF/88). Oportunidade de exercício de greve e interesses a serem nela defendidos, ambos sob decisão dos respectivos trabalhadores, diz a Carta Magna. A teor do comando constitucional, portanto, não são, em princípio, inválidos movimentos paredistas que defendam interesses que não sejam rigorosamente contratuais, ilustrativamente, razões macroprofissionais e outras. A validade desses movimentos será inquestionável, em especial se a solidariedade ou a motivação política vincularem-se a fatores de significativa repercussão na vida e trabalho dos grevistas. Essa é a hipótese dos autos em que os trabalhadores, unidos em uma mobilização nacional, reivindicaram legitimamente melhorias nas relações do trabalho portuário. Dessa forma, é inevitável a conclusão de que o simples fato de ter o movimento paredista cunho estritamente político, conforme alega o Suscitante, não torna o movimento abusivo, visto que os trabalhadores apenas exerceram em sua plenitude um direito constitucionalmente garantido".

(13) Trata-se da decisão proferida pelo Ministro Gilmar Mendes, que deferiu medida cautelar nos autos da Reclamação n. 6.266-DF,atendendo a requerimento da Confederação Nacional da Indústria — CNI para suspender os efeitos da Súmula 228 do E. Tribunal Superior do Trabalho, que em nova redação afirmara: "Adicional de insalubridade. Base de cálculo. A partir de 9 de maio de 2008, data da publicação da Súmula Vinculante n. 4 do Supremo Tribunal Federal, o adicional de insalubridade será calculado sobre o salário básico, salvo critério mais vantajoso fixado em instrumento coletivo".

(14) Súmula TST n. 362 — FGTS. Prescrição: "É trintenária a prescrição do direito de reclamar contra o não recolhimento da contribuição para o FGTS, observado o prazo de 2 (dois) anos após o término do contrato de trabalho".

Gracie, tendo sido suspenso o julgamento no último dia 4 (de agosto de 2011) com o pedido de vista do ministro Carlos Ayres de Brito. A tese da inconstitucionalidade sustenta que na nova ordem constitucional o Fundo de Garantia corresponderia a um crédito trabalhista, prescritível em cinco anos, a teor do inciso XXIX do art, 7º da CRFB. Conquanto a natureza complexa do Fundo de Garantia por Tempo de Serviço não permita concluir tratar-se exclusivamente de uma modalidade de crédito trabalhista, ainda que assim o fosse, tal conclusão não levaria à inconstitucionalidade do art. 23 da Lei n. 8.036 de 1990. Afinal, o *caput* do art. 7º da Constituição Federal não somente não veda que os direitos nele enunciados sejam ampliados pela legislação infraconstitucional, como constitucionaliza o princípio trabalhista que prestigia a norma mais favorável. Em matéria trabalhista, com expressa garantia constitucional, a norma mais favorável é sempre o vértice do ordenamento, constituindo os direitos materiais previstos no art. 7º (CRFB) o piso, não um teto para a proteção.

Não se deve olvidar "que o art. 7º da Constituição revela-se como uma centelha de proteção ao trabalhador a deflagrar um programa ascendente, sempre ascendente, de afirmação dos direitos fundamentais," consoante magistério de Augusto César Leite Carvalho, que assevera: "Quando o *caput* do mencionado preceito enuncia que irá detalhar o conteúdo indisponível de uma relação de emprego e de logo põe a salvo 'outros direitos que visem à melhoria de sua condição social', atende a um postulado imanente aos direitos fundamentais: a proibição de retrocesso" (2007).

Sabe-se que o direito fundamental reconhecido no inc. XXIX do art. 7º da Constituição é o da ampla garantia do direito de ação trabalhista (Camino, 2004, Carvalho, 2007), e que o lapso temporal fixadoobjetivava, em seu tempo, aumentar o prazo prescricional estabelecido originalmente na Consolidação das Leis do Trabalho. A adequada interpretação para o art. 7º, XXIX, é a que extrai do direito constitucional não uma interpretação textual, mas aquela que, referenciada na tendência progressista e progressiva dos direitos fundamentais(15), reafirma os direitos fundamentais como direitos dos mais fracos:"Centrando o foco, portanto, na matriz constitucional (...) exaure-se na percepção de o conceito de prescrição considerado pelo constituinte, em restrição que fez ao direito de ação trabalhista, ser insusceptível de mutação pelo legislador *ordinário sempre que assim não suceder para melhorar as condições sociais do trabalhado*". (Carvalho, 2007) (grifo nosso)

As potencialidades do garantismo para a reconstrução jurisprudencial dos direitos do trabalho estão dadas e já são exploradas em casos específicos. Parafraseando

(15) Como manifestação das potencialidades do garantismo para sustentar um processo de reconstrução dogmática do direito do trabalho, o excelente artigo do Ministro Augusto César de Carvalho que afirma a incompatibilidade entre o art. 219 § 5º do CPC (que em nova redação alberga a possibilidade de declaração ex-ofício da prescrição), seja ao constatar que "a mudança de sentido fere a proibição de retrocesso em relação ao direito de ação trabalhista elevado à categoria de direito fundamental pela Constituição e por esta já delimitado", prosseguindo "por seu turno, o credor da prestação salarial tem interesse prevalente quando comparado, com esteio no ordenamento constitucional e mesmo legal, ao desejo de o devedor trabalhista eximir-se das obrigações que contraiu ao apropriar-se da energia de trabalho". (Carvalho, 2007)

Ferrajoli, afirma-se que o futuro dos direitos dos trabalhadores também depende de nós, de nossa consciência, de nossa responsabilidade civil e política, de nosso atuar (2008, p. 292). Instigada por uma leitura que conjuga o processo de positivação dos direitos do trabalho na desigual sociedade brasileira com o estabelecimento de um horizonte para as aspirações utópicas de uma classe em construção[16], concluímoso artigo tomando por empréstimo de Douzinas (2009) a epígrafe de Oscar Wilde: *"Nem vale a pena olhar para um mapa do mundo que não inclua a Utopia, pois ele exclui o único país onde a humanidade está sempre aportando"*.

Referências bibliográficas

BOBBIO, Norberto (1998). *Diário de um século:* autobiografia. Rio de Janeiro: Campus.

CAMINO, Carmen (2004). *Direito individual do trabalho.* 4. ed. Porto Alegre: Síntese.

CARDOSO, Adalberto (2010). *Uma utopia brasileira:* Vargas e a construção do estado de bem-estar numa sociedade estruturalmente desigual. Rio de Janeiro, v. 53, n. 4. Disponível em: <http://www.scielo.br/scielo.php?script=sci_arttext&pid=S0011-52582010000400001&lng=en&nrm=iso>. Acesso em: 14 ago. 2011.

CARVALHO, Augusto César Leite de (2007) *Prescrição trabalhista* "exofficio": Uma análise da compatibilidade sob o prisma constitucional. Disponível em: <http://jus.uol.com.br/revista/texto/10480/prescricao-trabalhista-ex-officio>. Acesso em: 14. ago. 2011.

DOUZINAS, Costas (2009). *O fim dos direitos humanos.* São Leopoldo: Unisinos.

ERMIDA URIARTE, Oscar (2004a). A flexibilização no Direito do Trabalho. A experiência Latino-Americana. *In:* Tribunal Superior do Trabalho (Org.). *Flexibilização no Direito do Trabalho.* 2. ed. São Paulo: IOB Thompson. p. 217-252.

________ (2004b). A aplicação judicial das normas constitucionais e internacionais sobre direitos humanos trabalhistas. *In:* Tribunal Superior do Trabalho (Org.). *Fórum internacional sobre direitos humanos e direitos sociais.* São Paulo: LTr. p. 280-293.

________ (2007). Entrevista: Panorama Latino Americano. *Revista da Associação Latino-americana de Juízes do Trabalho*, n. 2, ano 1, dez., p. 14-18. Disponível em: <http://www.aljt.org/index.php?option=com_content&task=blogcategory&id=39&Itemid=65>. Acesso em: 1º ago.2011.

FERRAJOLI, Luigi *et al.* (2001). *Los fundamentos de los derechos fundamentales.* Madrid: Editorial Trotta.

________ (2002a). *Derechos y garantías.* La ley del más débil. 3. ed. Madrid: Editorial Trotta.

________ (2002b). Prólogo. *In:* ABRAMOVICH, Víctor; COURTIS, Christian. *Los derechos sociales como derechos exigibles.* Madrid: Editorial Trotta.

________ (2008). *Democracia y garantismo.* Madrid: Editorial Trotta.

FREITAS JÚNIOR, Antonio Rodrigues de (2009). Direitos Sociais e eficácia horizontal dos direitos fundamentais: possíveis consequências práticas para o exercício do poder disciplinar do empregador. *In: Revista Trabalhista Direito e Processo*, ano 8, n. 31, jul.-set., p. 22-29.

---

(16) A referência aqui é ao instigante ensaio de Cardoso, para quem "a consciência de classe dos trabalhadores brasileiros foi, por muito tempo, a consciência do direito a seus direitos, cuja efetividade esteve sempre em processo e, nesse sentido, foi, sempre e renovadamente, utópica." (2010, p. 806).

ITALIA. *La Costituzione della Repubblica Italiana*. Disponível em: <http://www.comune.fi.it/costituzione/italiano.pdf>. Acesso em: 16 ago. 2011.

PAOLI, Maria C. (1994). Os direitos do trabalho e sua justiça: em busca de referências democráticas. *Revista da USP* (Dossiê Judiciário), São Paulo, n. 21, mar./maio, p. 100-115.

SILVA, Sayonara Grillo Coutinho Leonardo da (2008). *Relações Coletivas de Trabalho*: configurações institucionais no Brasil contemporâneo. São Paulo: LTr.

_________ (2011). Reforma do Judiciário e Justiça do Trabalho: esboço para a avaliação do legado reformador no âmbito do direito de greve *In*: Grijalbo Fernandes Coutinho; Marcos Neves Fava. (Org.). *O que estão fazendo da nova competência da Justiça do Trabalho?* Análise crítica da jurisprudência do STF, do TST e do STJ após a EC n. 45/2004. São Paulo: LTr, p. 611-639.

Referências legislativas e jurisprudenciais

BRASIL. *Constituição da República Federativa do Brasil*. Brasília. Disponível em: <https://www.planalto.gov.br/>. Acesso em: 17 jun. 2011.

BRASIL. *Supremo Tribunal Federal*. Recurso extraordinário. RE n. 234.186/SP. Recorrente: Elizabete dos Santos Silva. Recorridos: Credencial Serviços Ltda. Relator: Min. Sepúlveda Pertence. Brasília, 5 de junho de 2001. Disponível em: <http://www.stf.jus.br/portal/jurisprudencia/listarJurisprudencia.asp?s1=RE.SCLA.%20E%20234186.NUME.&base=baseAcordaos>. Acesso em: 14 ago. 2011.

BRASIL. SUPREMO TRIBUNAL FEDERAL. Supremo inicia debate sobre prazo de prescrição quanto ao FGTS. *Notícias STF*. Disponível em: <http://www.stf.jus.br/portal/cms/verNoticiaDetalhe.asp?idConteudo=185851>. Acesso em: 4 ago. 2011.

BRASIL. SUPREMO TRIBUNAL FEDERAL. *Recurso Extraordinário n. 522.897*: Andamento processual. Disponível em: <http://www.stf.jus.br/portal/processo/verProcessoAndamento.asp?numero=522897&classe=RE&origem=AP&recurso=0&tipoJulgamento=M>. Acesso em: 18 ago. 2011.

BRASIL. Supremo Tribunal Federal. *Recurso Extraordinário RE n. 160.222/RJ*. Recorrentes: Ana Paula Muniz dos Santos e Ministério Público do Estado do Rio de Janeiro. Recorrido: Nahum Manela. Relator: Ministro Sepúlveda Pertence. Brasília, 11 abr. 1995. Disponível em: <http://www.stf.jus.br/portal/jurisprudencia/listarJurisprudencia.asp?s1=%28RE%24%2ESCLA%2E+E+160222%2ENUME%2E%29+OU+%28RE%2EACMS%2E+ADJ2+160222%2EACMS%2E%29&base=baseAcordaos>. Acesso em: 24 ago. 2011

BRASIL. Supremo Tribunal Federal. *Recurso Extraordinário RE n. 161.243/DF*. Recorrentes: Joseph Halfin. Recorrido: Compagnie Nationale Air France. Relator Ministro Carlos Velloso. Brasília, 26 out. 1996. Disponível em: <http://www.stf.jus.br/portal/jurisprudencia/listarJurisprudencia.asp?s1=%28RE%24%2ESCLA%2E+E+161243%2ENUME%2E%29+OU+%28RE%2EACMS%2E+ADJ2+161243%2EACMS%2E%29&base=baseAcordaos >. Acesso em: 24 ago. 2011

BRASIL. Supremo Tribunal Federal. *Recurso Extraordinário RE n. 158.215/RS*. Recorrentes: Ayrton da Silva Capaverde e outros. Recorrido: Cooperativa Mista São Luiz LTDA. Relator: Ministro Marco Aurélio. Brasília, 30 abr. 1996. Disponível em: <http://www.stf.jus.br/portal/jurisprudencia/listarJurisprudencia.asp?s1=%28RE%24%2ESCLA%2E+E+158215%2ENUME%2E%29+OU+%28RE%2EACMS%2E+ADJ2+158215%2EACMS%2E%29&base=baseAcordaos>. Acesso em: 24 ago. 2011

BRASIL. Supremo Tribunal Federal. *Ação Direta de Inconstitucionalidade ADI n. 1.721-3- DF*. Requerentes – Partido dos Trabalhadores — PT, Partido Democrático Trabalhista— PDT, e Partido Comunista do Brasil — PC do B. Requerido: Presidente da República. Relator: Ministro Carlos Britto. Brasília, 11 abr. 2003. Disponível em: <http://www.stf.jus.br/portal/peticaoInicial/verPeticaoInicial.asp?base=ADIN&s1=MEDIDA%20PROVIS%D3RIA%20APOSENTADORIA%20ESPONTANEA&processo=1721>. Acesso em: 24 ago. 2011.

BRASIL. Supremo Tribunal Federal. *Ação Direta de Inconstitucionalidade ADI n. 1.770-4/DF.* Requerentes: Partido Democrático Trabalhista — PDT— e Partido Comunista do Brasil — PC do B. Requerido: Presidente da República Congresso Nacional. Relator: Ministro Joaquim Barbosa. Brasília, 6 nov. 1998. Disponível em: <http://www.stf.jus.br/portal/peticaoInicial/verPeticaoInicial.asp?base=ADIN&s1=READMISS%C3O%20DE%20EMPREGADOS%20DE%20EMPRESAS%20P%DABLICAS%20ACUMULA%C7%C3O%20DE%20PROVENTOS&processo=1770>. Acesso em: 24 ago. 2011.

BRASIL. Tribunal Superior do Trabalho. *Orientação Jurisprudencial n. 88 "Gestante. Estabilidade Provisória. O desconhecimento do estado gravídico pelo empregador não afasta o direito ao pagamento da indenização decorrente da estabilidade.* (art. 10, II, *b*, ADCT). Legislação: CF/1988". Disponível em: <http://www.lexml.gov.br/urn/urn:lex:br:tribunal.superior.trabalho;subsecao.especializada.dissidios.individuais.1:orientacao.jurisprudencial:2011;88>. Acesso em: 24 ago. 2011.

BRASIL. Supremo Tribunal Federal. *Recurso Extraordinário RE n. 463.629*. Recorrente: Rosali Gomes. Recorrido: Jorge Sant'anna Bopp e Outro (A/S). Relatora: Ministra Ellen Gracie. Brasília, 14 nov. 2006. Disponível em: <http://www.stf.jus.br/portal/jurisprudencia/listarJurisprudencia.asp?s1=%28RE%24%2ESCLA%2E+E+463629%2ENUME%2E%29+OU+%28RE%2EACMS%2E+ADJ2+463629%2EACMS%2E%29&base=baseAcordaos>. Acesso em: 24 ago. 2011.

BRASIL. Tribunal Superior do Trabalho. *Recurso Ordinário em Dissídio Coletivo RODC-548/2008-000-12-00.0*. Recorrente: Sindicato dos Operadores Portuários de São Francisco do Sul. Recorrido: Sindicato dos Estivadores e Trabalhadores em Estiva de Minérios de São Francisco do Sul. Relator: Ministro Mauricio Godinho Delgado. Brasília, 27 nov. 2009. Disponível em: <http://ext02.tst.jus.br/pls/ap01/ap_red100.resumo?num_int=700931&ano_int=2009&qtd_acesso=14555253>. Acesso em: 24 ago. 2011.

BRASIL. Supremo Tribunal Federal. *Reclamação Rcl n. 6266*. Reclamante: Confederação Nacional da Indústria. Reclamado: Tribunal Superior do Trabalho (Súmula n. 228). Relatora: Ministra Cármem Lúcia. Brasília, 14 out. 2008. Disponível em: <http://www.stf.jus.br/portal/processo/verProcessoAndamento.asp?incidente=2629349>. Acesso em: 24 ago. 2011.

BRASIL. Tribunal Superior do Trabalho. *Súmula n. 362:* "É trintenária a prescrição do direito de reclamar contra o nãorecolhimento da contribuição para o FGTS, observado o prazo de 2 (dois) anos após o término do contrato de trabalho". Disponível em: <http://www.dji.com.br/normas_inferiores/enunciado_tst/tst_0361a0390.htm#TST Enunciado n. 362>. Acesso em: 24 ago. 2011.

BRASIL. Supremo Tribunal Federal. Ação Direta de Inconstitucionalidade ADI n. 1.721-3-DF. Requerentes — Partido dos Trabalhadores — PT, Partido Democrático Trabalhista — PDT, e Partido Comunista do Brasil — PC do B. Requerido: Presidente da República. Relator: Ministro Carlos Britto. Brasília, 11 abr. 2003. Disponível em: <http://www.stf.jus.br/portal/peticaoInicial/verPeticaoInicial.asp?base=ADIN&s1=MEDIDA%20PROVIS%D3RIA%20APOSENTADORIA%20ESPONTANEA&processo=1721>. Acesso em: 24 ago. 2011.

BRASIL. Supremo Tribunal Federal. Ação Direta de Inconstitucionalidade ADI n. 1.770-4-DF. Requerentes: Partido Democrático Trabalhista — PDT — e Partido Comunista do Brasil — PC do B. Requerido: Presidente da República Congresso Nacional. Relator: Ministro Joaquim Barbosa. Brasília, 6 nov. 1998. Disponível em: <http://www.stf.jus.br/portal/peticaoInicial/verPeticaoInicial.asp?base=ADIN&s1=READMISS%C3O%20DE%20EMPREGADOS%20DE%20EMPRESAS%20P%DABLICAS%20ACUMULA%C7%C3O%20DE%20PROVENTOS&processo=1770>. Acesso em: 24 ago. 2011.

BRASIL. Tribunal Superior do Trabalho. Orientação Jurisprudencial n. 88 "Gestante. Estabilidade Provisória. O desconhecimento do estado gravídico pelo empregador não afasta o direito ao pagamento da indenização decorrente da estabilidade. (art. 10, II, b, ADCT)". Legislação: CF/1988". Disponível em: <http://www.lexml.gov.br/urn/urn:lex:br:tribunal.superior.trabalho;subsecao.especializada.dissidios.individuais.1:orientacao.jurisprudencial:2011;88>. Acesso em: 24 ago. 2011.

BRASIL. Supremo Tribunal Federal. Recurso Extraordinário RE n. 463.629. Recorrente: Rosali Gomes. Recorrido: Jorge Sant'anna Bopp e Outro (A/S). Relatora: Ministra Ellen Gracie. Brasília, 14 nov. 2006. Disponível em: <http://www.stf.jus.br/portal/jurisprudencia/listarJurisprudencia.asp?s1=%28RE%24%2E+SCLA%2E+E+463629%2ENUME%2E%29+OU+%28RE%2EACMS%2E+ADJ2+463629%2EACMS%2E%29&base=baseAcordaos>. Acesso em: 24 ago. 2011.

BRASIL. Tribunal Superior do Trabalho. Recurso Ordinário em Dissídio Coletivo RODC-348/2008-000-12-00.0. Recorrente: Sindicato dos Operadores Portuários de São Francisco do Sul. Recorrido: Sindicato dos Estivadores e Trabalhadores em Estiva de Minérios de São Francisco do Sul. Relator: Ministro Maurício Godinho Delgado. Brasília, 27 nov. 2009. Disponível em: <http://ext02.tst.jus.br/pls/ap01/ap_red100.resumo?num_int=70093&ano_int=2009&qtd_acesso=1435525>. Acesso em: 24 ago. 2011.

BRASIL. Supremo Tribunal Federal. Reclamação Rcl n. 6266. Reclamante: Confederação Nacional da Indústria. Reclamado: Tribunal Superior do Trabalho (Súmula n. 228). Relatora: Ministra Cármem Lúcia. Brasília, 14 out. 2008. Disponível em: <http://www.stf.jus.br/portal/processo/verProcessoAndamento.asp?incidente=2629349>. Acesso em: 24 ago. 2011.

BRASIL. Tribunal Superior do Trabalho. Súmula n. 362. "É trintenária a prescrição do direito de reclamar contra o não recolhimento da contribuição para o FGTS, observado o prazo de 2 (dois) anos após o término do contrato de trabalho". Disponível em: <http://www.dji.com.br/normas_inferiores/enunciado_tst/tst_0361a0390.htm#TST Enunciado n. 362>. Acesso em: 24 ago. 2011.

VIII — O Constitucionalismo como Defesa aos Efeitos Transversos das Transformações Precarizantes no Mundo do Trabalho

Ubirajara Carlos Mendes

1. Introdução

As constantes transformações a que o mundo do trabalho está submetido, tanto de índole econômica, caracterizada por novas formas de gestão produtiva, como também tecnológicas, advindas da chamada era da sociedade da informação, apontam para um paradigma ainda em evolução no mundo do trabalho, consubstanciado no dilema entre a opção por uma crescente desvalorização do trabalhador enquanto indivíduo e de sua alienação em face da substanciação produtiva em prol do desenvolvimento de um mercado capitalista de consumo cada vez mais abrangente, ou ainda, quem sabe, em um ideal emancipador que retome o ser humano como o sujeito ao qual as ações são dirigidas, concebendo o trabalhador como destinatário direto do princípio da dignidade humana, titular de direitos fundamentais que demandam respeito não somente pelo Estado, mas também em suas relações com particulares, sobretudo na cadeia produtiva a que está inserido, almejando o desenvolvimento de uma sociedade mais justa e solidária.

Conforme pontua Ignacio Ramonet, no contexto contemporâneo, "dois dos pilares sobre os quais repousam as democracias modernas — o progresso e a coesão social — são substituídos por dois outros — a comunicação e o mercado"(1), nesse sentido se buscará discutir as repercussões destes dois fenômenos no mundo do trabalho, sobretudo no que concerne à ferramentas utilizadas pelo mercado capitalista e do nível em que o modo de produção por ele eleito, aplicado por meio dos métodos de gestão produtiva, desagregadores de direitos de personalidade do indivíduo, desestruturam o caráter emancipador do trabalho, buscando investigar inclusive as repercussões das novas tecnologias da sociedade da informação no ambiente empregatícioe suas implicações na esfera da intimidade do trabalhador.

Os dois fatores — a dominação determinante de um estado de subserviência e a facilidade em transpor os limites da privacidade individual propiciada pelas novas tecnologias — situam o trabalhador em um nível crítico de vulnerabilidade, o que

(1) RAMONET, Ignacio. La mutation du monde. Paris: *Le Monde Diplomatique*, out. 1997.

justifica maior atenção na disciplina destas relações, especialmente considerando a importância do trabalho para o ser humano, seja para prover suas necessidades, seja como fator de realização pessoal. Embora o ser humano não seja redutível ao trabalho, é a partir dele, como categoria ontológica fundante, que opera sua representação social, sua organização social e cria, com base nas transformações realizadas, novas necessidades.

Nesse contexto o constitucionalismo confere a fundamentalidade necessária aos direitos como instrumentos de defesa do indivíduo, inafastável por se apresentar em primeira e última análise, como a base primordial que permitirá salvaguardar o indivíduo inserido em um ambiente marcado por frequentes inovações tecnológicas, por um contexto de produção exacerbante, por influências mercadológicas que desafiam a centralidade do ser humano no sistema constituído por dotações epistêmicas de outras razões, por uma pressão constante de ser objeto e engrenagem do sistema e, ainda, pela deficiência legislativa e precarizada proteção legal infraconstitucional no ambiente das regras aplicáveis à esfera de defesa da intimidade do trabalhador.

2. As transformações econômicas e o modo de produção capitalista como fatores de alienação do trabalho

O trabalho é ínsito à condição humana. A pessoa não existe como pessoa sem agregar o trabalho à sua existência. As sociedades são as que, todavia, definem e redefinem os rótulos e o sentido axiológico do trabalho em seus respectivos contextos histórico, econômico e social. Mesmo a escravidão, durante muito tempo, foi considerada algo justo e necessário, a ponto de Aristóteles ter afirmado que a cultura somente era acessível aos ricos e ociosos, e que isso não seria possível sem a escravidão. A respeito dela, profetizou: "A escravidão poderá desaparecer quando a lançadeira do tear se movimentar sozinha"(2).

Sob diferentes pretextos e títulos, a escravidão instalou-se e propagou-se durante muitos séculos(3) até iniciar seu declínio com a Revolução Francesa, que proclamou sua indignidade. Neste ponto, a evolução passa a trilhar um caminho diferente, não sem os entraves da concepção enraizada na cultura da permissão conferida pelo poder de o homem subjugar o próprio homem, de situar seu desvalor e sua indignidade na herança da raça, da origem e do berço(4).

---

(2) *Apud* SÜSSEKIND, Arnaldo; MARANHÃO, Délio; VIANNA, Segadas; TEIXEIRA, Lima. *Instituições de direito do trabalho*. São Paulo: LTr, 2000. p. 26.

(3) Desde a escravização de prisioneiros capturados em batalhas, intensificando-se entre os egípcios, gregos e romanos. Nos tempos medievais entre os senhores feudais e até mesmo incentivada pela Igreja: em 1452 o Papa Nicolau autorizou o rei de Portugal a combater e reduzir à escravatura todos os muçulmanos, e em 1488 o Rei Fernando, o Católico, ofereceu dez escravos ao Papa Inocêncio VIII, que os distribuiu entre os cardeais. *In:* SÜSSEKIND *et. al. Instituições*, p. 28.

(4) A escravidão ainda não é, de fato, apenas uma referência histórica. Atualmente, estima-se que 12,3 milhões de pessoas sejam vítimas de trabalho escravo, sendo que, deste universo, mais de 1,4 milhões são vítimas de tráfico; 9,8 milhões são exploradas por agentes privados; 1,5 milhões são forçadas a

Segadas Vianna[5], ao comentar os fatores que contribuíram para o surgimento do Direito do Trabalho, faz um paralelo entre as revoluções política e industrial ocorridas no final do século XVIII. Com a primeira, o homem tornava-se livre, criava-se o "cidadão como categoria racional na ordenação política da sociedade"[6], e com a segunda, transformava-se a liberdade em mera abstração, "com a concentração das massas operárias sob o jugo do capital empregado nas grandes explorações com unidade de comando"[7]. Concretizava-se a afirmação de Ripert, de que "a experiência demonstra que a liberdade não basta para assegurar a igualdade, pois os mais fortes depressa se tornam opressores"[8]. Célebre também a lição de Lacordaire[9]: "Entre o forte e o fraco, entre o rico e o pobre, é a liberdade que escraviza, é a lei que liberta".

Hannah Arendt relata o desenvolvimento dos aspectos inerentes ao trabalho, desde o desprezo que se tinha em relação a ele, até a consideração de que constitui expressão da própria condição humana, conforme se infere:

> A súbita e espetacular promoção do labor, da mais humilde e desprezível posição a mais alta categoria, como a mais estimada de todas as atividades humanas, começou quando Locke descobriu que o *labour* é a fonte de toda propriedade; prosseguiu quando Adam Smith afirmou que este mesmo *labour* era a fonte de toda a riqueza; e atingiu o clímax no *system of labor* de Marx, no qual o labor passou a ser origem de toda a produtividade e a expressão da própria humanidade do homem[10].

É certo que a teoria de Locke buscava justificar a propriedade privada. Em sua obra "Segundo Tratado sobre o Governo"[11], afirmava que "todo homem tem uma

---

trabalhar pelo Estado ou por grupos rebeldes militares (Disponível em: <http://www.ilo.org/public/portugue/region/ampro/brasilia/trabalho_forcado/oit/relatorio/indicadores.pdf>. Acesso em: 12 jun. 2012). Segundo a Comissão Pastoral da Terra, estima-se que há 25.000 pessoas vítimas de trabalho escravo no Brasil (anais da Oficina trabalho escravo: uma chaga aberta. *Fórum Social Mundial 2003*, OIT, Brasília, 2003, p. 33). Na forma da Portaria Ministerial n. 02, de 12.5.2011, o portal do Ministério do Trabalho e Emprego mantém uma lista (atualizada em 12.7.2012) com 287 empregadores que tenham submetido trabalhadores a condições análogas à de escravo. Disponível em: <http://portal.mte.gov.br/trab_escravo/portaria-do-mte-cria-cadastro-de-empresas-e-pessoas-autuadas-por-exploracao-do-trabalho-escravo.htm>. Acesso em: 16 jul. 2012.

(5) SÜSSEKIND, *et. al. Op. cit.*, p. 34.

(6) *Idem.*

(7) *Idem.*

(8) RIPERT, Georges. *O regime democrático e o direito civil moderno.* São Paulo: Saraiva, 1937. p. 133.

(9) *Apud* VIANNA Segadas, *et al.*, *Instituições*, p. 36.

(10) ARENDT, Hannah. *A condição humana*. Tradução de Roberto Raposo. 10. ed. Rio de Janeiro: Forense Universitária, 2001. p. 113.

(11) LOCKE, John. *Dois tratados sobre o governo civil.* Tradução Júlio Fischer. São Paulo: Martins Fontes, 1998. p. 407-409.

propriedade em sua própria pessoa" e pelo "trabalho do seu corpo e a obra de suas mãos"[12]ele torna o que é comum propriedade sua[13].

Ao analisar o modo de produção de vida e a forma e o conteúdo do capital, Karl Marx[14] concebeu o trabalho como categoria fundante do ser social. Ponderou que os homens, para existirem, precisam ser capazes de se reproduzir enquanto seres humanos e a forma específica desta reprodução é conferida por uma especial relação do homem com a natureza por meio do trabalho. A determinação do desenvolvimento humano não écompreendido somente pelo processo de conhecimento, mas pela vida social do contexto em que ela emerge. Assim, concebe Marx, é a vida social e o meio que determinam o ser, e não a ideia do ser sobre o meio.

Em Marx[15], o conceito de trabalho não se limita ao conceito econômico de mera ocupação, mas é visto como atividade vital, colocada em uma posição central nas relações sociais, nas relações dos homens com a natureza e nas relações com outros homens. A possibilidade de idealização do objeto que impende, com sua força de trabalho, produzir, consigna a peculiaridadedo ser humano e ressalta a capacidade teleológica do ser social: ele tem ideado, em sua consciência, a configuração que quer imprimir ao objeto do trabalho antes mesmo de sua realização[16]. O elemento presente neste processo de objetivação e exteriorização imprime utilidade aos produtos dele resultantes, ao mesmo tempo em que instiga uma transformação potencializadora das capacidades humanas, reduzindo o aspecto meramente instintivo e

(12) *Idem.*

(13) Para Bernard Edelman, "A esfera da circulação constitui o lugar onde se manifesta esta relação social dominante: todos os indivíduos são (produtores), cambistas de mercadorias. É o lugar onde reina o valor de troca; melhor ainda: este lugar é, em si, 'o movimento do valor de troca'. Aqui os indivíduos, agentes da troca, são todos proprietários privados, isto é, seres livres que trazem para o mercado a mercadoria de que são possuidores. Com efeito o mercado já não é um mercado de escravos. Pelo contrário é o lugar onde o homem realiza a sua natureza trinitária; ele afirma-se como proprietário, portanto livre, portanto igual a qualquer outro proprietário. E esta tripla afirmação, a esfera da circulação admite-a como estrépito, organiza-a, pondo-a em movimento: o produto do trabalho pertence ao trabalhador (melhor ainda: o trabalho pessoal é o título de propriedade original) e este produto é universalmente susceptível de troca por qualquer outro produto. Mais simplesmente: o produto do trabalho tornado mercadoria — isto é, valor de troca, e mais longe ainda, dinheiro — pode trocar-se universalmente por qualquer outra mercadoria". EDELMAN, Bernard. *O direito captado pela fotografia*. Coimbra: Centelha, 1976. p. 129-130.

(14) MARX, Karl. *O capital:* crítica da economia política. Libro I, 24. ed. Rio de Janeiro: Civilização Brasileira, 2006. p. 211-212.

(15) *Idem.*

(16) O papel da consciência humana no processo produtivo imprime ao trabalho do ser humano uma dimensão teleológica que o distingue dos outros seres vivos. A sutil diferenciação operada por Marx entre a melhor abelha na construção de sua colmeia do pior arquiteto na construção de uma morada reside no papel desempenhado pela consciência do ser humano neste processo. Segundo Marx, no ser humano, o ato e o processo da produção, mediante a efetivação de seu trabalho, "... figura na mente sua construção antes de transformá-la em realidade. No fim do processo de trabalho aparece um resultado que já existia antes idealmente na imaginação do trabalhador...". MARX, *op. cit.*, p. 211-212.

espontâneo dos outros seres vivos, pois o homem, "atuando assim sobre a natureza externa e modificando-a, ao mesmo tempo modifica sua própria natureza"(17).

Para Georg Lukács(18), o trabalho constitui categoria intermediária que possibilita o salto ontológico das formas pré-humanas para ao ser social estando no centro do processo de humanização do homem. É a função social do trabalho que o distingue de todas as demais atividades humanas e é por meio dela que o trabalho realiza o intercâmbio orgânico com a natureza, sem ele não haveria qualquer reprodução social possível.

O pressuposto da ontologia de Lukács é retirado de Marx, os homens apenas podem viver se efetivarem uma contínua transformação da natureza, e isso se dá pelo trabalho(19). Acentua Marx que: "Como criador de valores de uso, como trabalho útil, é o trabalho, por isso, uma condição de existência do homem, independente de todas as formas de sociedade, eterna necessidade natural de mediação do metabolismo entre homem e natureza e, portanto, vida humana"(20). Pondera, todavia, que o modo de produção capitalista transforma o trabalho concreto "social" em trabalho abstrato "assalariado":

> Todo trabalho é, de um lado, dispêndio de força humana de trabalho, no sentido fisiológico, e, nessa qualidade de trabalho humano igual ou abstrato, cria o valor das mercadorias. Todo trabalho, por outro lado, é dispêndio de força humana de trabalho, sob forma especial, para um determinado fim, e, nessa qualidade de trabalho útil e concreto, produz valores de uso (...). De um lado, tem-se o caráter útil do trabalho, relação de intercâmbio entre os homens e a natureza, condição para a produção de coisas socialmente úteis e necessárias. É o momento em que se efetiva o trabalho concreto, o trabalho em sua dimensão qualitativa. Deixando de lado o caráter útil do trabalho, sua dimensão concreta, resta-lhe apenas ser dispêndio de força humana produtiva, física ou intelectual, socialmente determinada. Aqui aflora sua dimensão abstrata, onde desvanecem-se as diferentes formas de trabalho concreto e onde elas não distinguem uma das outras, mas reduzem-se, todas, a uma única espécie de trabalho, o trabalho humano abstrato(21).

---

(17) *Ibidem*, p. 211.

(18) LUKÁCS, Georg. *Ontologia do ser social:* os princípios fundamentais em Marx. São Paulo: Ciências Humanas, 1979. p. 15-16.

(19) Ao conceber a essência humana como histórica, determinada pela produção social, Lukács resgata a tese marxista de que os homens fazem a sua própria história, ainda que em circunstâncias que não escolheram. Esse resgate é a recusa a toda teorização que negue a possibilidade de emancipação humana ao julgo do capital e que limite o desenvolvimento da sociabilidade aos padrões individualistas e mesquinhos, tipicamente burguês. A ontologia de Lukács é uma defesa histórica dos ideais emancipatórios de Marx.

(20) MARX, Karl. *Trabalho assalariado e capital & salário, preço e lucro*. São Paulo: Expressão popular, 2008. p. 218.

(21) MARX, Karl. *O capital:* crítica da economia política, p. 45-54.

Tais considerações revelam a absoluta propriedade da afirmação de Wilson Ramos Filho no sentido de que o significante trabalho é polissêmico(22). Essa qualidade, a seu ver, permite que sua regulamentação pelo Estado constitucional vislumbre ao menos três distintas acepções:

> Em um primeiro sentido, como ato físico de liberação de energia humana, ou seja, como sequência de atos praticados por alguém enquanto trabalha; em um segundo sentido, é compreendido como o resultado de um trabalho realizado, como obra, fruto da criatividade humana; e, finalmente, em seu terceiro sentido, pode ser entendido como energia potencial do trabalhador, como força de trabalho, o "trabalho vivo", aquele que, no âmbito de uma relação de emprego, é vendido pelo trabalhador(23).

O autor adverte que, confundindo estas três acepções, ao mesmo tempo em que organiza a distribuição do poder e dos recursos econômicos, a regulação estatal oculta a injusta essência das relações de trabalho subordinado, "naturalizando o estatuto do salariado, identificado com a modernidade"(24), ao passo que as diversas teorias contemporâneas sobre o trabalho permitem que se confundam estas distintas concepções, "seja para invisibilizar a exploração, seja para vislumbrar potências distintas para o trabalho criativo"(25).

Pondera, a partir disso, que há uma inversão entre o tratamento que lhe é dispensado, entre a valoração que lhe é atribuída, e o que deveria ser no estrito sentido que ele tem. Assim, continua, quando se reconhece que o trabalhador recebe um salário equitativo pelo trabalho prestado, o vocábulo é utilizado naquele segundo sentido, ou seja, como resultado de um esforço, mas, na verdade,

> o empregado recebe um salário que é o preço de seu trabalho naquele terceiro sentido mencionado, ou seja, como "trabalho vivo", como força potencial que o empregado põe à disposição do empregador, e este valor é muito menor do que o valor do produto do trabalho (no segundo sentido), em face da existência da mais-valia, retida pelo empregador. Ao naturalizar a relação de emprego como a forma privilegiada de articulação do trabalho — no primeiro sentido — o assalariamento se transmuda: de condição degradada passa a ser compreendido como passaporte que permite o acesso às tutelas jurídico-políticas do Estado, pelo menos durante todo o período de desenvolvimento do fordismo, como método de gestão e como uma das doutrinas legitimadoras do modo de produção(26).

---

(22) RAMOS FILHO, Wilson. Trabalho e regulação: o direito capitalista do trabalho e as crises econômicas. Lugar comum. Estudos de mídia, cultura e democracia. *Laboratório Território*, Rio de Janeiro, Universidade Federal do Rio de Janeiro, n. 33-34, p. 51-88, jan./ago. 2011, p. 52.

(23) *Idem.*

(24) *Idem.*

(25) *Idem.*

(26) *Ibidem*, p. 53.

Em estudo sobre a obra de Benjamin Franklin, Ana Maria Brito Sanches[27] identifica que para o estadista o trabalho era identificado com a própria vida, era visto como energia vital do homem, expressão de sua própria humanidade, e, como tal, a exortação do trabalho era uma exortação à emancipação do homem. Advertiu o escritor, já naquela época, que a sociedade capitalista de consumo, ao criar necessidades superficiais, emprega o homem na produção destas superficialidades e transforma sua força de trabalho, sua energia vital, em mercadoria, alienando-o. E tal importaria, de fato, em última análise, considerado o tempo e a energia dispensados ao trabalho, alienar a própria vida para, paradoxalmente, fazê-la subsistente.

A criação destas novas necessidades é incentivada pelo capitalismo, a fim de manter a força de trabalho de massa a seu serviço. Wilson Ramos Filho adverte, todavia, que:

> A necessidade imperiosa de obter, de modo estável, dinheiro para sobreviver, não se confunde com a necessidade de trabalhar, de atuar, de se relacionar socialmente com as demais pessoas; mas o capitalismo, através de diversos mecanismos de ocultação, associa e confunde sistematicamente essas necessidades, fundando nesta confusão o poder do capital e a ideologia que lhe é subjacente: "nenhuma atividade que não seja trabalho determinado por quem contrata; nenhum recebimento além daquele resultante da remuneração pelo trabalho"[28].

Acentua que, desde então, o trabalho subordinado se tornou uma das principais maneiras de existir socialmente, transmudou-se em imperativo moral por oposição às condutas resistentes ao ingresso no modo de vida capitalista. De outro lado, o desemprego passou a ser utilizado pelo capitalismo com três objetivos principais[29]: a) como fator de moderação salarial e de desestímulo às mobilizações reivindicatórias; b) como fator de indução da submissão; e c) como reserva para eventuais necessidades e ampliação temporária da produção. Na virada do século, pontua Ramos Filho, outra funcionalidade social é agregada ao desemprego, servir

(27) *Apud* SANCHES, Ana Maria Brito. *Virtude, trabalho e riqueza*. A concepção de sociedade civil em Benjamin Franklin. Dissertação de mestrado. Disponível em: <http://www.teses.usp.br/teses/disponiveis/8/8133/tde-27022007-110740/pt-br.php>. A Autora lembra que Benjamin Franklin acreditava que o caminho para a emancipação econômica, social e política dos indivíduos seguia a via da educação e do trabalho, e que "a condição básica para isso era a firmação da igualdade e liberdade de todos. Para escolher seu próprio destino e sua posição no mundo os homens precisam ser realmente livres. Contudo esta liberdade em Franklin encerra uma noção de responsabilidade e de ajuda mútua entre os homens, cuja finalidade última é o bem comum e a preservação da própria sociedade humana".

(28) RAMOS FILHO, Wilson. *Lugar comum*, p. 56. A citação é de André Gorz (*In: Miserias del presente, riqueza de lo posible*. Buenos Aires: Paidõs, 1998. p. 83), para quem, conforme o autor, a necessidade imperiosa de receber dinheiro suficiente para viver serve de veículo para a construção social da "necessidade imperiosa de trabalhar", entendida como "necessidade de atuar, de obrar, de ser apreciado socialmente" e servindo de veículo "para fazer passar de contrabando a necessidade de ser pago pelo que se faz".

(29) Cf. RAMOS FILHO, Wilson. *Lugar comum*, p. 57.

de "argumento para reformas trabalhistas precarizadoras, pela culpabilização do Direito do Trabalho erigido em 'causa para o desemprego'"[30].

O processo de alienação do trabalho, de expropriação da atividade essencial em sua plenitude, é próprio da sociedade capitalista. Se o trabalho, como atividade essencial e vital do homem possibilita sua plena realização, sua humanização, a exploração do trabalho como expressão de uma relação social fundada na propriedade privada, na produção de mercadorias para o mercado, na distinção entre proprietários e não proprietários determina o processo inverso, induzindo um processo de estranhamento, como refere Ricardo Antunes, com apoio em Marx:

> O que deveria se constituir na finalidade básica do ser social — a sua realização no e pelo trabalho — é pervertido e depauperado. O processo de trabalho se converte em meio de subsistência. A força de trabalho torna-se, como tudo, uma mercadoria, cuja finalidade vem a ser a produção de mercadorias. O que deveria ser a forma humana de realização do indivíduo reduz-se à única possibilidade de subsistência do despossuído. Esta é a radical constatação de Marx: a precariedade e perversidade do trabalho na sociedade capitalista. Desfigurado, o trabalho torna-se meio e não 'primeira necessidade' de realização humana. Na formulação contida nos Manuscritos, "... o trabalhador decai a uma mercadoria e à mais miserável mercadoria, torna-se um ser estranho a ele, um meio da sua existência individual"[31].

Notadamente, a conformação do trabalho e suas relações não é única nem mesmo estável, observados os aspectos no plano particularizado de cada indivíduo e as nuances econômicas e sociais de cada localidade.

Hannah Arendt, em obra de 1958, já falava da possibilidade de um futuro em que os avanços tecnológicos possibilitariam ao homem libertar-se da carga negativa representada pelo trabalho. Afirmou que "o advento da automação provavelmente esvaziará as fábricas e libertará a humanidade do seu fardo mais antigo e mais natural, o fardo do trabalho e da sujeição à necessidade"[32]. Tal perspectiva não se realizou, todavia, ao menos a este tempo.

Vislumbra-se, pelo contrário, como fruto das transformações operadas no mundo do trabalho, deflagradas pela reestruturação produtiva na era da acumulação flexível como respostas à crise experimentada pelo capital, uma "degradação que se amplia, na relação metabólica entre homem e natureza, conduzida pela lógica

(30) *Idem.*

(31) ANTUNES, Ricardo. *Adeus ao trabalho.* Ensaios sobre as metamorfoses e a centralidade do mundo do trabalho. 9. ed. São Paulo: Cortez; Campinas: Editora da Universidade Estadual de Campinas, 2003. p. 126.

(32) ARENDT, Hannah. *A condição humana*, p. 12.

societal voltada prioritariamente para a produção de mercadorias e para a valorização do capital"(33).

As demissões em massa, as reduções salariais e, notadamente, a degradação das condições de trabalho que marcam as estratégicas de gestão nas últimas décadas, dimensionam uma forma progressiva de precarização do trabalho, impondo-lhe uma modulação servil aos propósitos do mercado de capital.

A lógica do sistema produtivo, na expressão de Ricardo Antunes, "vem convertendo a concorrência e a busca de produtividade num processo destrutivo que tem gerado uma imensa precarização do trabalho e o aumento monumental do exército industrial de reserva, do número de desempregados"(34).

Nestes novos tempos, o trabalhador lança-se à sorte dos ofícios temporários que, de um lado, impedem a plena capacitação, e, de outro, inviabilizam a progressão remuneratória(35). Tornam-se nômades em uma "realidade cambiante", como afirma Márcio Tulio Viana, "hoje pode ser servente, amanhã pedreiro, depois camelô, de novo servente, em seguida aprendiz, no outro mês motoboy e mais tarde, talvez, um alcoólatra ou um malabarista de rua"(36).

Há, pois, uma deformação do modelo de trabalho dignificante outrora concebido, mas o mercado globalizado não pode dele prescindir. O capitalismo, no período da pós-modernidade, continua fundamentalmente centrado na dominação do trabalho e na apropriação das riquezas que ele produz.

---

(33) Cf. ANTUNES, Ricardo. *Os sentidos do trabalho*. Ensaio sobre a afirmação e a negação do trabalho. 2. ed. São Paulo: Boitempo, 2009. p. 17.

(34) Ilbidem, p. 18.

(35) Um depoimento trazido por Manuel Castells ilustra esta faceta da realidade: "Comecei a pensar que quando envelhecer, se alguém perguntar o que fiz da minha vida, só poderei lhes falar de trabalho. Acabo de decidir que isso seria um grande desperdício, então me libertei (Yoshiko Kitani, trinta anos de idade, bacharel em administração de empresas, depois de demitir-se de um emprego seguro numa editora japonesa em Yokohama em 1998 e passar a trabalhar em empregos temporários). "Num emprego como este [temporário], aprender os programas e pegar o jeito do que se faz leva algum tempo. Porém, quando você acha que sabe o que está fazendo, porque são as regras que o determinam, seu tempo já se esgotou." (Yoshiko Kitani, 10 meses depois)". CASTELLS, Manuel. *A sociedade em rede*. A era da informação: economia, sociedade e cultura. São Paulo: Paz e terra, 2011. p. 329.

(36) VIANA, Márcio Túlio. As relações de trabalho sem vínculo de emprego e as novas regras de competência. *In:* COUTINHO, Grijalbo; F.; FAVA, Marcos N. *Nova competência da Justiça do Trabalho*. São Paulo: LTr, 2005. p. 263. A propósito da efemeridade dos empregos, o jornal *Gazeta do Povo* publicou notícia, com base nos dados do Cadastro Geral de Empregados e Desempregados (CAGED) do Ministério do Emprego e Trabalho (TEM), mostrando que nos últimos três anos (de 2010 a 2012) aumentou em 72% o número de pedidos de demissão, sendo que atualmente 30% dos desligamentos ocorrem por iniciativa do empregado, praticamente o dobro do número registrado em 2003. Os dados revelam duas facetas do fenômeno: a um, a sustentação da taxa de desemprego em um nível historicamente baixo faz muitas pessoas mudarem de emprego, voluntariamente, e, a dois, mostra que as empresas, de uma maneira geral e de uma forma inédita, têm que aperfeiçoar suas políticas de retenção. A pesquisa mostra que o movimento é maior nos setores com mais escassez de mão de obra, como construção civil, comércio e serviços, e em cargos de menor qualificação, mas mesmo em cargos executivos a rotatividade está maior. *Gazeta do Povo*, n. 30.233, 26 ago. 2012.

As próprias regras tutelares do Direito do Trabalho possuem, conforme aduz Wilson Ramos Filho, um caráter ambivalente, pois tal ramo do direito, segundo sua perspectiva, não se apresenta exclusivamente como um instrumento de proteção do trabalhador, mas também, contraditoriamente, como um mecanismo que organiza sua exploração e contribui para justificá-la(37). Para ele, os direitos deferidos aos trabalhadores devem ser vistos sob a ótica de duas necessidades capitalistas: de um lado, melhorar as condições de trabalho dos empregados para, a partir disso, aprimorar o processo de exploração de sua força de trabalho; de outro, estabilizar as tensões e os conflitos trabalhistas por meio de compensações, "no sentido de se obter um ambiente propício à produção e à manutenção de uma determinada maneira de organização da sociedade, que embasará um 'modo de vida', uma maneira de existir"(38). Estas compensações, consubstanciadas em garantias legais, servem, assim, para manter os empregados em uma condição de "subalternidade contratual".

Sob o aspecto econômico, mercadológico, portanto, esta dependência e a vulnerabilidade que ela impõe ao empregado, potencializam sobremaneira as possibilidades de invasões desautorizadas no âmbito de sua intimidade. Tais violações, fundadas ou não em uma perspectiva de disposição do direito pelo seu titular na relação de emprego são expressões de um modelo de gestão desestruturante da dignidade do empregado e do próprio caráter emancipador do trabalho.

3. Os efeitos transversos das transformações tecnológicas e suas inflexões sobre a esfera da intimidade do trabalhador no ambiente de trabalho

A tecnologia, atualmente, proporciona múltiplas operacionalidades concentradas em um só local, facilitando a atividade desenvolvida por este meio, especialmente àquelas relacionadas ao trabalho. Preocupadas com a produção otimizada as empresas investem intensamente em tecnologia, notadamente aquelas que utilizam a internet como ferramenta de trabalho ou outros equipamentos avançados no processo produtivo. Estas novas tecnologias, ao mesmo tempo em que trazem melhorias e inovações às relações sociais, no que concerne ao mercado produtivo e especificamente quanto às relações de trabalho, acabam por enfatizar aspectos de controle e gerenciamento da atividade laborativa que transbordam a atividade empresarial, atingindo a esfera da intimidade e vida pessoal do trabalhador, sob a justificativa de se tratar de finalidade profissional.

A expansão das formas de comunicação sempre moveu a humanidade, preocupada em melhorar seu padrão de vida, suas relações interpessoais e em conferir rapidez e eficiência aos métodos de produção e prestação de serviços(39). E se a informação

(37) RAMOS FILHO, Wilson. *Direito capitalista do trabalho:* história, mitos e perspectivas no Brasil. São Paulo: LTr, 2012. p. 94.

(38) *Idem*.

(39) Manuel Castells, em extensa pesquisarealizada com base em dados estatísticos de diversos países, entre eles Estados Unidos, Japão, Alemanha, França e Itália, com indicadores dos níveis de produtividade

determina a atividade humana, a tecnologia propicia um meio mais rápido dela se realizar. Justamente por isso, um dos campos mais significativos do progresso tecnológico a serviço das pessoas e das instituições foi (e continua sendo) a fusão entre a computação e as telecomunicações, que viabilizou uma convergência na tecnologia dos aparelhos, meios e também uma ampliação no acesso e no número de usuários, do que são exemplos a *internet*(40) e seus "sites", as ferramentas de "e--mails", comunicadores instantâneos, redes sociais, a telefonia por IP, a rádio pela internet, dentre outros.

A revolução contemporânea das comunicações é tida por Pierre Lévy como "uma das dimensões de uma mutação antropológica de grande amplitude"(41). Lembra o autor que no fim da Idade Média, e ainda na metade do século XX, a grande maioria das pessoas vivia no campo, grande parte cultivando a terra e criando animais. Essa realidade começou a ser perturbada pela revolução industrial, fenômeno que deu início à revolução informacional contemporânea, em que "como na origem, mas segundo outra escala, a humanidade forma novamente uma só sociedade"(42). Neste novo contexto, mesmo nas ocupações ligadas à agricultura e à transformação da matéria, observa Lévy, "a parte principal tende a concentrar-se no tratamento das informações e das mensagens: a gestão dos signos. Com a automatização dessas últimas operações graças à informática, o trabalho humano tende a deslocar-se cada vez mais para o 'inautomatizável', ou seja, a criatividade, a iniciativa, a coordenação e a relação"(43). Em termos antropológicos, traçando um paralelo entre a evolução dos transportes e da comunicação, esse acontecimento "é tão recente que a maioria de nossos conceitos, das nossas formas culturais, das nossas instituições políticas — herdadas dos períodos anteriores — são radicalmente inadequadas para dar conta dele"(44).

---

e das taxas de crescimento de produção por trabalhador, e também com base no pioneiro estudo de Robert Solow, que atribuiu às inovações tecnológicas, em 87,5%, o fato de a produção bruta por trabalhador ter dobrado no setor privado não rural norte-americano entre 1909 e 1949, conclui que, se a produtividade impulsiona o progresso econômico, "a tecnologia, inclusive a organizacional e a de gerenciamento, é o principal fator que induz à produtividade." Os investimentos em tecnologia, logo, são altamente rentáveis. CASTELLS, Manuel. *A sociedade em rede*. A era da informação: economia, sociedade e cultura. v. 1. São Paulo: Paz e terra, 2011. p. 120-136.

(40) *Internet*, consoante definição estampada na Resolução n. 148/95 do Ministério das Comunicações, que aprovou a Norma n. 004/95, significa: "o conjunto de redes, os meios de transmissão e comutação, roteadores, equipamentos e protocolos necessários à comunicação entre computadores, bem como o *'software'* e os dados contidos nestes computadores." Disponível em: <http://www.anatel.gov.br/Portal/documentos/biblioteca/Normas/Normas_MC/norma_004_95.htm?numeroPublicacao=10283&assuntoPublicacao=Norma%20MC%20n%BA%20004/1995&caminhoRel=Cidadao-Biblioteca-Acervo%20Documental>. Acesso em: 14 ago. 2012.

(41) LÉVY, Pierre. A revolução contemporânea em matéria de comunicação. Trad. Juremir Machado da Silva. *Revista Famecos*, Porto Alegre, n. 9, p. 37, dez/1998.

(42) LÉVY. *A revolução contemporânea em matéria de comunicação*, p. 40.

(43) *Ibidem*, p. 39.

(44) *Idem*.

Essa nova forma de disseminar as informações, desfragmentando espacialmente as comunidades sociais e permitindo que o conhecimento a respeito de um fato chegue a outra parte do planeta quase que simultaneamente, a ponto de afetar opinião pública e índices econômicos e financeiros de forma inevitável, implica uma necessária reestruturação das organizações e das estratégias de ações sociais e econômicas[(45)]. Notadamente, as tecnologias se não determinam influenciam a transformação da sociedade, integrando-se ao cotidiano dos indivíduos e definindo seus hábitos, suas atividades, a forma e a intensidade de suas comunicações, tanto em seus momentos de lazer como em seus momentos de trabalho.

A comunicação interativa e coletiva redimensiona o espaço e transforma as relações interpessoais, sociais e econômicas. Estritamente relacionada com esta questão, no extremo oposto, está a privacidade e a intimidade, pois é sintomático, como já dito, que a facilidade em disseminar a informação redunde em um alargamento do âmbito de exposição de informações que, a princípio, deveriam ficar restritas ao espaço do indivíduo. Nesta linha, as novas possibilidades de acesso à informação redimensionaram a importância da intimidade das pessoas, sobretudo do trabalhador, que vende sua força de trabalho, porém neste contrato não está abrangido todos os aspectos particulares de sua vida. Segundo Stefano Rodotà,estas novas possibilidades de acesso à informação "aumentaram a consciência da impossibilidade de confinar as novas questões que surgem dentro do quadro institucional tradicionalmente identificado por este conceito"[(46)].

A problemática não se concentra, singelamente, em adaptar uma noção concebida em outro contexto histórico e social a uma situação absolutamente alterada, mas implica uma significativa "mudança qualitativa" que "nos incita a considerar os problemas da privacidade de preferência no quadro da organização do poder, no âmbito do qual justamente a infraestrutura (*sic*) da informação representa hoje um dos componentes fundamentais"[(47)]. Não seria mais possível, para Stefano Rodotà, restringir a questão da privacidade ao tema clássico da defesa da esfera privada contra invasões externas, ao direito ao isolamento em uma dimensão individualista. Hoje o quadro é global, preponderando definições que situam em seu centro de gravidade a possibilidade de cada um controlar o uso das informações que lhe dizem respeito

(45) As redes de computadores, afirma Pierre Lévy, "(...) carregam uma grande quantidade de tecnologias intelectuais que aumentam e modificam a maioria das nossas capacidades cognitivas: memória (banco de dados, hiperdocumentos), raciocínio (modelização digital, inteligência artificial), capacidade de representação mental (simulações gráficas interativas de fenômenos complexos) e percepção (síntese de imagens especialmente a partir de dados digitais). O domínio dessas tecnologias intelectuais dá uma vantagem considerável aos grupos e aos contextos humanos que as utilizam de maneira adequada". LÉVY, Pierre. *A revolução contemporânea em matéria de comunicação*, p. 42.

(46) RODOTÀ, Stefano. A vida na sociedade da vigilância: a privacidade hoje. *In:* Maria Celina Bodin de Moraes (Org.). Trad. De Danilo Doneda e Luciana Cabral Doneda. Rio de Janeiro: Renovar, 2008. p. 23.

(47) *Ibidem*, p. 24.

e consideram a possibilidade de indivíduos ou grupos controlarem o exercício do poder baseados no acesso e na disponibilização de informações[48].

As redes sociais[49], apesar de alguns indicativos sugerirem uma influência positiva no processo de indução criativa, produtividade e na democracia no âmbito das organizações[50], ainda são vistas, no âmbito do trabalho, como uma ferramenta de dispersão, induzindo à frequente confusão entre momentos de lazer com o acesso relacionado ao trabalho. Embora o senso comum não o considere, o uso profissional da ferramenta é uma alternativa possível, a exemplo do *Linkedin*, que nasceu com o objetivo de aprimorar as maneiras de realização de um contato profissional e, segundo definição do próprio site, "*lindekinis na interconnected network ofexperienced professional that youneed to work with to accomplishy ourgoals*"[51]; pela ferramenta, como apontado, seria possível administrar publicações de perfil, relacionar com possíveis clientes, criar, colaborar, com projetos e soluções, encontrar oportunidades de negócios, informar-se sobre discussões profissionais e buscar profissionais.

Apesar desta funcionalidade, uma pesquisa[52] feita em 35 países apontou que no Brasil as políticas adotadas pelas empresas têm foco no gerenciamento dos riscos, sem tomar as mídias sociais como uma oportunidade a ser explorada. O levantamento apontou que 55% das empresas brasileiras têm alguma política de restrição, contra 20% registrado pela média global. De acordo com o estudo, os setores que mais controlam o uso de mídias sociais no país são o de finanças (81%), seguindo pelo de transportes (65%). Em um universo de aproximadamente mil empregadores brasileiros entrevistados, 77% deles apontou que o controle visa evitar a perda da produtividade, ao passo que 32% acredita que as restrições no ambiente de trabalho ajudam a proteger informações confidenciais da companhia.

---

(48) Os dados pessoais possuem, atualmente, um conteúdo econômico que demanda uma maior proteção do indivíduo e de uma delimitação clara dos contornos de sua intimidade, pois, além do espaço da esfera privada de sua personalidade, precisa-se garantir, também, que os dados confiados a entidades públicas e privadas não sejam má utilizados.

(49) Dentre as mais populares estão o *"Orkut"*, criado por Orkut Buyukkokten e lançado em 2004 pelo Google (RECUERO, Raquel da Cunha. *Dinâmicas de redes sociais no* Orkut *e capital social*. 2006. UCPEL/UFRGS. Disponível em: <http://pontomidia.com.br/raquel/alaic2006>. Acesso em: 23 out. 2012), o *"Twitter"*, *microblog* lançado em 2006 e que começou a ganhar popularidade em meados de 2008. (CARVALHO, Luciana Menezes; BARICHELLO, Eugenia Mariano da Rocha. *O* microblog Twitter *como agregador de informações de relevância jornalística*. XXXII Congresso Brasileiro de Ciências da Comunicação. Intercom — Sociedade Brasileira de Estudos Interdisciplinares da Comunicação. UFSM/RS. Disponível em: <http://www.intercom.org.br/papers/nacionais/2009/resumos/R4-33178-1.pdf>. Acesso em: 23.out. 2012)

(50) MORAES, Maurício. Entrei no *Orkut* porque o chefe mandou. Como aproveitar o potencial das redes sociais para as atividades do trabalho e colaboração. *Revista Info Exame*, São Paulo, Abril, n. 277, p. 96-98, mar. 2009.

(51) Disponível em: <www.linkedin.com>.

(52) Pesquisa realizada pela Manpower, companhia norte-americana de recursos humanos, e divulgada pela BBC Brasil. Disponível em: <http://www.bbc.co.uk/portuguese/noticias/2010/02/100210_midias-sociais_pesquisa_nf.shtml>. Acesso em: 28 out. 2012.

Estas políticas de restrição redundam, com extrema facilidade, invasão da esfera da vida privada e da intimidade do empregado(53), porque o trajeto do controle daquilo que o empregador considera finalidade profissional passa, necessariamente, pela verificação de um conteúdo pessoal privado.

Atualmente o controle da atuação do empregado na execução de suas tarefas, com possíveis repercussões em seu direito à intimidade e à vida privada, pode compreender(54): a) os procedimentos utilizados para controlar o trabalho, como revistas pessoais, revistas em objetos do empregado, veículos ou em espaços a ele reservados, instrumentos visuais, instrumentos auditivos; b) controle de objetos, fotos, enfeites que se colocam no escritório, ao redor do empregado; c) serviços de polícia privada; d) limites estabelecidos para ir ao *toilette* ou para chamadas telefônicas; e) imposição de exames médicos e tratamentos; f) exigência de teste de gravidez.

Os temas extralaborais, por sua vez, compreendem: a) liberdade de pensamento, indagações sobre crença religiosa, opiniões ideológicas, políticas e sindicais; b) aspecto familiar, como estado civil, cumprimento de obrigações familiares, como cuidado dos filhos, pagamento de pensões alimentícias etc., proibição de matrimônio com pessoas que trabalhem na mesma empresa ou em empresas concorrentes; c) aspectos pessoais, como uso do álcool, drogas e jogo, cumprimento de obrigações ordinárias (devedor perseguido por credores, etc.), alusão à conduta sexual, indagação sobre antecedentes penais, indagações sobre gravidez; d) presença do empregado, como intervenção no vestuário, na higiene e na apresentação do empregado.

No âmbito das novas tecnologias de informação e comunicação utilizadas pelo empregador na prerrogativa do poder empregatício situam-se: o monitoramento por meio de escutas ou equipamentos audiovisuais, o monitoramento de correio eletrônico, os bloqueios a determinados *sites* da *internet*, as limitações e gravações de chamadas telefônicas, o uso de detector de mentiras (polígrafo), a instalação de detectores de metais, o rastreamento via satélite ou GPS. Entre

(53) Outras hipóteses são, ainda, ponderáveis, como aquela verificada em um julgado do Tribunal Regional do Trabalho da 9ª Região. Em audiência arguiu-se a contradita de uma das testemunhas ao argumento de ela ter mantido com o autor da ação uma conversa no site de relacionamento *"Orkut"*, onde acertavam que iriam ao escritório de advocacia patrocinador de ambas as ações para "combinar o que falar e tudo o mais." A suspeição reconhecida em primeiro grau (art. 405, § 3º, do CPC) foi mantida em segundo, reconhecendo-se a imprestabilidade do depoimento pelo intuito de favorecimento recíproco (RO 34344-2008-016-09-00-4, DEJT 24.8.2010). Embora alheio ao objeto da presente pesquisa e à área do conhecimento em que é desenvolvida, há um dado interessante nesta situação, que demandaria estudo: o sentimento de surpresa que as pessoas ainda mostram ao se depararem com o conhecimento público de uma informação veiculada em redes sociais de acesso irrestrito, como se o isolamento do ambiente em que a informação foi postada a acompanhasse.

(54) Cf. ROMITA, Arion Sayão. *Direitos fundamentais nas relações de trabalho*. 3. ed. rev. e aum. São Paulo: LTr, 2009. p. 285.

os mais atuais situam-se, dentre outros, a vigilância de *internet*[55] e a vigilância *desktop*[56], o espião de tela[57] e o active monitor.

Na lista dos mais comuns, e também mais discutidos atualmente, está o monitoramento do correio eletrônico corporativo. Muitas vezes o empregado, para manter o contrato de trabalho, autoriza seu empregador a rastrear o conteúdo do e-mail concedido para fins corporativos, abrangendo, inclusive, mensagens recebidas de terceiros e de caráter particular. A dificuldade em delimitar o âmbito da intimidade do trabalhador avulta, especialmente, nesta hipótese, dada a contraposição entre a funcionalidade profissional e o âmbito corporativo deste mecanismo de trabalho e a proteção circundante das correspondências[58] veiculadas pela pessoa.

---

(55) Vigilância na *internet* é o acompanhamento da atividade online de um usuário por meio de um programa (analisador de rede, comumente referido por farejador de pacotes) que detecta visitas a sites, visualizações de páginas específicas, *e-mails* enviados e o respectivo conteúdo, o tempo de conexão, além de *downloads* e *streaming* de áudio e vídeo de eventos. Tradução livre. Cf. BEAN, J. *How do employers monitor internet usage at work?* Disponível em: <http://www.wisegeek.com/how-do--employers-monitor-internet-usage-at-work.htm>. Acesso em: 20 abr. 2012.

(56) Vigilância *desktop* envolve o monitoramento físico de um computador específico e cada ação tomada por seu usuário. Monitoramento *desktop* permite interceptar sinais emitidos pelo computador do empregado através do uso de *software* instalado diretamente nesta máquina. Pode ser instalado direta ou remotamente. Como na vigilância na *internet*, a vigilância da área de trabalho também permite a leitura de e-mails e confira todos os programas ou arquivos abertos nos computadores dos empregados, mas também monitora o uso do computador enquanto *off-line*. Normalmente, o administrador do sistema é responsável por monitorar as informações reunidas pela vigilância *desktop*. Pode procurar ações muitos específicas, como a visão de um site inadequado, ou podem fazer uso de um sistema de alerta enviado quando o material inadequado ou texto é transmitido, em vez do monitoramento constante. Tradução livre. *Idem*.

(57) Espião de tela é um *software* de gravação de telas, funciona como se fosse uma máquina fotográfica de vigilância apontada diretamente para a tela do computador. Grava a tela do computador a cada cinco segundos (ou intervalo diferente, conforme o ajuste do computador), capturando toda a atividade executada, não importa qual seja. FERNANDES, José Ricardo Honório. *Espião de tela*. I-programas: o portal de soluções para empresas. Disponível em: <http://www.iprogramas.com.br/2008/programas/xexs/Espiao_de_Tela.html>. Acesso em: 20 abr. 2012.

(58) O *e-mail*, ainda que não possa receber a mesma proteção legal conferida ao sigilo das correspondências (art. 5º, da Constituição Federal, e Lei n. 6.538/78, que trata dos serviços postais no Brasil), porque não está entre os objetos descritos nos arts. 2º e 7º da Lei n. 6.538/78 e art. 21, X, da Constituição Federal (art. 21. Compete à União: (...) X – manter o serviço postal e o correio aéreo nacional), conta, de qualquer modo, com a proteção de inviolabilidade da intimidade e da vida privada do indivíduo, prevista de forma abrangente pelo art. 5º, X, da Constituição Federal (nesse sentido: BEDÊ JÚNIOR, Américo. *Restrição a direitos fundamentais:* a questão da interceptação de *e-mail* e a reserva de jurisdição. Disponível em: <http://www.direitopublico.idp.edu.br/index.php/direitopublico/article/viewFile/420/337>. Acesso em: 2 maio 2012.); CALVO, Adriana Carrera. *O uso indevido do correio eletrônico no ambiente de trabalho*. Disponível em: <http://lfg.com.br/artigos/O_uso_indevido_de_emails_no_ambiente_de_trabalho.pdf>. Acesso em: 2 maio 2012). Não há, no Brasil, como falar em direito fundamental à proteção em face do uso da informática, como ocorre na Espanha: "El art. 18 de la Constitución disse, em sucuarto apartado, que laley limitará el uso de la informática para garantizarel honor y la intimidad personal y familiar de los cuidadanos y el pleno ejercicio de sus derechos. El precepto que tiene como único precedente lo dispuesto em el art. 35 de la Constitución portuguesa remite al legislador la regulación de esta matéria, lo que no es óbice para que la doctrina deduzca del mismo el reconocimiento de um derecho fundamental a la autodeterminación informativa".(UBILLOS, Juan. La eficácia de los derechos

Da jurisprudência do Tribunal Superior do Trabalho verifica-se que esta vem se consolidando no sentido de admitir o monitoramento do correio eletrônico corporativo, em detrimento do direito à intimidade e à vida privada do empregado (que, conforme tais decisões, não estaria sendo afrontado porque não haveria, na hipótese, razoável expectativa de privacidade, dada a finalidade profissional da ferramenta cedida pelo empregador[(59)]), contudo, ainda emergem posicionamentos contrários a tal possibilidade. Há, assim, os que ainda entendem que o monitoramento de correio eletrônico somente seria possível em caráter acautelador e não como mera fiscalização e invasão indiscriminada à privacidade do empregado, devendo ser precedida da prévia ciência do empregado ou de ordem judicial específica[(60)], de forma a afastar definitivamente o prognóstico de uma rescisão indireta do contrato de trabalho ou indenização por danos morais.

Sublinha-se que não se pretende, por meio do presente estudo, proceder a uma análise pormenorizada de todas estas formas de interferência do empregador no direito de intimidade e vida privada do empregado — lícitas ou ilícitas, mas apenas situar as mais comuns.Os exemplos referidos permitem avaliar a dimensão do problema enfrentado quando o assunto envolve a utilização de novas tecnologias pelo empregador. Notadamente, o que se observa destas considerações é que as complexidades de nosso tempo não seguem uma perspectiva linear e nem se encadeiam separadas das evoluções científicas e tecnológicas em todas as áreas do conhecimento, sendo certo que, sem valorar eventuais avanços ou retrocessos proporcionados, são motivadoras diretas ou indiretas de transformações nas inter-relações sociais e pessoais, delas podendo-se inferir o surgimento de novas situações conflitivas, como as tensões naturais da evolução em si mesma e que só por isso potencializam energia contra o estado anterior, até mesmo quando as inovações se comportam como upgrades ou mesmo tangenciam poucas modificações nas alterações de vivência.

O desenvolvimento das sociedades e os conflitos que lhe são inerentes transferem aos direitos uma expectativa constante de plena e efetiva realização, um quadro de perene insuficiência de ações reais condizentes com o ideal normativo, sobretudo no campo do trabalho, em que está sempre presente o combate pela realização do capital em um ambiente que ainda se transforma na vida real muito antes de uma derivada proteção legal, máxime quando se discutem procedimentos e complexidades advindas de processos tecnológicos com potencialidade ofensiva adireitos fundamentais inerentes ao homem-trabalhador, sobretudo quando avançam para a esfera mais íntima do ser, de sua vida privada e de desenvolvimento de seu ambiente de intimidade.

---

fundamentales frente a particulares. *Boletin Oficial del Estado*. Madrid, Centro de estúdios políticos y constitucionales, p. 776, 1977).

(59) Este fundamento ficou explícito no julgamento do TST-RR-613-2000-013-10-00 (DJ 10.6.2005).

(60) Nesse sentido: BARRETO, Marco Aurélio Aguiar. Poder diretivo e controle do empregador: validade jurídica do monitoramento do correio eletrônico. *Revista Direito em Ação*, Brasília, v. 6, n. 2, p. 89-90, dez. 2005; GRASSELLI, Oraci Maria. Internet, *correio eletrônico e intimidade do trabalhador*. São Paulo: LTr, 2011. p. 85.

Os saberes obtidos pelo desenvolvimento dos direitos fundamentais, da dignidade da pessoa humana[61] e dos direitos humanos, consubstanciados na essencialidade construtiva do trabalho não se passam ao largo do Estado, mas deste devem decorrer ações reais para o estabelecimento progressivo de sua efetividade e não é sem função que se exaltam os predicativos principiológicos de tais direitos para além da contenção à dominação, porque passam também a ser suportes de tais regimes políticos, como espirais que legitimam e que mais legitimidade e consistência adquirem, interna e internacionalmente, na medida em que mais realizam esses direitos, dizendo-se mais democráticos e legítimos quanto mais possam possibilitar o respeito e a concretização destes direitos.

As cartas constitucionais no modelo ocidental e ao gosto da forma escrita passaram a reunir todos os elementos a compor a conjugação de formas e valores para realizar os propósitos múltiplos dessa forma contemporânea de ver a realidade, de materializar um momento civilizatório, que além de por fim a dominação pela força física pessoal das investidas noturnas nas penumbras sombrias da maldade pelo exercício injustificado, sem prestação de contas por um poder destrutivo, abominável, bruto e desproporcional, pela exploração do trabalho escravo, degradante, penoso e à inteira disposição do capital, também deve buscar ação protetiva às novas conjunturas advindas das transformações tecnológicas e de economia de mercado e capital, que militam em favor de uma exploração cada vez maior e mais avassaladora, nos moldes propostos pelo sistema do capitalismo exacerbado. Nesse contexto, o constitucionalismo reage com substanciação nos direitos fundamentais e confere proteção aos efeitos nefastos das transformações, sobrelevando o homem como razão e motivo último de todo regramento, conforme alinhamento a seguir.

4. O Constitucionalismo e os direitos fundamentais como blindagem individual e coletiva aos efeitos deletérios das transformações econômicas e tecnológicas no mundo do trabalho

A abordagem deste título concentra-se, pois, no Constitucionalismo e no processo de formação dos direitos fundamentais como instrumentos de proteção jurídica da liberdade e da propriedade inerentes ao indivíduo e de como eles transitaram do Estado de Direito para o Estado Democrático de Direito[62], de molde a

---

(61) PEDUZZI, Maria Cristina Irigoyen, explica que: "No Estado Democrático de Direito, o princípio da dignidade da pessoa humana é visualizado simultaneamente, no seu aspecto limitativo de ações do Estado e da própria comunidade e como implementador de direitos que estabeleceu. A forma de implementação dos direitos é que se distingue no Estado Democrático de Direito. Ela passa a exigir a participação efetiva dos cidadãos nas decisões públicas. Isso tem consequências na leitura do princípio da dignidade da pessoa humana enquanto reconhece a capacidade de o próprio indivíduo dizer o que é, para ele, dignidade." *O princípio da dignidade da pessoa humana na perspectiva do direito como integridade*. São Paulo: LTr, 2009. p. 32.

(62) "O constitucionalismo democrático foi a ideologia vitoriosa do século XX. O imaginário social contemporâneo vislumbra nesse arranjo institucional, que procura combinar Estado de direito (supremacia da lei, *rule of the law*, *Rechtsstaat*) e soberania popular, a melhor forma de realizar os anseios da modernidade: o poder limitado, dignidade da pessoa humana, direitos fundamentais, justiça social,

situá-lo como base protetora do homem, sobretudo do homem trabalhador em face das transformações tecnológicas e econômicas apregoadas pelo sistema de gestão capitalista de mercado.

O constitucionalismo "relaciona-se com as transformações estruturais que engendraram as bases para o surgimento da sociedade moderna"(63). Compõe "uma das metáforas da semântica social contemporânea"(64), que, em sentido moderno, "pressupõe precisamente a distinção clara entre o normativo e o cognitivo no contexto da positivação do direito"(65).

Constitucionalismo, no clássico entendimento de Carlos Sanchez Viamonte(66), funda o ordenamento de uma sociedade política mediante uma constituição escrita, cuja supremacia significa a subordinação às suas disposições de todos os atos emanados dos poderes constituídos, que formam o governo ordinário.

Para Viamonte, é necessário fixar o caráter hierárquico da Constituição em relação a todas as manifestações de poder público. Assinala que a expressão "ordenamento jurídico" é a unidade indispensável em que se deve resolver a harmonia social, tal como aspira, confessadamente, o constitucionalismo. Assim, o ordenamento jurídico a que se refere pertence ao direito positivado, sem apego ao positivismo tradicional. Nessa linha de pensamento teórico, é imprescindível a existência de uma Constituição escrita para a existência de um genuíno Estado de Direito. A história do constitucionalismo é, também, a história das limitações ao Poder Público e a história da República Democrática, com a qual se identifica o Estado de Direito, que submete indistintamente a população a normas fundamentais, cuja vigência, em princípio, exclui a arbitrariedade. Para tanto é necessário seu amplo conhecimento e aplicação uniforme, e que tenha a forma escrita (próprio ao difundido constitucionalismo americano, sendo a única exceção nominada por Viamonte, a do sistema inglês, que indiscutivelmente, configura o império do Direito).

A forma escrita, em seu entender, representa a defesa da liberdade e da justiça. O que há de permanente e inalterável no Direito é o próprio valor do Direito, não obstante a variabilidade de seu conteúdo histórico condicionado.

---

tolerância e — quem sabe? — até felicidade. Para evitar ilusões, é bom ter em conta que as grandes conquistas da humanidade levam um tempo relativamente longo para passarem do plano da ideias vitoriosas para a plenitude do mundo real. O curso do processo civilizatório é bem mais lento do que a nossa ansiedade por progresso social. O rumo certo, porém, costuma ser mais importante do que a velocidade". BARROSO, Luís Roberto. Vinte anos da Constituição de 1988: a reconstrução democrática do Brasil. *In:* MONTESSO, José Cláudio *et al.* (Coord.). *Direitos sociais na Constituição de 1988:* uma análise crítica vinte anos depois. São Paulo: LTr, 2008. p. 328-329.

(63) NEVES, Marcelo. *Transconstitucionalismo*. São Paulo: Martins Fontes, 2009. p. 23.

(64) NEVES, M., *op. cit.*, p. 2.

(65) *Ibidem*, p. 21.

(66) VIAMONTE, Carlos Sanchez. *El constitucionalismo.* Sus problemas. El orden jurídico positivo. Supremacia, defesa y vigencia de la Constitución. Buenos Aires, Argentina: Editorial Bibliográfica Argentina [s. d.].

No aspecto da institucionalização da Constituição, Viamonte define Constituição como sendo uma ordem jurídica integral, fundamental, estável e concreta, que, sem ingressar em minúcias regulamentares, organiza um sistema e estabelece as condições primárias, gerais e permanentes sobre as quais deve assentar a vida social. A principal característica dessa ordem consiste em impor-se por igual a governos e governados. O conteúdo substancial de uma Constituição (lei fundamental escrita) revela-se o círculo máximo dentro do qual se movem, em todas as direções, a vontade de uma nação e daqueles que a compõem.

Para Maria Cristina IrigoyenPeduzzi "falar em Constituição, portanto, significa aprender com a história do povo, que revela os princípios constitucionais, o que garante a compreensão de que a sociedade deve estruturar-se no ideal de igual consideração e respeito"(67).

A Constituição enquanto fonte normativa de todo direito trouxe o indivíduo como fundamento da República, lastreada na dignidade humana(68). A constitucionalização dos direitos fundamentais por meio da inserção das declarações de direitos nas Constituições trouxe consigo a constante possibilidade de evolução dos direitos do homem, trazendo-o ao centro do ordenamento jurídico como sujeito de direitos, motivo último de todo o ordenamento e organização Estatal. Verifica-se nas constituições democráticas a evidência de sua adesão a um ideal de direitos consolidados segundo a concepção de que um sistema político justo deve respeitar e fomentar o desenvolvimento dos direitos fundamentais.

Enfoca-se, nesse sentido, os direitos fundamentais como aqueles direitos que nasceram e se desenvolveram com as Constituições nas quais foram reconhecidos e garantidos.A real importância está no fato de que os direitos fundamentais passaram a desfrutar não só de supremacia formal, mas principalmente substancial, no sentido de fomentar o desenvolvimento e a proteção pelo direito de valores éticos e morais relacionados diretamente à dignidade da pessoa humana.

Os direitos fundamentais junto à organização estrutural do Estado e à divisão e organização dos poderes formam o núcleo do Estado Constitucional, na medida em que a concretização dos direitos fundamentais constitui tarefa a ser desenvolvida pelo Estado em busca de constante evolução(69).

---

(67) PEDUZZI, *O princípio da dignidade da pessoa humana na perspectiva do direito como integridade*, p. 13.

(68) Sarlet explica que somente ao largo do século XX, com algumas exceções como a Constituição de Weimar de 1919, a dignidade da pessoa humana passou a ser expressamente reconhecida nas Constituições, principalmente após a Segunda Guerra Mundial e após ser consagrada pela Declaração Universal da ONU de 1948. SARLET, Ingo Wolfgang. *Dignidade da pessoa humana e direitos fundamentais na Constituição de 1988*. 9. ed. Porto Alegre: Livraria do Advogado, 2011. p. 76.

(69) Nesse sentido, Ingo Wolfgang Sarlet explica que "os direitos fundamentais integram, portanto, ao lado da definição da forma de Estado, do sistema de governo e da organização do poder, a essência do Estado constitucional, constituindo, neste sentido, não apenas parte da Constituição formal, mas também elemento nuclear da Constituição material. (...). Assim, acompanhando as palavras de K. Stern, podemos afirmar que o Estado constitucional determinado pelos direitos fundamentais assumiu

O Estado moderno evoluiu em direção a uma nova forma de organização coletiva, amplamente discutida como expressão de unidade, que passa a ser a blindagem coletiva e individual, a receita, a fórmula, o viés que separa as ações ininteligidas das dirigidas, e a bem, expressa uma mensagem ao universo a que se dirige, pelos ditames dos princípios, normas, regras, ações, desejos, expressões, regulações pré-postas na Carta de Comando do Estado Constitucional.

Em seu preâmbulo a Constituição brasileira de 1988 consigna que o Estado Democrático, instituído pelo texto constitucional, destina-se a assegurar o exercício dos direitos sociais e individuais, a liberdade, a segurança, o bem-estar, o desenvolvimento, a igualdade e a justiça, como valores supremos da sociedade, fixando a dignidade humana como princípio fundamental da República Federativa do Brasil, e elenca os direitos e garantias fundamentais, cujo catálogo constitui o resultado de um amplo processo de discussão oportunizado com a redemocratização do país após mais de vinte anos de ditadura militar.

Nesse sentido, a Constituição de 1988 consagra condição diferenciada aos direitos fundamentais ao estabelecer sua aplicabilidade imediata e sua inclusão no rol das cláusulas pétreas (§ 4º, art. 60, CF/88) dentre outras características imanentes aos direitos fundamentais.A elaboração de um amplo rol de direitos fundamentais constitui fato positivo, na medida em que consigna a intenção de preservar, proteger e fomentar o maior número possível de direitos, com vistas à concretização do princípio fundamental da dignidade humana(70).

Notadamente, o Título II da Constituição de 1988 não encerra de forma exaustiva todo o rol de direitos fundamentais, uma vez que o próprio texto constitucional não exclui outros direitos decorrentes do regime e dos princípios adotados pela Constituição ou por tratados internacionais em que a República Federativa do Brasil seja parte, como se infere da leitura do § 2º do art. 5º, bem como do *caput* do art. 7º o qual estabelece os direitos dos trabalhadores urbanos e rurais, além de outros que visem à melhoria de sua condição social.

A Constituição brasileira possui como compromisso a consecução dos objetivos fundamentais da República e dos princípios fundamentais nela consignados, os quais resultam na promessa de respeito e satisfação dos direitos fundamentais, principalmente no que tange aos direitos sociais(71) e todas as acepções inerentes ao trabalho, na medida em que tais direitos exigem uma ação por parte do Poder Público.

Nesse novo espaço construtivo, o respeito à dignidade não apenas se relaciona com a liberdade como se dirige às condições materiais de subsistência, evocando

feições de Estado ideal, cuja concretização passou a ser tarefa permanente." SARLET, Ingo Wolfgang. *A eficácia dos direitos fundamentais*. 9. ed. Porto Alegre: Livraria do Advogado, 2008. p. 68.

(70) Veja-se o art. 5º dotado de 78 incisos e quatro parágrafos e o art. 7º com 34 incisos.

(71) Para Sarlet, de igual forma, "a acolhida dos direitos fundamentais sociais em capítulo próprio no catálogo dos direitos fundamentais ressalta, por sua vez, de forma incontestável sua condição de autênticos direitos fundamentais". SARLET, Ingo Wolfgang. *A eficácia dos direitos fundamentais*, p. 77.

a integridade moral de todo ser humano, no qual o trabalho e os direitos sociais exigem do poder público a busca da efetividade, prevista na carta da República.É preciso compreender os direitos fundamentais sociais segundo uma dogmática constitucional compromissada com o princípio fundamental da dignidade da pessoa humana, no sentido de se buscar a concretização dos comandos constitucionais inerentes à promoção das pessoas.

Neste contexto, o direito ao trabalho digno e do acesso ao pleno emprego se apresentam como direitos fundamentais sociais. O trabalhador, como destinatário direto do princípio da dignidade humana é titular de direitos fundamentais que demandam respeito não somente pelo Estado, mas também em suas relações com particulares e na cadeia produtiva a que está inserido, e nesse sentido também abrange a proteção da dignidade do trabalhador na sua esfera de intimidade e vida privada, desde logo protegida enquanto direito fundamental individual.

A inserção do indivíduo na relação de emprego tem comprometido elevado grau de proteção à sua intimidade e vida privada, a pretexto do exercício do poder diretivo sob as nuances da subordinação. Nem se pode conceber, sob pena de se negar a realidade, que a autonomia de vontade seja plenamente exercida pelo empregado, nesta condição e sob a confluência, como já dito, dos elementos estruturantes desta espécie de relação jurídica sob os efeitos das inovações tecnológicas, das constantes alterações paradigmáticas do sistema capitalista de gestão do mercado econômico e produtivo.

Notadamente, no âmbito das relações de trabalho, Wilson Ramos Filho lembra que já a partir do final da década de 1970, mesmo nos países de capitalismo central, quando as políticas de renovação da legitimidade do capitalismo — fomentadas pela "crise do petróleo" — passaram a surtir efeitos, "o Direito Capitalista do Trabalho passou a sofrer inúmeros ataques com o objetivo de transformá-lo em instrumento de gestão macroeconômica, para torná-lo mais protetivo das classes empregadoras, em vários países"(72), com a consequente supressão e retirada de direitos.

O autor acentua que a instabilidade do "Direito Capitalista do Trabalho" e o conteúdo ambivalente da tutela estatal incidente sobre as relações trabalhistas pode ser mais protetivo dos direitos e interesses dos empregadores, como entende ocorrer no Brasil, ou mais protetivo dos interesses dos empregados, como na Europa ocidental, que, contudo, a partir da década de 1970, também passa por um processo de "internacionalização da precarização das relações de trabalho", conforme o grau de poder conferido a cada classe em determinada fase histórica. Por precarização, entende "o movimento pelo qual, em sua ambivalência característica, o Direito Capitalista do Trabalho diminui a proteção, em algum aspecto, dos direitos dos trabalhadores e passa a proteger de modo decidido os interesses dos empregadores como um todo ou de setores determinados das classes dominantes"(73). Neste contexto,

(72) RAMOS FILHO, Wilson. *Direito capitalista do trabalho*, p. 308.

(73) *Ibidem*, p. 308-309.

tomando-se o Direito do Trabalho como um instrumento de atribuição de poder e renda, a precarização da tutela produz três efeitos, como assinala:

> (i) há uma transferência de renda da classe trabalhadora para a classe patronal, geralmente associada a um novo ciclo de acumulação acelerada do capital; (ii) há uma concentração maior de poder nas classes empresariais, com a diminuição dos poucos espaços democráticos existentes nas relações de trabalho, reforçando o autoritarismo e o caráter arbitrário no direito de subordinar; e (iii) o estatuto do salariado perde atratividade para a maneira de existir que consagra, em face de outras possibilidades de arranjos produtivos[(74)].

As políticas neoliberais[(75)], acentua o autor, justificaram nos anos 1990, sem base racional, mas por mera referência a uma doutrina fundada na "força compulsiva dos fatos"[(76)] e sob a justificativa de ser o único meio de alcançar a eficiência econômica, a ampliação da precarização de garantias sociais, seja pelas empresas, seja pelos Estados. Wilson Ramos Filho sistematiza que, sob o argumento da proteção do mercado de trabalho nacional em meio à crise econômica atual, países como Irlanda, Portugal e Grécia aceitaram propostas precarizadoras em seus sistemas previdenciário e trabalhista, tendo-as por "inevitáveis" e como o único meio viável de receber ajuda do Fundo Monetário Internacional[(77)].

Neste contexto macroeconômico, de competitividade entre os Estados ansiosos por investimentos capitalistas, inafastáveis imposições do mercado justificariam a

(74) *Ibidem*, p. 309.

(75) O neoliberalismo não é, em si, uma ideologia, mas, como acentua, um "conjunto de ações decorrentes de processos naturais de racionalização fundados em alguns dogmas doutrinários que podem ser assim resumidos: (i) diminuição dos impostos incidentes sobre a produção para permitir um acúmulo de capital que possibilite às empresas a realização dos investimentos que lhes pareçam mais produtivos, evitando-se o 'desperdício' característico dos investimentos estatais; (ii) os Estados devem se dedicar às suas atividades típicas, dentre as quais a segurança, a política exterior (nela incluídos os gastos militares), a administração da justiça, e a fomentar a pesquisa e o desenvolvimento de novas tecnologias; (iii) rígido controle monetário e orçamentário para impedir que o Estado gaste recursos provenientes dos impostos em políticas sociais; (iv) como o Estado não sabe gastar e não sabe criar riquezas, não pode querer regular, tarefa que deve ser atribuída à 'mão invisível' do mercado (que se autorregulariza para permitir o crescimento indefinido da economia), ou a 'agências reguladoras' independentes em relação aos governos; (v) a iniciativa privada sempre é mais eficiente que o Estado, razão pela qual as atividades que não sejam aquelas típicas devem ser privatizadas; (vi) as interferências indevidas do Estado na regulação da compra e venda da força de trabalho devem ser diminuídas tanto quanto possível." RAMOS FILHO, Wilson. *Direito capitalista do trabalho*, p. 310.

(76) "O capitalismo tomado pelo terceiro espírito não se baseia mais na ética protestante (WEBER), mas na ética neoliberal autoritária que se apresenta como ultrarrealista, fundada na força compulsória dos fatos, não permitindo questionamentos a seus pressupostos básicos, considerados naturais, segundo a lógica do 'contra fatos não há argumentos'. (...) A submissão induzida pelo neoliberalismo passa a ser uma submissão à realidade dos fatos, à sua inevitabilidade, à natureza das coisas, fundada na eficiência e na competitividade por exigência do pós-fordismo e não mais submissão a um poder estabelecido, a uma classe social ou a um conjunto de regras (o Direito)." RAMOS FILHO, Wilson. *Direito capitalista do trabalho*, p. 311.

(77) *Ibidem*, p. 311.

degradação da tutela trabalhista, seja por alterações legislativas, seja por meio de mudanças na interpretação judicial conferida às leis preexistentes, seja por modelos de gestão produtiva extremamente precarizantes.

Fenômenos como a globalização[78] e o neoliberalismo[79], sob uma falsa sinonímia, como acentua Ramos Filho, são apresentados como "forças da natureza" e servem, a um só tempo, como "álibi" e como "coação". Como "álibi", porque os responsáveis pela precarização de direitos atribuem a "culpa" de suas decisões políticas à competitividade de uma forma abstrata, sem identificar quem seriam aqueles a quem, por necessidade, devem combater; como "coação", porque impõem um estado de sujeição a partir da ameaça da extinção de empregos pela perda da competitividade, "embora raramente seja declinado em que consistiria dita 'competição' que justificaria o retrocesso nas conquistas sociais e nos direitos dos trabalhadores, porque não é de competividade que se trata, mas da competitividade como abstração em si e concentrada em si mesma"[80].

Neste cenário construído para a precarização, que reverteu a conquista de muitos direitos expressos em leis, muito mais se reconhece a fragilidade de proteção a direitos que demandam uma dimensão ética e abstrata, como os relacionados à proteção da intimidade e da vida privada, ancorados em uma principiologia carente de uma elaboração doutrinária mais densa e de motivações racionais que excedam as fundamentações das decisões judiciais.

Tais considerações revelam que em tempos de predomínio de um pensamento economicista, um constitucionalismo forte tem potencialmente melhores instrumentos para assegurar e melhor proteger a democracia contra discursos demagógicos de legitimação, de ideias impostas midiaticamente por atores com interesses faccionais transcendentes a uma lógica ou racionalidade, impostas para acalmar os mercados, ainda que a custo da divisão global de custos particulares.

Como caminhantes de uma jornada melhor, os fundamentos do Estado Democrático de Direito, pelo plano do comando consistente da Constituição, fundado

---

(78) Para Ramos Filho a globalização, nesse sentido, tomada falsamente como sinônimo de neoliberalismo, "obrigaria a redução dos direitos sociais como um todo, inclusive aqueles garantidos pelos Estados nacionais, impondo reformas nos sistemas previdenciários e nas contrapartidas estatais estabelecidas pelo Direito Capitalista do trabalho pela aceitação acrítica da submissão dos empregados ao poder patronal. E como a globalização se converteu em processo contra o qual é impossível e inútil qualquer resistência, todas as iniciativas contrárias à precarização de direitos se apresentam como radicais ou irracionais". RAMOS FILHO, Wilson. *Direito capitalista do trabalho*, p. 312.

(79) "Resta ocultado neste discurso que a globalização neoliberal não é a única forma de mundialização existente, nem a melhor, nem a mais adequada à continuidade da vida, uma vez que, verdadeiramente, existem globalizações, no plural, algumas das quais possibilitando políticas emancipatórias (SOUSA SANTOS, 1997: 105-123). Oculta-se também que radical é a tentativa de impor reformas, e não a resistência às mesmas; e que irracional é tentativa de convencer os trabalhadores que a redução de direitos seria de seu interesse, e não a resistência a tais iniciativas, pois razoável seria a resistência dos trabalhadores à supressão de direitos." RAMOS FILHO, Wilson. *Direito capitalista do trabalho*, p. 312.

(80) *Idem*.

nas raízes que emergiram de todas as forças sociais, constituem-se em alicerces de proteção aos direitos e às liberdades do homem contra a ingerência de uma ilusão, de uma construção de crise com sentido de inversão de polo protetivo.

Neste contexto, à espreita, sempre a possibilidade de predomínio de outras forças com matizes fracas de dominação, mas muito mais poderosas pela concentração de poder econômico que, *mutatis mutandis*, dispõem das pessoas, são sagazes perpetradoras de formas abomináveis de controle do ser humano, naquilo que lhe é mais fundamental, o impedimento ao exercício das livres escolhas e a precarização da contraprestação da força de trabalho.

Como resume Wilson Ramos Filho, "a introjeção dos dogmas neoliberais, assim como dos postulados dos novos métodos de gestão (pós-fordismo e pós-taylorismo), na subjetividade das pessoas foi fundamental para o desenvolvimento de políticas que pregaram a submissão 'voluntária' de todos às precarizações dos direitos trabalhistas e sociais em face da pretensa inevitabilidade dos fatos, da globalização, da competição internacional"(81).

Essa precarização reflete diretamente nos meios de controle do empregado que, em decorrência e por deturpação de conceito, especialmente das emanações que o empregador extrai das prerrogativas do direito de subordinar e que condicionam na relação de emprego recorrentes violações à intimidade e da vida privada do trabalhador.

Considerando nossa realidade existencial segundo uma concepção capitalista de sistema, no qual todos estamos inseridos em uma cadeia produtiva, os direitos fundamentais funcionam como uma ponte necessária à coexistência entre o mercado, o poder público e o homem, porquanto insere dentro da lógica do mercado a lógica do interesse público de promoção do ser humano, fim último de toda a cadeia produtiva e desenvolvimentista que vige na sociedade contemporânea.

5. Considerações finais

conforme verificou-se ao longo do estudo o processo de alienação do trabalho, de expropriação da atividade essencial em sua plenitude é próprio da sociedade capitalista, restando patente que as estratégicas de gestão nas últimas décadas marcam a degradação das condições de trabalho, dimensionando uma forma progressiva de precarização pela imposição de uma modulação servil aos propósitos do mercado de capital.

Sob a perspectiva de um modo econômico-capitalista de estruturação societária, na qual o homem-trabalhador é pensado tão somente como engrenagem que compõe o processo produtivo, é que se deve buscar a necessária proteção e retorno do homem, enquanto sujeito de direitos, à centralidade do direito e de todo o processo produtivo, no qual as transformações advindas da economia de mercado e das inovações

(81) RAMOS FILHO, Wilson. *Direito capitalista do trabalho*, p. 312.

tecnológicas possuem importante influência no que tange à afetação aos direitos fundamentais do trabalhador como a ambientação de sua esfera de intimidade e vida privada, haja vista as rotinas de monitoramento, como a vigilância de *internet* e a vigilância *desktop*, dentre outras, hodiernamente utilizadas pelas empresas.

As políticas de gestão produtiva apontam para uma restrição da autonomia do trabalhador e para uma invasão da sua esfera de vida privada e intimidadeacabando por deformar o modelo de trabalho dignificante outrora concebido, cuja funcionalidade social sempre esteve agregada à própria existência das pessoas, que identificam o resultado prático de suas vidas com o desenvolvimento do seu trabalho. Nesse contexto, os direitos fundamentais do homem, sobretudo do homem-trabalhador, sabiamente sediados no campo constitucional apresentam-se como valioso anteparo a tais inflexões deletérias da produção e do comando insaciável do lucro, elementos que se prostram indiferentes ao conceito de dignidade e são insensíveis à intimidade, tratada como mais um elemento de disposição do sistema para o seu melhor resultado.

Nos preceitos constitucionais estão fundadas as raízes e os alicerces de proteção aos direitos e às liberdades do homem, em tempos de predomínio de um pensamento economicista, um constitucionalismo forte possui potencialmente melhores instrumentos para assegurar e melhor proteger o cidadão. O ideário de nossa Constituição abarca a promessa de renovação, de mudança de paradigmas no sentido de se trazer o homem, enquanto sujeito de direitos, ao centro do ordenamento e das ações a serem promovidas pelo Estado, cujo papel corresponde efetivamente à promoção do homem, *in casu* do cidadão brasileiro.

Referências bibliográficas

ANTUNES, Ricardo. *Adeus ao trabalho*. Ensaios sobre as metamorfoses e a centralidade do mundo do trabalho. 9. ed. São Paulo: Cortez; Campinas: Editora da Universidade Estadual de Campinas, 2003.

_________. *Os sentidos do trabalho*. Ensaio sobre a afirmação e a negação do trabalho. 2. ed. São Paulo: Boitempo, 2009.

ARENDT, Hannah. *A condição humana*. Tradução de Roberto Raposo. 10. ed. Rio de Janeiro: Forense Universitária, 2001.

BARROSO, Luís Roberto. Vinte anos da Constituição de 1988: A reconstrução democrática do Brasil. *In:* MONTESSO, José Cláudio *et al.* (Coord.). *Direitos sociais na Constituição de 1988:* uma análise crítica vinte anos depois. São Paulo: LTr, 2008. p. 328-329.

BEAN, J. *How do employers monitor internet usageatwork?* Disponível em: <http://www.wisegeek.com/how-do-employers-monitor-internet-usage-at-work.htm>. Acesso em: 20 abr. 2012.

CARVALHO, Luciana Menezes; BARICHELLO, Eugenia Mariano da Rocha. O microblog Twitter como agregador de informações de relevância jornalística. *XXXII Congresso Brasileiro de Ciências da Comunicação*. Intercom — Sociedade Brasileira de Estudos Interdisciplinares da Comunicação. UFSM/RS. Disponível em: <http://www.intercom.org.br/papers/nacionais/2009/resumos/R4-33178-1.pdf>. Acesso em: 23 out. 2012.

CASTELLS, Manuel. *A sociedade em rede*. A era da informação: economia, sociedade e cultura. São Paulo: Paz e Terra, 2011.

EDELMAN, Bernard. *O direito captado pela fotografia*. Coimbra: Centelha, 1976.

FERNANDES, José Ricardo Honório. *Espião de tela*. I-programas: o portal de soluções para empresas. Disponível em: <http://www.iprogramas.com.br/2008/programas/xexs/Espiao_de_Tela.html>. Acesso em: 20 abr. 2012.

LÉVY, Pierre. A revolução contemporânea em matéria de comunicação. Trad. Juremir Machado da Silva. *Revista Famecos*, Porto Alegre, n. 9, dez. 1998.

LOCKE, John. *Dois tratados sobre o governo civil*. Tradução Júlio Fischer. São Paulo: Martins Fontes, 1998.

LUKÁCS, Georg. *Ontologia do ser social:* os princípios fundamentais em Marx. São Paulo: Ciências Humanas, 1979.

MARX, Karl. *O capital:* crítica da economia política. Libro I, 24. ed. Rio de Janeiro: Civilização Brasileira, 2006.

_________. *Trabalho assalariado e capital & salário, preço e lucro*. São Paulo: Expressão Popular: 2008.

MORAES, Maurício. Entrei no Orkut porque o chefe mandou. Como aproveitar o potencial das redes sociais para as atividades do trabalho e colaboração. *Revista Info Exame*, São Paulo, Abril, n. 277, p. 96-98, mar. 2009.

NEVES, Marcelo. *Transconstitucionalismo*. São Paulo: WMF Martins Fontes, 2009.

PEDUZZI, Maria Cristina Irigoyen. *O princípio da dignidade da pessoa humana na perspectiva do direito como integridade*. São Paulo: LTr, 2009.

RAMONET, Ignacio. *La mutationdu monde*. Paris: Le Monde Diplomatique, out. 1997.

RAMOS FILHO, Wilson. Trabalho e regulação: o direito capitalista do trabalho e as crises econômicas. Lugar comum. *Estudos de Mídia, Cultura e Democracia,Universidade Federal do Rio de Janeiro*, Laboratório Território, Rio de Janeiro, n. 33-34, p. 51-88, jan.-ago. 2011.

_________. *Direito capitalista do trabalho:* história, mitos e perspectivas no Brasil. São Paulo: LTr, 2012.

RECUERO, Raquel ad Cunha. *Dinâmicas de redes sociais no Orkut e capital social*. 2006. UCPEL/UFRGS. Disponível em: <http://pontomidia.com.br/raquel/alaic2006>. Acesso em: 23 out. 2012.

RIPERT, Georges. *O regime democrático e o direito civil moderno*. São Paulo: Saraiva, 1937.

RODOTÀ, Stefano. A vida na sociedade da vigilância: a privacidade hoje. *In:* Maria Celina Bodin de Moraes (Org.). Trad. de Danilo Doneda e Luciana Cabral Doneda. Rio de Janeiro: Renovar, 2008.

ROMITA, Arion Sayão. *Direitos fundamentais nas relações de trabalho*. 3. ed. rev. e aum. São Paulo: LTr, 2009.

SANCHES, Ana Maria Brito. *Virtude, trabalho e riqueza*. A concepção de sociedade civil em Benjamin Franklin. Dissertação de mestrado. Disponível em: <http://www.teses.usp.br/teses/disponiveis/8/8133/tde-27022007-110740/pt-br.php>.

SARLET, Ingo Wolfgang. *Dignidade da pessoa humana e direitos fundamentais na Constituição de 1988*. 9. ed. Porto Alegre: Livraria do Advogado, 2011.

________. *A eficácia dos direitos fundamentais*. 9. ed. Porto Alegre: Livraria do Advogado, 2008.

SÜSSEKIND, Arnaldo; MARANHÃO, Délio; VIANNA, Segadas; TEIXEIRA, Lima. *Instituições de direito do trabalho*. São Paulo: LTr, 2000.

VIAMONTE, Carlos Sanchez. *El constitucionalismo*. Sus problemas. El orden jurídico positivo. Supremacia, defesa y vigencia de la Constitución. Buenos Aires, Argentina: Editorial Bibliográfica Argentina [s. d.].

VIANA, Márcio Túlio. As relações de trabalho sem vínculo de emprego e as novas regras de competência. *In:* COUTINHO, Grijalbo; F.; FAVA, Marcos N. *Nova competência da Justiça do Trabalho*. São Paulo: LTr, 2005.

Sites consultados

<http://www.portal.mte.gov.br>.

<http://www.ilo.org/global/lang--en/index.htm>.

<http://www.anatel.gov.br>.

<http://www.bbc.co.uk>.

<http://www.linkedin.com>.

IX — O Dano Social ao Direito do Trabalho

Valdete Souto Severo

1. Introdução

Inúmeras são as situações em que o trabalhador, embora titular da demanda processual, está longe de ser o único lesado em razão da conduta adotada pela empresa. A Justiça do Trabalho é pródiga em manter "clientes especiais", que estão praticamente todos os dias na sala de audiências, representados por "prepostos oficiais", contratados para a exclusiva tarefa de "montar" e acompanhar processos trabalhistas.

São empresas que optam pelo não pagamento de horas extras, pelo pagamento de salários "por fora", pela contratação de trabalhadores sem reconhecimento de vínculo de emprego ou mesmo por tolerar condutas de flagrante assédio moral no ambiente de trabalho. Constituem uma minoria dentre os empregadores e, por isso mesmo, perpetram uma concorrência desleal que não prejudica apenas os trabalhadores que contratam, mas também as empresas com as quais concorrem no mercado.

A macrolesão é demonstrada pelas inúmeras ações em uma comarca ou Estado, a revelar a reiteração da conduta lesiva. A tutela jurisdicional perseguida por um número expressivo de trabalhadores não obscurece o fato de que certamente sequer cinquenta por cento dos profissionais lesados pela conduta da empresa buscam seus direitos junto à Justiça do Trabalho.

O número expressivo de processos relatando realidade de contumaz e reiterada inobservância de direitos trabalhistas revela a prática de "dumping social". Ao desrespeitar o mínimo de direitos trabalhistas que a Constituição brasileira garante ao trabalhador, a empresa não apenas atinge a esfera patrimonial e pessoal daquele empregado, mas também compromete a própria ordem social. Atua em condições de desigualdade com as demais empresas do mesmo ramo, já que explora mão de obra sem arcar com o ônus daí decorrente, praticando concorrência desleal.

Em um país fundado sob a lógica capitalista, em que as pessoas sobrevivem daquilo que recebem pelo seu trabalho, atitudes com tais contornos se afiguram ofensivas à ordem axiológica estabelecida. Isso porque retiram do trabalhador, cuja mão de obra reverte em proveito do empreendimento, a segurança capaz de lhe permitir uma interação social minimamente programada. Ou seja, ao colocar o lucro do empreendimento acima da condição humana daqueles cuja força de trabalho justifica e permite seu desenvolvimento como empresa, o empregador nega-lhes condição de vida digna.

Na 1ª Jornada de Direito Material e Processual na Justiça do Trabalho, realizada pelo TST, em 23.11.2007, da qual participaram operadores de todas as áreas do direito do trabalho, foi aprovado Enunciado dispondo:

> *DUMPING* SOCIAL. DANO À SOCIEDADE. INDENIZAÇÃO SUPLEMENTAR. As agressões reincidentes e inescusáveis aos direitos trabalhistas geram um dano à sociedade, pois com tal prática desconsidera-se, propositalmente, a estrutura do Estado social e do próprio modelo capitalista com a obtenção de vantagem indevida perante a concorrência. A prática, portanto, reflete o conhecido "*dumping* social", motivando a necessária reação do Judiciário trabalhista para corrigi-la. O dano à sociedade configura ato ilícito, por exercício abusivo do direito, já que extrapola limites econômicos e sociais, nos exatos termos dos arts. 186, 187 e 927 do Código Civil. Encontra-se no art. 404, parágrafo único, do Código Civil, o fundamento de ordem positiva para impingir ao agressor contumaz uma indenização suplementar, como, aliás, já previam os arts. 652, *d*, e 832, § 1º, da CLT.

O Enunciado retrata uma realidade diante da qual os Juízes do Trabalho não querem mais calar. Uma realidade que em última medida compromete o projeto de sociedade instaurado em 1988.

2. O dano social desde a lógica de um Estado Constitucional

O compromisso das empresas com a manutenção do sistema capitalista passa pela observância das normas trabalhistas vigentes. Consequentemente, o desrespeito reiterado a essas normas implica quebra do pacto social instituído na Constituição brasileira de 1988. Implica comprometimento do próprio sistema capitalista de produção que adotamos.

Nessa esteira, a confirmar o novo paradigma instaurado pela ordem constitucional de 1988, o art. 187 do Código Civil define como ilícito o ato praticado pelo "titular de um direito que, ao exercê-lo, excede manifestamente os limites impostos pelo seu fim econômico ou social, pela boa-fé ou pelos bons costumes". É nítida a opção legislativa, na esteira da ordem constitucional vigente, pelo paradigma da solidariedade, que determina uma nova visão acerca dos deveres de cada um e de todos, frente aos seus pares.

Não é por razão diversa que a Constituição de 1988 inicia seus artigos estabelecendo os fundamentos da República e, dentre eles, faz constar "os valores sociais do trabalho" e a livre-iniciativa. Vale dizer: viver em um país capitalista, e, portanto, ditado pela regra da livre-iniciativa, mas que se pretende democrático e de direito, implica a adoção de responsabilidade frente às lesões causadas pela simples assunção do risco ou pela deliberada negação de direitos fundamentais.

Os valores do trabalho são *sociais* na ordem constitucional vigente, porque não interessam apenas a quem trabalha. Importam à sociedade, que se pretende saudável e, portanto, imune a empregadores que tratam os seres humanos como meio para o atingimento do resultado lucro.

O reconhecimento da solidariedade como novo paradigma exige também, em diferentes aspectos, uma conduta diferenciada e comprometida do Estado-Juiz. Ao assumir a magistratura, cada um dos Juízes do Trabalho do Brasil reafirmou seu compromisso em cumprir a Constituição Federal. Essa é a missão do Juiz em um Estado constitucional. Cumprir a Constituição implica, também, coibir condutas que de modo reiterado negam a vigência de suas normas. Por isso mesmo, a verificação de existência de macro lesão exige um tratamento rigoroso e diferenciado, por parte do Poder Judiciário Trabalhista.

Em sentença proferida nos autos do processo n. 427/08-5, que tramita junto à comarca de Jundiaí, o Exmo. Dr. Juiz Jorge Luiz Souto Maior refere que:

> Os direitos sociais são o fruto do compromisso firmado pela humanidade para que se pudesse produzir, concretamente, justiça social dentro de uma sociedade capitalista. Esse compromisso em torno da eficácia dos Direitos Sociais se institucionalizou em diversos documentos internacionais nos períodos pós-guerra, representando também, portanto, um pacto para a preservação da paz mundial. Sem justiça social não há paz, preconiza o preâmbulo da OIT (Organização Internacional do Trabalho). Quebrar esse pacto significa, por conseguinte, um erro histórico, uma traição a nossos antepassados e também assumir uma atitude de descompromisso com relação às gerações futuras. Os Direitos Sociais (Direito do Trabalho e Direito da Seguridade Social, com inserção nas Constituições) constituem a fórmula criada para desenvolver o que se convencionou chamar de capitalismo socialmente responsável.

No mesmo processo, o Dr. Juiz Jorge Luiz Souto Maior também sublinha que:

> As agressões ao Direito do Trabalho acabam atingindo uma grande quantidade de pessoas, sendo que destas agressões o empregador muitas vezes se vale para obter vantagem na concorrência econômica com relação a vários outros empregadores. Isto implica, portanto, dano a outros empregadores não identificados que, inadvertidamente, cumprem a legislação trabalhista, ou que, de certo modo, se vêem forçados a agir da mesma forma. Resultado: precarização completa das relações sociais, que se baseiam na lógica do capitalismo de produção. Óbvio que esta prática traduz-se como '*dumping* social', que prejudica a toda a sociedade e óbvio, igualmente, que o aparato judiciário não será nunca suficiente para dar vazão às inúmeras demandas em que se busca, meramente, a recomposição da ordem jurídica na perspectiva individual, o que representa um desestímulo para o acesso à justiça e um incentivo ao descumprimento da ordem jurídica". Por isso, continua o admirável jurista, "as práticas reiteradas de agressões deliberadas e inescusáveis (ou seja, sem o possível perdão de uma carência econômica) aos direitos trabalhistas constituem grave dano de natureza social, uma ilegalidade que precisa de correção específica, que, claro, se deve fazer da forma mais eficaz possível, qual seja, por intermédio do reconhecimento da extensão dos poderes do juiz no que se refere ao provimento jurisdicional nas lides individuais em que

> se reconhece a ocorrência do dano em questão. A esta necessária ação do juiz, em defesa da autoridade da ordem jurídica, sequer se poderia opor com o argumento de que não lei que o permita agir desse modo, pois seria o mesmo que dizer que o direito nega-se a si mesmo, na medida em que o juiz, responsável pela sua defesa, não tem poderes para fazê-lo. Os poderes do juiz neste sentido, portanto, são o pressuposto da razão de sua própria existência.

Trata-se de resgatar nossa capacidade de indignação e nosso papel, enquanto Juízes, de construtores de uma realidade *moldada* às pretensões constitucionais que representam, é bom que se registre, um projeto de abertura democrática e de consolidação de um capitalismo comprometido, na linha do que Ralws identifica como o ideal de justiça no âmbito de um liberalismo socialmente inclusivo.

3. O necessário resgate da nossa capacidade de indignação

É o espanto em relação às coisas da vida, desde as mais simples até as mais complexas, que impulsiona o homem a transformar o mundo a sua volta. O percurso histórico dos direitos fundamentais é prova do potencial humano de indignar-se e, com isso, modificar a realidade.

A experiência vivida no século passado, em especial com as duas grandes guerras, determinou a edição de pactos internacionais de garantia de direitos humanos como condição para a democracia. Hoje, nas mais variadas situações nos deparamos com a inércia absoluta diante do extraordinário. Crianças dormindo nas ruas. Homens que, rejeitados, matam parceiros e filhos. Tudo assume ares de normalidade. A capacidade humana de espantar-se parece adormecida, alheia ao que ocorre num mundo de tantas possibilidades.

O Direito do Trabalho não foge a essa triste regra. Não nos espantamos mais com o fato de a mesma empresa manter centenas de ações trabalhistas discutindo idêntica matéria. Não nos indignamos diante da fraude, da falta de ética, da mentira. Perdemos nossa capacidade de espanto. Estamos anestesiados pelo volume de serviço, pela pressa, por nossas necessidades inventadas. Essa apatia se revela extremamente perigosa. A incapacidade de espanto pode traduzir-se, em curto prazo, na ausência de necessidade. Não precisamos de justiça no caso concreto, se não perseguimos mais a ética nas relações. Basta um programa de computador com as opções corretas, e tudo continuará como está. Renunciaremos ao verdadeiro papel do Poder Judiciário, de espantar-se com as reiteradas e manifestas fraudes ao texto constitucional e transformar a realidade social, tornando-a mais inclusiva e menos cruel.

Não é mais possível conviver com o dano social provocado por empresas que lesam diariamente um grande número de trabalhadores, com a prática reiterada de condutas ilegais, que utilizam o tempo do processo e as infinitas possibilidades recursais, para se eximir de suas obrigações. Não é razoável permitir condutas processuais flagrantemente temerárias ou procrastinatórias, especialmente quando estamos lidando com direitos de natureza alimentar.

Esse sentimento de que é preciso atuar para coibir danos sociais é bem representado em decisão exemplar proferida em julho de 2007, na qual lê-se:

> Na presença de danos mais propriamente sociais do que individuais, recomenda-se o recolhimento dos valores da condenação ao fundo de defesa de interesses difusos. recurso parcialmente provido. (...) Além de possíveis respostas na esfera do direito penal e administrativo, o direito civil também pode contribuir para orientar os atores sociais no sentido de evitar determinadas condutas, mediante a punição econômica de quem age em desacordo com padrões mínimos exigidos pela ética das relações sociais e econômicas. Trata-se da função punitiva e dissuasória que a responsabilidade civil pode, excepcionalmente, assumir, ao lado de sua clássica função reparatória/compensatória. 'O Direito deve ser mais esperto do que o torto', frustrando as indevidas expectativas de lucro ilícito, à custa dos consumidores de boa fé(1).

O dano social, passível de ser ressarcido, é medida de espanto diante do que não deve ser. Traduz uma capacidade de indignação que infelizmente é escassa nos dias atuais. É o que vem reconhecendo a jurisprudência cível, que não se deixa intimidar pelo argumento da ausência de pedido da parte.

A questão da responsabilidade do empregador, em relação ao contrato de trabalho, extrapola a esfera de direitos dos contratantes, justamente em face da relevância social deste ramo do direito. Com base nessa premissa, começa a tomar forma a tendência, presente com força no direito norte americano, de se reconhecer a responsabilidade por dano social, sempre que a atividade da empresa, enquanto empregadora, causar macro lesões.

4. Por uma conduta pedagógica e repressiva ao dano social

O caráter punitivo e dissuasório da responsabilidade vem sendo revigorado no direito italiano, em face da premissa de que "la responsabilità civile ha conservatolafunzione preventiva di comportamento sociale"(2), de tal como que o Juiz deve agir mais para prevenir comportamentos contrários à ordem social, do que para reprimir comportamentos imorais(3).

Quando trata da função de "pena privada" que a responsabilidade pode assumir, o doutrinador italiano Guido Alpa faz expressa menção ao fato de que a importância desse viés da responsabilidade civil cresce significativamente no Estado Social, na exata medida em que cresce a industrialização e "la presa dicoscienza dei diritti dei lavoratori" e das consequências do consumo de massa(4).

---

(1) Relator: DR. HELENO TREGNAGO SARAIVA — Presidente - Recurso Inominado n. 71001281070, Comarca de Capão da Canoa: "DERAM PARCIAL PROVIMENTO AO RECURSO. UNÂNIME".Juízo de Origem: 1. VARA CAPÃO DA CANOA — Comarca de Capão da Canoa.

(2) ALPA, Guido. *Trattato di Diritto Civile*. v. IV. La Responsabilità Civile. Milano: Giuffrè, 1999. p. 156.

(3) *Ibidem*, p. 158.

(4) *Ibidem*, p. 159.

Também Paolo Gallo, em obra especialmente dedicada às chamadas "penas privadas", aponta que a responsabilidade da empresa em face de seus empregados e dos produtos que coloca no mercado, é a primeira realidade a determinar a criação de uma doutrina de responsabilidade sem culpa[(5)], panorama dentro do qual ganha força o caráter punitivo e dissuasório da responsabilidade.

O autor refere hipóteses nas quais é necessária a consideração do caráter punitivo da responsabilidade: quando não há dano, quando o enriquecimento de quem provocou o dano é maior que o dano em si, e quando o custo social do fato danoso é superior ao dano individualmente provado pela vítima, notadamente nos casos de responsabilidade da empresa[(6)]. Exatamente aqui encontramos o fundamento para a responsabilidade por dano social.

A dificuldade na aplicação de uma indenização robusta em face do dano social verificado, apontada pelos autores italianos que tratam da matéria, diz especialmente com a circunstância de que a decisão nesse sentido poderá gerar o enriquecimento exagerado de uma das vítimas, em detrimento das demais. Esse argumento pode ser superado com a adoção da técnica de reverter o valor da indenização em favor de um fundo de execuções ou de amparo aos trabalhadores[(7)].

O importante é perceber que na doutrina italiana o instituto ganha em importância pela percepção de que a indenização "punitiva" tem "*funzione moralizzatrice del*

(5) GALLO, Paolo. *Pene Private e Responsabilità Civile*. Milano: Giuffrè, 1996. p. 7.

(6) *Op. cit.*, p. 18. Faz referência, como de resto toda a doutrina que trata do tema, ao *leading case Ford Corporacion x Grimshw*. A discussão versa sobre um modelo de automóvel produzido pela FORD, que explodiu matando seus passageiros. A perícia detectou que a explosão se deu em função de o motor haver sido colocado na parte dianteira e que essa medida havia sido adotada pela empresa em face da redução no custo de produção do automóvel, de 15 dólares por carro. A condenação por responsabilidade civil considerou não apenas o dano gerado à vítima direta, mas a necessidade de que a Ford compreendesse que condutas como aquela não são toleradas dentro de um Estado de Direito (120 milhões de dólares em primeira instância, reduzido para 3,5 milhões de dólares em grau de recurso). Ou seja, para coibir sua reiteração. Sublinha o fato de que em tal caso, a aplicação da função punitiva da responsabilidade não decorreu da culpa da empresa automobilística, mas sim da extensão (social) do dano (e do risco) provocado. Ainda sim, em aparente contrassenso, o autor se posiciona contrário à aplicação de *punitive damages* nas hipóteses de responsabilidade objetiva (*Op. cit.*, p. 64). Posteriormente, esclarece que em sua origem, no direito anglo-saxão, a chamada 'pena privada' está relacionada com o dolo do agente, bem como a um comportamento *"reckless"*, definido pelo autor como aquele comportamento realizado *"no nostante la consa pevolezza circala sua alta pericolosità sociale i relazione alla sua scarsautilità"*. (*Op. cit.*, p. 179). É evidente a conexão com a ideia de risco criado ou risco da atividade, a evidenciar a possibilidade de dano socialmente reprovável ainda quando se trate de responsabilidade objetiva. O próprio autor, que inicialmente nega a possibilidade de indenização por dano social em hipóteses de responsabilidade objetiva, acaba admitindo que *"anche in un regime diresponsabilità oggettiva, l'esistenzadiun comportamento riprovevole varrebbe a giustificarel ímposizionedi una pena privata"*. (*Ibidem*, p. 185)

(7) Nesse sentido, tive a oportunidade de prolatar sentença na qual uma grande empresa, com mais de 4.000 processos em tramitação na Justiça do Trabalho, reiteradamente vem sendo condenada por não efetuar pagamento de horas extras. A conclusão de que essa empresa vem se firmando no mercado internacional, em detrimento de suas concorrentes, inclusive porque ignora solenemente os direitos fundamentais dos trabalhadores cuja mão de obra permite sua existência, fez com que fosse aplicada uma indenização significativa, a ser revertida para as demais execuções da Vara, arquivadas por falta de crédito, no limite de R$ 10.000,00 por demanda.

mercato" e isso significa que *"contro certi valori non si puòandare, neppurenel caso in cui da um puntodi vista strettamente econômico sarebbepiùopportunoagire diversamente"*(8).

O fundamento reside na ideia de que ao desrespeitar o mínimo de direitos trabalhistas que a Constituição Federal garante ao trabalhador brasileiro, a empresa não apenas atinge a esfera patrimonial e pessoal de determinado trabalhador, mas também compromete a própria ordem social. Atua em condições de desigualdade com as demais empresas do mesmo ramo, já que explora mão de obra sem arcar com o ônus daí decorrente, praticando concorrência desleal.

O princípio da boa-fé objetiva, do qual decorrem os deveres de lealdade e de transparência, expresso no art. 422 do Código Civil(9), já mencionado, informa todos os âmbitos do direito, contaminando a aplicação das regras jurídicas. Traduz-se como regra de conduta. Nosso Estado Democrático de Direito, pautado que é pela dignidade da pessoa humana, pela valorização social do trabalho e pela função social, tem na boa-fé um elemento jurídico fundamental para toda e qualquer relação de direito que estabeleça. Os deveres que decorrem da lealdade e da boa-fé objetiva operam defensiva e ativamente, isto é, impedindo o exercício de pretensões e criando deveres específicos. Um deles é o dever de lealdade, que impede (ou deveria impedir) um empregador de contratar sem formalizar o vínculo, de não pagar verbas trabalhistas ou de descartar o trabalhador, como se fosse mercadoria.

Em um país fundado sob a lógica capitalista, em que as pessoas sobrevivem daquilo que recebem pelo seu trabalho, atitudes que atentam de modo reiterado contra direitos fundamentais trabalhistas se afiguram ofensivas à ordem axiológica estabelecida. Isso porque retiram do trabalhador, cuja mão de obra reverte em proveito do empreendimento, a segurança capaz de lhe permitir uma interação social minimamente programada. Retiram sua segurança ao negar pagamento de verbas salariais ou ao submetê-lo a humilhações decorrentes da cobrança de metas. Ou seja, ao colocar o lucro do empreendimento acima da condição humana daqueles cuja força de trabalho justifica e permite seu desenvolvimento como empresa.

Nesse sentido, o professor Eugênio Facchini Neto, ao tratar da função social da responsabilidade civil, refere que:

> Se o Direito, muitas vezes, sente-se incapaz para evitar e neutralizar os riscos, se os danos são inevitáveis, frutos inseparáveis da convivência social e do desenvolvimento tecnológico, ao menos o Direito deve buscar formas de fornecer segurança jurídica, no sentido de que todo o dano injusto (entendendo-se por dano injusto todo aquele para o qual a vítima não deu causa) deve ser, na maior medida possível, reparado". O autor

(8) Paolo Gallo. *Op. cit.*, p. 169. O autor refere serem exemplos de situações inaceitáveis em um Estado Social, atos que afetam diretamente a vida humana, a saúde, a integridade física e a honra.

(9) Art. 422. Os contratantes são obrigados a guardar, assim na conclusão do contrato, como em sua execução, os princípios de probidade e boa-fé.

> conclui o texto declarando: "a ideia de função social, no âmbito do direito privado, está ligada ao valor da solidariedade. A própria solidariedade, na verdade, nada mais é do que uma consequência jurídica da inerente socialidade da espécie humana. Se a pessoa humana não consegue sobreviver senão em sociedade, se dependemos diuturnamente de outras pessoas, não só para vivermos com qualidade de vida, mas até mesmo para sobrevivermos, então resta claro que o que quer que façamos tem repercussão na vida de outrem. O Direito deve levar isso em consideração[10].

Esse é o fundamento axiológico da noção de reparação do dano social, que atinge não apenas a esfera individual, mas também essa sociedade, que pretendemos seja justa e solidária.

É também nessa linha, o entendimento de Fábio Konder Comparato, que busca na função social da propriedade e da empresa o fundamento para uma responsabilidade pelos danos que extrapolam os limites de um contrato entre privados. Assevera que a função social da propriedade "é apresentada como imposição do dever positivo de uma adequada utilização dos bens, em proveito da coletividade"[11], cuja inobservância gera o dever de atuação estatal.

Esse dever foi explicitado, no direito anglo-saxão, pela política de aplicação de *punitive damages*, expressão inglesa para "indenização punitiva", representada pela concessão de indenizações em valores capazes não apenas de ressarcir o dano efetivamente sofrido, mas também de cumprir finalidade punitiva, evitando que a situação se repita[12].

Trata-se de argumentação que encontra respaldo na ordem constitucional instituída em 1988. O art. 170 da Constituição brasileira refere expressamente

---

(10) FACCHINI NETO, Eugênio. A função social do direito privado. *Revista da Ajuris:* doutrina e jurisprudência. Porto Alegre, AJURIS, v. 34, n. 105, p. 153-188, mar. 2007.

(11) COMPARATO, Fábio Konder. Estado, empresa e função social. *Revista dos Tribunais*, São paulo, RT, ano 85, v. 732, p. 38-46, out. 1996.

(12) MARTINS-COSTA, Judith; PARGENDLER, Mariana Souza. Usos e abusos da função punitiva. *Revista CEJ*, Brasília, n. 28, p. 15-32, jan./mar. 2005. A autora refere que "afirma-se como necessário um instituto apto a coibir ou a desestimular certos danos particularmente graves cuja dimensão é transindividual, ou comunitária, sendo certo que a pena pecuniária é eficiente fator de desestímulo". Após expor o trajeto histórico da função punitiva da responsabilidade civil, observa que embora o art. 944 do nosso Código Civil estabeleça que "a indenização mede-se pela extensão do dano", é possível considerar-se a função punitiva da responsabilidade, quando da fixação da indenização. Segundo seu ponto de vista (com o qual não concordamos) isso só deve ocorrer quando verificado dolo do agente, que traduz como "reprovação ético-jurídica à conduta", já que o direito penal não aceita a responsabilidade objetiva. Aqui, temos de observar que a "função punitiva" da responsabilidade não se confunde com sanção penal e por isso mesmo, é matéria cível. Como a própria autora salienta, tem função de coibir a reiteração de práticas lesivas à coletividade. Portanto, o importante não é aferir a ilicitude da conduta do agente, mas os efeitos sociais do dano. O texto traz dois exemplos de decisões, do STF e do Tribunal de Justiça do RS, nas quais o caráter punitivo da responsabilidade civil foi invocado, em hipóteses de responsabilidade objetiva. Importante referir, ainda, que a autora defende a possibilidade de reversão da indenização fixada para um fundo que beneficie a coletividade, homenageando o "princípio da prevenção".

que a ordem econômica é “fundada na valorização do trabalho humano e na livre-iniciativa, tem por fim assegurar a todos existência digna, conforme os ditames da justiça social”. É secundado pelo art. 187 do Código Civil, que coíbe condutas que atentem contra o “fim econômico ou social”, a boa-fé e os bons costumes.

Por sua vez, a aplicação de verdadeira pena privada, consistente na condenação a pagamento de soma em dinheiro, nas hipóteses de macro-lesão, é autorizada pelo art. 404, parágrafo único, do Código Civil. Esse dispositivo refere que, uma vez verificada a insuficiência da reparação por meio de condenação a ‘perdas e danos’ com juros de mora, “e não havendo pena convencional, pode o juiz conceder ao credor indenização suplementar”, independentemente de pedido da parte.

É importante, aqui, registrar que a exigência de pedido da parte afigura-se mesmo inusitada em se tratando de dano social. É que a indenização suplementar não tem por fundamento o ressarcimento da lesão a que se submeteu o autor do feito, mas sim a compensar lesão de espectro social e a inibir (essa é a questão fundamental) a reiteração de condutas que afetem a harmonia social.

No âmbito do direito do trabalho o art. 652, *d*, da CLT, estabelece seja função do Juiz do Trabalho “impor multas e demais penalidades relativas aos atos de sua competência”. Note-se que não há, e nem poderia haver, limitação dessa função judicial a pedido da parte, já que não é o trabalhador o verdadeiro lesado e, por consequência, beneficiado em face da condenação pela prática de dano social. Logo, sequer é razoável exigir-lhe que formule pedido em tal sentido.

Também por isso, a condenação ao pagamento de indenização por dano social não é necessariamente de ser revertida em favor do autor do processo, justamente em face do que já foi referido, a acerca de sua finalidade e de sua razão de ser.

Nesse sentido, em texto escrito em 2004, Antônio Junqueira de Azevedo, professor titular da faculdade de Direito da USP, escreveu artigo defendendo a existência de uma “nova categoria de dano social”, cuja coibição, por meio de aplicação de pena privada consistente em indenização suplementar, é de ser aplicada de ofício pelo Juiz e, segundo ele, deve preferencialmente reverter em favor do autor do processo, como medida de política judiciária. O autor mesmo ressalta, porém, que a própria natureza da indenização permite que ela seja revertida para algum fundo ou para a coletividade, como ocorre em inúmeras decisões na esfera cível(13).

A jurisprudência cível vem acolhendo esse raciocínio. Em decisão paradigmática, o Tribunal de Justiça do Rio Grande do Sul reconheceu essa função social e punitiva da responsabilidade civil, impondo condenação, revertida ao Fundo de Defesa dos Interesses Difusos(14).

---

(13) AZEVEDO, Antônio Junqueira. Por uma nova categoria de dano na responsabilidade civil: o dano social. *RTDC*, v. 19, jul./set. 2004.

(14) "TOTO BOLA. SISTEMA DE LOTERIAS DE CHANCES MÚLTIPLAS. FRAUDE QUE RETIRAVA AO CONSUMIDOR A CHANCE DE VENCER. AÇÃO DE REPARAÇÃO DE DANOS MATERIAIS E MORAIS. DANOS

Na decisão, o relator conclui que:

É necessário que, por vezes, também o Direito Civil dê sua contribuição, via responsabilidade civil, para que a vida de relação gire em torno de condutas éticas e morais compartilhadas por todos os cidadãos de bem. E essa contribuição pode ser dada através de uma excepcional função punitiva da responsabilidade civil — que, é bom que se apresse a dizer, não se confunde com um simples critério de quantificação do dano moral". E acrescenta tratar-se de hipótese em que "razoável a invocação da função punitiva, pois representa situação em que "os danos sociais são superiores aos danos individuais".

Trata-se de resgatar a clássica função punitiva da responsabilidade civil objetiva, de coibir a reiteração de práticas socialmente lesivas, fato que demonstra sua estreita ligação com as consequências do ato e não com a conduta do agente causador do dano. Mostra-se adequada, portanto, às hipóteses em que é possível identificar conduta reiterada de não observância dos direitos fundamentais trabalhistas[15], seja por implicar, ainda que por via oblíqua, concorrência desleal, seja por comprometer a busca de uma sociedade "justa e solidária". Deve, pois, ser considerada inclusive no âmbito das relações de trabalho.

A Justiça do Trabalho está se sensibilizando para essa realidade. Em recente decisão prolatada nos autos de Ação Civil Pública, o TST manteve condenação ao pagamento de indenização por dano social em face da terceirização por cooperativas, aduzindo que por estar evidenciada "a violação por parte da recorrente à ordem social

---

MATERIAIS LIMITADOS AO VALOR DAS CARTELAS COMPROVADAMENTE ADQUIRIDAS. DANOS MORAIS PUROS NÃO CARACTERIZADOS. POSSIBILIDADE, PORÉM, DE EXCEPCIONAL APLICAÇÃO DA FUNÇÃO PUNITIVA DA RESPONSABILIDADE CIVIL. NA PRESENÇA DE DANOS MAIS PROPRIAMENTE SOCIAIS DO QUE INDIVIDUAIS, RECOMENDA-SE O RECOLHIMENTO DOS VALORES DA CONDENAÇÃO AO FUNDO DE DEFESA DE INTERESSES DIFUSOS. RECURSO PARCIALMENTE PROVIDO.1. Não há que se falar em perda de uma chance, diante da remota possibilidade de ganho em um sistema de loterias. Danos materiais consistentes apenas no valor das cartelas comprovadamente adquiridas, sem reais chances de êxito. 2. Ausência de danos morais puros, que se caracterizam pela presença da dor física ou sofrimento moral, situações de angústia, forte estresse, grave desconforto, exposição à situação de vexame, vulnerabilidade ou outra ofensa a direitos da personalidade. 3. Presença de fraude, porém, que não pode passar em branco. Além de possíveis respostas na esfera do direito penal e administrativo, o direito civil também pode contribuir para orientar os atores sociais no sentido de evitar determinadas condutas, mediante a punição econômica de quem age em desacordo com padrões mínimos exigidos pela ética das relações sociais e econômicas. Trata-se da função punitiva e dissuasória que a responsabilidade civil pode, excepcionalmente, assumir, ao lado de sua clássica função reparatória/compensatória. 'O Direito deve ser mais esperto do que o torto', frustrando as indevidas expectativas de lucro ilícito, à custa dos consumidores de boa fé. 4. Considerando, porém, que os danos verificados são mais sociais do que propriamente individuais, não é razoável que haja uma apropriação particular de tais valores, evitando-se a disfunção alhures denominada de *over compensantion*. Nesse caso, cabível a destinação do numerário para o Fundo de Defesa de Direitos Difusos, criado pela Lei n. 7.347/85, e aplicável também aos danos coletivos de consumo, nos termos do art. 100, parágrafo único, do CDC. Tratando-se de dano social ocorrido no âmbito do Estado do Rio Grande do Sul, a condenação deverá reverter para o fundo gaúcho de defesa do consumidor"(RO 71001249796, Terceira Turma Recursal Cível, unânime. Presidente e relator Dr. Eugênio Facchini Neto, julgado em 27 mar. 2007).

(15) SANTOS, Enoque Ribeiro. Contribuições à Fixação da Indenização do Dano Moral Trabalhista. A Tese da Aplicação dos *Exemplary* ou *Punitive Damages*. *Revista do Trabalho*, Porto Alegre, HS Editora, n. 246, p. 7-17.

e econômica nacional, na medida em que disseminou a prática de conduta contrária às normas trabalhistas" era de ser reconhecida a "existência do dano social"[16].

É importante registrar, também, a existência de Acórdão da 4ª Região, mantendo sentença de primeiro grau proferida pela Juíza Titular da 1a Vara do Trabalho de Sapucaia do Sul, Andréa Saint Pastous Nocchi, no qual, em sede de embargos de declaração, o relator, Desembargador Ricardo Carvalho Fraga, faz registrar que "a legitimidade do juiz, para deferir o pagamento de multa por dumping social, se justifica pela necessidade de coibir as práticas reiteradas de agressões aos direitos trabalhistas, por meio do reconhecimento da expansão dos poderes do julgador no momento da prestação jurisdicional, nas reclamatórias trabalhistas em que se verifica a ocorrência do referido dano", não havendo falar em decisão *extra petita*[17].

Em outro acórdão, o Relator Juiz Convocado Marçal Figueiredo registra que:

> Cabe ao juiz da causa e da comarca onde ocorrem os fatos oriundo da relação de trabalho e da própria atuação da(s) reclamada(s) envolvidas, a percepção do dano que determinado procedimento possa estar causando, notadamente a partir do comportamento judicial e do número de demandas denunciando fatos relacionados à precarização do direito do trabalho e mesmo atos ilícitos praticados contra a coletividade de trabalhadores[18].

Recentemente, a 3ª Turma do Tribunal Regional do Trabalho da 4ª Região confirmou decisão proferida no processo n. 0078200-58.2009.5.04.0005, que condenou uma empresa de *callcenter* e a companhia telefônica para a qual esta presta serviços, a indenizar a sociedade devido à violação sucessiva de direitos trabalhistas. No site do Tribunal, a notícia foi veiculada com o seguinte conteúdo:

> A indenização por dumping social é uma penalidade às organizações que possuem diversas ações trabalhistas contra si, desrespeitando quase sempre os mesmos direitos dos seus empregados. Os magistrados a acrescentam na sentença de uma ação trabalhista individual, mesmo que o valor não seja pago ao autor da reclamatória (...) a empresa de *callcenter*

---

(16) AGRAVO DE INSTRUMENTO. AÇÃO CIVIL PÚBLICA. AGENCIAMENTO DE MÃO DE OBRA PARA FAZENDAS POR COOPERATIVA. IRREGULARIDADE NA INTERMEDIAÇÃO. LEGITIMIDADE DO MINISTÉRIO PÚBLICO DO TRABALHO. DESPROVIMENTO. A v. decisão recorrida encontra-se amparada na prova, que não pode ser revista em alçada recursal superior, ao descaracterizar a cooperativa, porque a atividade estava vinculada a intermediação da contratação de trabalhadores rurais para prestação de serviços de forma pessoal, contínua e subordinada às fazendas do Município onde localizada-. Incidência da Súmula n. 126 do C. TST (AIRR – 2293/2001-010-15-40.9, rel. Min. Aloysio Corrêa da Veiga, Data de Julgamento: 8.10.2008, 6ª Turma, Data de Publicação: 17.10.2008). Em outra decisão na mesma linha: COOPERATIVA DE TRABALHO. FRAUDE — A cooperativa de trabalho que se desvia de sua finalidade para atuar como intermediária de mãodeobra, não somente deve ser proibida de celebrar novos contratos como condenada a indenizar pelo dano social que causou (Processo 00587-2005-026-05-00-5 RO, ac. n. 002295/2007, rel. Des. Raymundo Pinto, 2ª Turma, DJ 14.2.2007).

(17) Acórdão do processo 0011900-32.2009.5.04.0291 (ED), redator: Ricardo Carvalho Fraga. Participam: Flávia Lorena Pacheco, Luiz Alberto de Vargas. Data: 1º.2.2011. Origem: 1ª Vara do Trabalho de Sapucaia do Sul. Disponível em: <www.trt4.jus.br>. Acesso em: 20 mar. 2011.

(18) Acórdão do processo 0143100-93.2009.5.04.0702 (RO). Red. Marçal Henri dos Santos Figueiredo. Participam: João Alfredo Borges Antunes de Miranda, Cláudio Antônio Cassou Barbosa. Data: 25.11.2010. Origem: 2ª Vara do Trabalho de Santa Maria. Disponível em: <www.trt4.jus.br>. Acesso em: 20 mar. 2011.

possui mais de 1,5 mil processos ativos no Foro Trabalhista de Porto Alegre. Praticamente todas as ações envolvem o não pagamento de horas extras e distorções salariais significativas entre os empregados". E a notícia prossegue: "mesmo propondo a redução do valor indenizatório, o relator do acórdão na 3ª Turma do TRT-RS, desembargador Ricardo Carvalho Fraga, reprovou a conduta das empresas. "A condenação solidária das reclamadas se justifica como forma de se coibir a conduta reiterada e sistemática de contratação de mão de obra irregular e precária, bem como para se coibir o agir do qual resulte em outras violações como as constatadas nos presentes autos" cita o acórdão[(19)].

Na ementa do acórdão, não há referência ao dano social, embora se trate de decisão paradigmática, diante da posição que vem adotando o TRT da 4a Região. Há certa resistência em enfrentar a modificação não apenas das relações jurídicas, mas também e especialmente do papel do processo e do Juiz do Trabalho, frente às macro lesões, exigindo pedido da parte que sequer é a beneficiária de eventual consequência econômica da pena privada e retirando do Juiz função que é nitidamente sua, em um contexto de Estado constitucional. Os novos ventos, porém, trazem esperança renovada nessa busca pela efetividade do direito.

O mesmo se faz sentir em outros Tribunais[(20)], como é exemplo a ementa a seguir transcrita:

> REPARAÇÃO EM PECÚNIA: CARÁTER PEDAGÓGICO — *DUMPING* SOCIAL. CARACTERIZAÇÃO — Longas jornadas de trabalho, baixos salários, utilização da mão de obra infantil e condições de labor inadequadas são algumas modalidades exemplificativas do denominado dumping social, favorecendo em última análise o lucro pelo incremento de vendas, inclusive de exportações, devido à queda dos custos de produção nos quais encargos trabalhistas e sociais se acham inseridos. 'As agressões reincidentes e inescusáveis aos direitos trabalhistas geram um dano à sociedade, pois com tal prática desconsidera-se, propositalmente, a estrutura do Estado Social e do próprio modelo capitalista com a obtenção de vantagem indevida perante a concorrência. A prática, portanto, reflete o conhecido dumping social' (1ª Jornada de Direito Material e Processual na Justiça do Trabalho, Enunciado n. 4). Nessa ordem de ideias, não deixam as empresas de praticá-lo, notadamente em países subdesenvolvidos ou em desenvolvimento, quando infringem comezinhos direitos trabalhistas na tentativa de elevar a competitividade externa. 'Alega-se, sob esse aspecto, que a vantagem derivada da redução do custo de mão de obra é injusta, desvirtuando o comércio internacional. Sustenta-se, ainda, que a harmonização do fator trabalho é indispensável para evitar distorções num mercado que se globaliza' (LAFER, Celso — '*Dumping* Social'. *In: Direito e Comércio Internacional:* Tendências e Perspectivas, Estudos em homenagem ao Prof. Irineu Strenger. São Paulo: LTr, 1994. p. 162). Impossível afastar, nesse viés, a incidência do regramento vertido nos arts. 186, 187 e 927 do Código Civil, a coibir — ainda que pedagogicamente — a utilização, pelo empreendimento econômico, de

---

(19) Notícia veiculada no *site*: <http://www.trt4.jus.br/portal/portal/trt4/comunicacao/noticia/info/NoticiaWindow?cod=418305&action=2&destaque=false&filtros=>. Acesso em: 2 maio 2011.

(20) Em Blumenau, o Juiz José Hamilton Leiria condenou a Companhia de Urbanização de Blumenau (URB) a pagar quinhentos mil reais de indenização por dumping social, caracterizado pela prática recorrente de contratação sem concurso público. A reiteração de demandas similares e a evidência de um "padrão de conduta" contrário aos direitos fundamentais trabalhistas figuraram dentre os fundamentos da decisão proferida.

quaisquer métodos para produção de bens, a coibir — evitando práticas nefastas futuras — o emprego de quaisquer meios necessários para sobrepujar concorrentes em detrimento da dignidade humana(21).

Importante citar, também, acórdão da lavra de Jorge Luiz Souto Maior, no qual, embora não haja condenação à indenização, o Relator faz extensa consideração acerca da importância do reconhecimento de dano social por parte dos empregadores que de modo reiterado e contumaz não respeitam direitos trabalhistas(22).

Em outro processo, oriundo da 16ª Região, a indenização por "dumping social" é mantida em sede de segundo grau, com o argumento de que:

> É lícito esperar é que, por meio de modernas técnicas de gerenciamento de qualidade, os responsáveis pela Justiça brasileira assumam postura de maior ousadia e criatividade. Ousadia para traduzir em provimentos práticos aquilo que a ideologia da Carta Magna assegura aos cidadãos em termos de garantias fundamentais e da respectiva tutela jurisdicional. E o voto prossegue, acrescentando que o "dano moral coletivo, na seara trabalhista, é visto sob o ângulo da integridade social dos direitos laborais, que, como se sabe, tem dimensão coletiva, pois ultrapassa o interesse individual do trabalhador, ocasionando um dano à sociedade. O empregador que, costumeiramente, lesa os direitos dos trabalhadores, agride a própria coletividade, que, também, sofre os reflexos da prática ilegal"(23).

Do mesmo modo, o Juiz do Trabalho Alcir Kenupp Cunha, do Mato Grosso do Sul condenou empresa de grande porte ao pagamento de indenização por dano social, argumentando que havia reincidência na inobservância dos direitos trabalhistas, com diversas condenações a indenização decorrente de doenças causadas

---

(21) TRIBUNAL: 3ª Região. 00866-2009-063-03-00-3 RO. Quarta Turma, à unanimidade. Belo Horizonte, 19 de agosto de 2009. Júlio Bernardo do Carmo Desembargador relator. Disponível em: <www.trt3.jus.br>. Acesso em: 10 set. 2010.

(22) Processo 00206-2007-078-15-00-4 RO. Disponível em: <http://www.trt15.jus.br/voto/patr/2009>. Acesso em: 3 out. 2009.

(23) *DUMPING* SOCIAL — INDENIZAÇÃO — O constante descumprimento da ordem jurídica trabalhista acaba atingindo uma grande quantidade de pessoas, disso se valendo o empregador para obter vantagem na concorrência econômica com outros empregadores, o que implica dano àqueles que cumprem a legislação. Essa prática traduz-se em dumping social, pois prejudica toda a sociedade e configura ato ilícito, por exercício abusivo do direito, já que extrapola os limites econômicos e sociais, nos exatos termos dos arts. 186, 187 e 927 do Código Civil. O art. 404, parágrafo único, do Código Civil, dá guarida ao fundamento de punir o agressor contumaz com uma indenização suplementar, revertendo-se esta indenização a um fundo público. COOPERATIVISMO. INEXISTÊNCIA. RECONHECIMENTO DO VÍNCULO DE EMPREGO. A simples existência da cooperativa não legitima a terceirização de serviços, sejam eles inerentes, ou não, às funções finalísticas do empreendimento. Isto porque, como o contrato de trabalho é um contrato-realidade, faz-se imprescindível perquirir se os chamados "cooperados" atuaram como verdadeiros co-participantes, tendo sido, simultaneamente, beneficiários ou usuários dos serviços prestados pela cooperativa, ou se, em sentido inverso, laboraram em condições tradicionais de subordinação e dependência. Nesta segunda hipótese, a relação jurídica revelará uma forma camuflada de um verdadeiro contrato de trabalho. DAS ASTREINTES — As astreintes previstas no art. 461, § 4º, do CPC surgiram com a finalidade de viabilizar a efetividade da prestação jurisdicional, compelindo o devedor a cumprir o comando da sentença, sendo, por isso, perfeitamente aplicáveis ao Processo laboral, eis que compatível com a principiologia que norteia este ramo jurídico especial. Recurso conhecido e não provido. (PROCESSO: 00180-2006-015-16-00-5-RO. Relator: Luiz Cosmo da Silva Júnior. Julgado em: 4.3.2009, publicado em 25.3.2009).

aos seus empregados. Invocando o caráter pedagógico que deve ter a indenização, e o efeito didático pretendido, fixou indenização por dano social, consistente em:

> a) depósito , no valor de R$ 1.000.000,00 (um milhão de reais) , em favor do Fundo de Combate e Erradicação da Pobreza (inc. VIII do art. 2º da Lei Complementar n. 111/2001); b) aquisição, para o hospital de Urgência e Trauma do Município de Dourados, de uma ambulância tipo UTI, nova e devidamente equipada — valor estimado R$ 400.000,00 (quatrocentos mil reais); c) aquisição , para o órgão de fiscalização do Ministério do Trabalho em Dourados, de um veículo, tipo caminhonete, cabine dupla, tração 4 *x* 4, para uso na fiscalização do trabalho — valor estimado R$ 100.000,00 (cem mil reais)(24).

A referência ao termo "dumping social", presente tanto nas decisões referidas, quanto no enunciado aprovado pelos operadores do direito do trabalho e anteriormente reproduzido, faz surgir o argumento de que a repreensão por dumping limita-se ao direito comercial(25).

Em realidade, o *dumping* social, classicamente associado à circulação de trabalhadores, ocorre também quando a prática de atos empresariais predadores, que não respeitam o ordenamento jurídico de um país, permitem que determinada empresa concorra em condições de vantagem desleal em relação às demais.

É certo que o total de custos relacionados à atividade empresarial, nos quais estão incluídos os custos decorrentes da manutenção de um ambiente saudável de trabalho e do pagamento das verbas trabalhistas, influi diretamente no preço final do produto ou serviço que determinada empresa colocará no mercado. O fato é que sequer precisamos nos valer da expressão "*dumping*" para explicar a ocorrência de dano social, passível (com base em nosso ordenamento jurídico, como tivemos a oportunidade de ver) de ser coibido mediante aplicação de penalidade significativa.

Por fim, importante salientar que a objeção de parte significativa da jurisprudência quanto à concessão, de ofício, de indenização por dano social, é facilmente superada. Além da dicção dos arts. 404, parágrafo único, do CPC, e 652, "*d*", da

(24) Disponível em: <http://www.trt24.jus.br:8080/jurisprudencia/banco-sentencas-processo.jsf>. Acesso em: 3 out. 2009. A sentença foi, porém, modificada em sede de recurso ordinário, tendo o TRT da 24ª Região estabelecido a impossibilidade de fixação de dano social, de ofício, pelo Juízo. (Processo 00259/2008-021-24-00- 6). Em outro processo contra a mesma empresa (Perdigão) o Juiz Antônio Arraes Branco Avelino, também do Mato Grosso do Sul, conferiu indenização por dano social de R$ 500.000,00 (Processo 01304-2007-022-24-00-5, disponível no mesmo *site*). Nesse caso, o Recurso Ordinário não foi conhecido, por deserto, tendo a parte demandada interposto Recurso de Revista, ainda não apreciado.

(25) Argumento importante, já que efetivamente a prática de *dumping* em sua concepção clássica, vem definida como "venda de produtos no mercado externo, a preços inferiores aos do mercado interno, visando a anular a concorrência" (<http://michaelis.uol.com.br>). Dumping social, por sua vez, vem definido, especialmente no âmbito do direito europeu, como conceito associado à circulação de trabalhadores que, buscando melhores condições sociais, aportam nos países ou regiões mais desenvolvidas, engrossando os números do desemprego estrutural. A Comunidade Europeia tem, inclusive, Diretiva fixando condições mínimas e equivalentes de trabalho para evitar que os trabalhadores de países do leste europeu se desloquem para os países mais desenvolvidos, a fim de buscar melhores condições de trabalho.

CLT, que se destinam a regular ações individuais, temos que a própria origem do caráter punitivo da responsabilidade civil se verifica em situações individuais nas quais o dano coletivo é identificado(26).

Nesse sentido, Mauro Cappelletti, já em 1977, escreveu sobre a necessidade de ampliação da legitimidade para a coibição de danos coletivos, valorizando o dever de o Juiz, em lides individuais, reconhecer a responsabilidade por macro lesões, fixando uma indenização que reconheça, inclusive, o viés punitivo da responsabilidade(27).

Na mesma linha é o raciocínio do professor Ovídio Baptista quando propugna a superação do dogma da racionalidade no direito processual, mediante novo olhar para esse instrumento de realização dos direitos, aduzindo que a visão 'coletiva' dos direitos e da própria ação (em seu sentido processual) permite o exercício político da solidariedade(28).

5. Conclusões

Precisamos, com urgência angustiante, recuperar nossa capacidade de indignação. Transformá-la na força necessária à concretização de direitos fundamentais trabalhistas que há mais de vinte anos estão esquecidos no texto constitucional. Na força indispensável à recuperação da ética nas relações de trabalho e, especialmente, da ética na atuação processual. Uma ética pautada pela confiança, pelo compromisso com a verdade, pela busca dos objetivos fundamentais de construção de uma sociedade livre, justa e solidária, que busque a promoção do bem de todos, como afirma nossa carta constitucional.

Nesse contexto, o dano social, quando examinado sob a perspectiva de um direito cuja natureza alimentar (art. 100, § 1º, da CF) e fundamental (arts. 6o a 11o, da CF) é manifesta, revela a necessidade de trilhar o caminho da solidariedade também no que tange à doutrina da responsabilidade civil.

Qualquer exame acerca da responsabilidade civil depende da adoção do paradigma da solidariedade social que a Constituição assumiu como novo fator axiológico para interpretação e aplicação do ordenamento. É a partir desse novo paradigma, que as relações privadas passam a ser analisadas. Passam, pois, a serem enfrentadas juridicamente a partir de seu espectro social, de suas consequências no plano da comunidade em que as partes estão inseridas e, diante da globalização, inclusive em âmbito mundial.

---

(26) No artigo antes citado, de lavra da professora Judith Martins-Costa, são examinados os *leading cases* do direito americano, que justificam a aplicação de *punitive damages*, todos eles ações propostas por cidadãos americanos, nas quais a indenização foi fixada em valor elevado, considerando o dano social causado e a necessidade de coibir a reiteração das condutas (MARTINS-COSTA, Judith; PARGENDLER, Mariana Souza. Usos e Abusos da Função Punitiva. *Revista CEJ*, Brasília, n. 28, p. 15-32, jan./mar. 2005).

(27) CAPPELLETTI, Mauro. Formações sociais e interesses coletivos diante da justiça civil. Trad. Nelson Renato Palaia Ribeiro de Campos. *Revista de Processo*, São Paulo, RT, jan./mar. 1977.

(28) BAPTISTA DA SILVA, Ovídio A. *Processo e ideologia*. Rio de Janeiro: Forense, 2004. p. 319.

Essa visão teleológica (e axiológica) do tema responsabilidade permite que o operador do direito do trabalho amplie sua visão e enxergue no desrespeito contumaz de direitos trabalhistas conduta antissocial que, por isso mesmo, reclama não apenas a reposição do dano à vítima, mas a reconstrução (ou o resgate) do próprio pacto social de persecução de uma sociedade mais justa e solidária. Justiça e solidariedade são valores que contaminam as regras dos arts. 927 e seguintes do Código Civil e que devem determinar um olhar diferenciado de quem interpreta ou aplica o direito.

O sistema jurídico já tem os instrumentos necessários a uma atuação comprometida do Juiz, que recupere nossa capacidade de indignação. Basta que tenhamos coragem para enxergá-las e ousadia para aplicá-las.

Referências bibliográficas

ALPA, Guido. *Trattato di Diritto Civile*. v. IV. La Responsabilità Civile. Milano: Giuffrè, 1999.

AZEVEDO, Antônio Junqueira. Por uma nova categoria de dano na responsabilidade civil: o dano social. *RTDC*, v. 19, jul./set. 2004.

BAPTISTA DA SILVA, Ovídio A. *Processo e ideologia*. Rio de Janeiro: Forense, 2004.

CAPPELLETTI, Mauro. Formações sociais e interesses coletivos diante da justiça civil. Trad. Nelson Renato Palaia Ribeiro de Campos. *Revista de Processo*, São Paulo, RT, jan./mar. 1977.

COMPARATO, Fábio Konder. Estado, empresa e função social. *Revista dos Tribunais*, ano 85, v. 732, p. 38-46, out. 1996.

FACCHINI NETO, Eugênio. A função social do direito privado. *Revista da Ajuris:* doutrina e jurisprudência, Porto Alegre, AJURIS, v. 34, n. 105, p. 153-188, mar. 2007.

GALLO, Paolo. *Pene private e responsabilità civile*. Milano: Giuffrè, 1996.

MARTINS-COSTA, Judith; PARGENDLER, Mariana Souza. Usos e abusos da função punitiva. *Revista CEJ*, Brasília, n. 28, p. 15-32, jan./mar. 2005.

SANTOS, Enoque Ribeiro. Contribuições à fixação da indenização do dano moral trabalhista. A Tese da Aplicação dos exemplary ou punitive damages. *Revista do Trabalho*, n. 246, Porto Alegre, HS Editora, n. 246, p. 07-17.

Produção Gráfica e Editoração Eletrônica: Peter Fritz Strotbek
Projeto de Capa: Fabio Giglio
Impressão: Pimenta Gráfica e Editora